2026
제29회 시험대비 전면개정

박문각
주택관리사

핵심요약집 1차
공동주택시설개론

이우진 외 박문각 주택관리연구소 편저

브랜드만족
1위
박문각
수상내역
후면표기

동영상강의
www.pmg.co.kr

합격까지 박문각
합격 노하우가 다르다!

**박문각
주택관리사**
핵심요약집

공동주택시설개론은 주택관리사 1차 시험과목 중에서 광범위한 내용과 난이도의 증가로 많은 시간을 투자함에도 원하는 점수가 나오지 않고 있어 많은 수험생들이 매우 어려움을 겪는 과목입니다. 기본서와 문제집 기타 여러 가지 자료를 모두 소화하기에 내용도 많고 범위도 넓기 때문에 그 넓은 범위와 많은 내용을 간추려 되도록 짧은 시간에 수험생 여러분이 잘 정리할 수 있도록 요약집을 만들었습니다.

본서의 특징은 다음과 같습니다.

__첫째__ 실제 시험에 출제가능한 꼭 필요한 내용만 추려 넣었습니다.

__둘째__ 기출제된 내용과 출제예상 내용을 전체적으로 정리하였습니다.

__셋째__ 전체적으로 파악해야 할 내용들은 박스로 정리하여 보기 쉽도록 하였습니다.

수험생 여러분이 이 요약집으로 마지막 정리를 한다면 목표한 점수를 획득하는 데 도움이 될 수 있으리라 생각합니다.

수험생 여러분의 합격을 기원합니다.

2026년 3월
편저자 이우진

자격안내

자격개요

주택관리사보는 공동주택의 운영·관리·유지·보수 등을 실시하고 이에 필요한 경비를 관리하며, 공동주택의 공용부분과 공동소유인 부대시설 및 복리시설의 유지·관리 및 안전관리 업무를 수행하기 위해 주택관리사보 자격시험에 합격한 자를 말한다.

변천과정

1990년	주택관리사보 제1회 자격시험 실시
1997년	자격증 소지자의 채용을 의무화(시행일 1997. 1. 1.)
2006년	2005년까지 격년제로 시행되던 자격시험을 매년 1회 시행으로 변경
2008년	주택관리사보 자격시험의 시행에 관한 업무를 한국산업인력공단에 위탁(시행일 2008. 1. 1.)

주택관리사제도

❶ 주택관리사 등의 자격

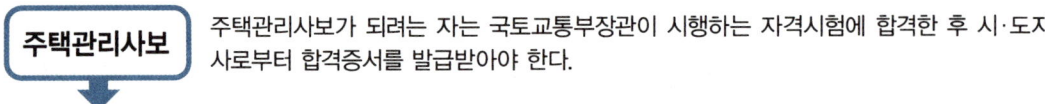

주택관리사보 주택관리사보가 되려는 자는 국토교통부장관이 시행하는 자격시험에 합격한 후 시·도지사로부터 합격증서를 발급받아야 한다.

주택관리사 주택관리사는 주택관리사보 합격증서를 발급받고 대통령령으로 정하는 주택관련 실무경력이 있는 자로서 시·도지사로부터 주택관리사 자격증을 발급받은 자로 한다.

❷ 주택관리사 인정경력

시·도지사는 주택관리사보 자격시험에 합격하기 전이나 합격한 후 다음의 어느 하나에 해당하는 경력을 갖춘 자에 대하여 주택관리사 자격증을 발급한다.

- 사업계획승인을 받아 건설한 50세대 이상 500세대 미만의 공동주택의 관리사무소장으로 근무한 경력 3년 이상
- 사업계획승인을 받아 건설한 50세대 이상의 공동주택의 관리사무소의 직원(경비원, 청소원, 소독원 제외) 또는 주택관리업자의 직원으로 주택관리업무에 종사한 경력 5년 이상
- 한국토지주택공사 또는 지방공사의 직원으로 주택관리업무에 종사한 경력 5년 이상
- 공무원으로 주택관련 지도·감독 및 인·허가 업무 등에 종사한 경력 5년 이상
- 주택관리사단체와 국토교통부장관이 정하여 고시하는 공동주택관리와 관련된 단체의 임직원으로 주택관련 업무에 종사한 경력 5년 이상
- 위의 경력들을 합산한 기간 5년 이상

법적 배치근거

공동주택을 관리하는 주택관리업자·입주자대표회의(자치관리의 경우에 한함) 또는 임대사업자(「민간임대주택에 관한 특별법」에 의한 임대사업자를 말함) 등은 공동주택의 관리사무소장으로 주택관리사 또는 주택관리사보를 다음의 기준에 따라 배치하여야 한다.

- **500세대 미만의 공동주택:** 주택관리사 또는 주택관리사보
- **500세대 이상의 공동주택:** 주택관리사

주요업무

공동주택을 안전하고 효율적으로 관리하여 공동주택의 입주자 및 사용자의 권익을 보호하기 위하여 입주자대표회의에서 의결하는 공동주택의 운영·관리·유지·보수·교체·개량과 리모델링에 관한 업무 및 이와 같은 업무를 집행하기 위한 관리비·장기수선충당금이나 그 밖의 경비의 청구·수령·지출 업무, 장기수선계획의 조정, 시설물 안전관리계획의 수립 및 건축물의 안전점검에 관한 업무(단, 비용지출을 수반하는 사항에 대하여는 입주자대표회의의 의결을 거쳐야 함) 등 주택관리서비스를 수행한다.

진로 및 전망

주택관리사는 주택관리의 시장이 계속 확대되고 주택관리사의 지위가 제도적으로 발전하면서 공동주택의 효율적인 관리와 입주자의 편안한 주거생활을 위한 전문지식과 기술을 겸비한 전문가집단으로 자리매김하고 있다.

주택관리사의 업무는 주택관리서비스업으로서, 자격증 취득 후 아파트 단지나 빌딩의 관리소장, 공사 및 건설업체·전문용역업체, 공동주택의 운영·관리·유지·보수 책임자 등으로 취업이 가능하다.
과거 주택건설 및 공급 위주의 주택정책이 국가경제적인 측면에서 문제가 되었다는 점에서 지금은 공동주택의 수명연장 및 쾌적한 주거환경 조성을 우선으로 하는 주택관리의 시대가 되었다. 이러한 시대적 변화에 맞추어 전문자격자로서 주택관리사의 역할이 어느 때보다 중요해지고 있으며, 공동주택의 리모델링의 활성화로 주택관리사들이 전문기법을 연구·발전시켜 국가경제발전에도 크게 기여하게 될 것이다.

자격시험안내

시험기관

소관부처 (국토교통부 주택건설공급과)

실시기관 (한국산업인력공단(http://www.Q-net.or.kr))

응시자격 및 결격사유

❶ **응시자격**: 없음

※ 단, 시험시행일 현재 주택관리사 등의 결격사유에 해당하는 자와 부정행위를 한 자로서 당해 시험시행일로부터 5년이 경과되지 아니한 자는 응시 불가능

❷ **주택관리사보 결격사유**(공동주택관리법 제67조 제4항)

다음 각 호 어느 하나에 해당하는 사람은 주택관리사 등이 될 수 없으며 그 자격을 상실한다.

> 1. 피성년후견인 또는 피한정후견인
> 2. 파산선고를 받은 사람으로서 복권되지 아니한 사람
> 3. 금고 이상의 실형의 선고를 받고 그 집행이 끝나거나(집행이 끝난 것으로 보는 경우를 포함) 집행이 면제된 날부터 2년이 지나지 아니한 사람
> 4. 금고 이상의 형의 집행유예를 선고받고 그 집행유예기간 중에 있는 사람
> 5. 주택관리사 등의 자격이 취소된 후 3년이 지나지 아니한 사람(제1호 및 제2호에 해당하여 주택관리사 등의 자격이 취소된 경우는 제외)

시험방법

❶ 주택관리사보 자격시험은 제1차 시험 및 제2차 시험으로 구분하여 시행
❷ **제1차 시험문제**: 객관식 5지 택일형, 과목당 40문항을 출제
❸ **제2차 시험문제**: 객관식 5지 택일형 및 주관식 단답형, 과목당 40문항을 출제(객관식 24문항, 주관식 16문항)

시험의 일부면제

❶ 2025년도 제28회 제1차 시험 합격자(2026년도 제1차 시험에 한함, 별도 서류제출 없음)
❷ 2025년도 제1차 시험 합격자가 2026년도 제1차 시험 재응시를 원할 경우, 응시 가능하며 불합격하여도 전년도 제1차 시험 합격에 근거하여 2026년도 제2차 시험에 응시 가능

※ 다만, 2026년도 제1차 시험의 시행일 기준으로 결격사유에 해당하는 사람에 대해서는 면제하지 아니함

합격기준

❶ 제1차 시험 절대평가, 제2차 시험 상대평가(공동주택관리법 제67조 제5항)

국토교통부장관은 선발예정인원의 범위에서 대통령령으로 정하는 합격자 결정 점수 이상을 얻은 사람으로서 전과목 총득점의 고득점자 순으로 주택관리사보 자격시험 합격자를 결정

❷ 시험합격자의 결정(공동주택관리법 시행령 제75조)

> **1. 제1차 시험**
> 과목당 100점을 만점으로 하여 모든 과목 40점 이상이고 전 과목 평균 60점 이상의 득점을 한 사람
>
> **2. 제2차 시험**
> ① 과목당 100점을 만점으로 하여 모든 과목 40점 이상이고 전 과목 평균 60점 이상의 득점을 한 사람. 다만, 모든 과목 40점 이상이고 전 과목 평균 60점 이상의 득점을 한 사람의 수가 법 제67조 제5항 전단에 따른 선발예정인원에 미달하는 경우에는 모든 과목 40점 이상을 득점한 사람
> ② 법 제67조 제5항 후단에 따라 제2차 시험 합격자를 결정하는 경우 동점자로 인하여 선발예정인원을 초과하는 경우에는 그 동점자 모두를 합격자로 결정. 이 경우 동점자의 점수는 소수점 둘째자리까지만 계산하며, 반올림은 하지 아니함

시험과목

(2025. 03. 28. 제28회 시험 시행계획 공고 기준)

시험구분		시험과목	시험범위	시험시간
제1차 (3과목)	1교시	회계원리	세부 과목 구분 없이 출제	100분
		공동주택 시설개론	• 목구조·특수구조를 제외한 일반건축구조와 철골구조 • 장기수선계획 수립 등을 위한 건축적산 • 홈네트워크를 포함한 건축설비개론	
	2교시	민 법	• 총칙 • 물권 • 채권 중 총칙·계약총칙·매매·임대차·도급·위임·부당이득·불법행위	50분
제2차 (2과목)		주택관리 관계법규	「주택법」·「공동주택관리법」·「민간임대주택에 관한 특별법」·「공공주택 특별법」·「건축법」·「소방기본법」·「화재예방, 소방시설설치·유지 및 안전관리에 관한 법률」·「승강기 안전관리법」·「전기사업법」·「시설물의 안전 및 유지관리에 관한 특별법」·「도시 및 주거환경정비법」·「도시재정비 촉진을 위한 특별법」·「집합건물의 소유 및 관리에 관한 법률」 중 주택관리에 관련되는 규정	100분
		공동주택 관리실무	시설관리, 환경관리, 공동주택회계관리, 입주자관리, 공동주거관리이론, 대외업무, 사무·인사관리, 안전·방재관리 및 리모델링, 공동주택 하자관리(보수공사 포함) 등	

※ 1. 시험과 관련하여 법률·회계처리기준 등을 적용하여 답을 구하여야 하는 문제는 시험시행일 현재 시행 중인 법령 등을 적용하여 정답을 구하여야 함
2. 회계처리 등과 관련된 시험문제는 「한국채택국제회계기준(K-IFRS)」을 적용하여 출제
3. 기활용된 문제, 기출문제 등도 변형·활용되어 출제될 수 있음

Contents

이 책의 차례

PART 1

건축구조

PART 2

건축설비

PART 1

건축구조

01 하중(荷重)과 응력(應力)

1 하중(또는 부재력)

(1) 고정하중(사하중)

① 자중으로 계단 및 고정된 사용장비 등

② 조적조의 칸막이벽, 마감재의 자중, 엘리베이터의 자중 등 포함

③ 각 부분의 실상에 따라 산정하며 각 부분의 중량은 사용하는 재료 밀도, 단위체적 중량, 조합중량을 사용하여 산정함

(2) 활하중(적재하중)

① 건물이나 다른 구조물의 사용 및 점용에 의해 발생되는 하중으로 사람, 가구, 이동칸막이, 창고의 저장물, 설비기계 등의 하중 또는 교량 등에서 차량의 하중

② 기본 등분포 활하중은 주거용 건축물의 거실(위 가장 작음)이 공동주택의 공용실, 발코니보다 작음

③ 각각의 최대하중을 적용하되 등분포활하중과 집중활하중의 용도별 최솟값을 택함

④ 가동성 경량칸막이벽이 설치될 가능성이 있는 경우에는 칸막이벽 하중으로 최소한 $1kN/m^2$를 기본등분포활하중에 추가함

(3) 단기하중 : 구조물에 일시적으로 작용하는 하중

종류	특징
풍하중	① 수평방향 하중으로 건물의 수평변위, 단위체의 미끄러짐, 전도 등에 대해 안전하게 설계해야 함 ② 건축물에 작용하는 풍압력은 건물의 높이, 형상 및 풍속과 관련성이 크나 건물의 무게와는 관련성이 작음 ③ 경량철골조는 풍하중에 특히 취약함 ④ 주골조설계용 수평풍하중·지붕풍하중과 외장재설계용 풍하중으로 구분하고 각각의 설계풍력(풍압)에 유효면적을 곱하여 산정 ⑤ 주골조설계용 풍하중 : 건축구조물의 주골조를 설계하는 경우에 적용하고, 수평풍하중은 풍방향, 풍직각방향, 비틀림풍하중으로 구분하여 산정 ⑥ 외장재설계용 풍하중 : 외장재와 이를 지지하는 부골조의 설계에 적용 ⑦ 풍하중은 10분간 평균풍속의 재현기간 500년에 대한 값을 기본으로 산정 이 값은 강도설계의 극한값에 해당하므로 강도설계의 하중조합에서 풍하중계수는 1.0
지진하중	① 지진하중 = (고정하중 + 적재하중) × 수평진도(반응수정계수 작을수록 지진하중 커짐) ② 건물의 자중이 감소할수록 지진하중은 감소(ⓢ 밑면전단력은 구조물 유효무게에 비례) ③ 지진의 규모나 발생빈도는 지반의 특성이나 지질상태에 따라 다르므로 설계용 지진하중은 지역에 따라 다르게 적용
설하중	① 적설의 단위 중량에 따라 그 지방의 수직최다 적설량을 곱해서 계산 ② 일반지역에서는 단기응력의 조합이며 다설지역의 경우 적설하중은 장기응력의 조합 ③ 지붕설하중의 기본값은 재현기간 100년의 수직 최심적설깊이를 추정하며 지역마다 다름 ④ 최소 지상적설하중은 $0.5KN/m^2$
기타하중	토압 및 지하수압, 온도응력, 유체압 등

2 내진설계

1. 설계상 고려할 사항

① 지반과 기초 및 상부구조가 일체화 될 것
② 부재간의 연결이 완벽한 접합부가 내진성능상 유리한 구조임
③ 연성 및 인성이 큰 구조물일수록 지진에 강함
④ 강도와 강성이 균일하고 연속적으로 분포되어야 함
⑤ 지진하중은 반복적으로 작용하므로 강도나 강성의 저하가 낮은 재료를 선택함
⑥ 기초의 형태와 지중 구조시스템의 단순화
⑦ 평면 및 입면을 단순화·정형화하고 대칭적인 배치가 유리함
⑧ 구조물의 불필요한 자중을 감소시킴
⑨ 필로티 구조는 내진에 불리한 구조임

2. 내진설계의 종류

제 진	별도의 장치를 이용하여 지진력에 상응하는 힘을 구조물 내에 발생시키거나 지진력을 흡수하여 구조물이 부담해야 할 지진력을 감소시키는 기술
면 진	구조물과 지반을 분리시켜 지반의 진동으로 인한 지진력이 구조물로 직접 전달되는 양을 감소시킴으로서 내진성을 확보하는 수동적인 기술로 제진보다는 선진적인 기술

3. 시방서 기준

(1) 용어의 정의

가새골조	횡력에 저항위한 건물골조방식 또는 이중골조방식에서 중심형 또는 편심형의 수직트러스(㈜ 턴버클: 가새 트러스를 잇는 철물)
이중골조방식	지진력의 25% 이상을 부담하는 연성모멘트골조가 전단벽이나 가새골조와 조합되어 있는 구조방식
지진위험도 (= 지진재해도)	내진설계의 기초가 되는 지진구역을 설정하기 위하여 과거의 지진기록과 지질 및 지반특성 등을 종합적으로 분석하여 산정한 지진재해의 연초과 발생빈도
지진구역계수	지진구역I과 지진구역II의 기반암 상에서 평균재현주기 500년 지진의 유효수평지반가속도를 중력가속도 단위로 표현한 값
필로티구조	건축물 상층부는 내력벽이나 가새골조 등 강성과 강도가 매우 큰 구조로 구성되어 있으나, 하층부는 개방형 건축공간을 위하여 대부분의 수직재가 기둥으로 구성되어 내진성능이 크게 저하될 수 있는 구조

(2) **내진구조계획**

① 각 방향의 지진하중에 대하여 충분한 여유도를 가질 수 있도록 횡력저항시스템 배치

② 지진하중에 대하여 건물의 비틀림이 최소화되도록 배치한다. 긴 장방형의 평면인 경우, 평면의 양쪽 끝에 지진력저항시스템을 배치

③ 약층 또는 연층이 발생하지 않도록 수직적으로 구조재의 크기와 층고는 강성 및 강도에 급격한 변화가 없도록 계획

④ 한 층의 유효질량이 인접층의 유효질량보다 과도하게 크지 않도록 계획

⑤ 가급적 수직재는 연속되어야 함

⑥ 슬래브에 과도하게 큰 개구부는 피함

⑦ 증축계획이 있는 경우, 내진구조계획에 증축의 영향 반영

(3) **내진설계구조**

① 각 부재가 연성능력을 발휘할 수 있도록 취성파괴를 억제하도록 설계해야 한다. 즉, 휨항복을 유도하기 위하여 전단파괴와 연결부파괴가 억제되도록 안전하게 설계

② 취성파괴를 피할 수 없는 부재는 초과강도계수를 고려한 특별지진하중을 적용하여 안전하게 설계한다. 수직재가 연속이 아닌 경우와 취약한 연결부위 등이 이에 속한다.

③ 보-기둥 연결부에서 가능한 한 강기둥-약보가 되도록 설계한다. 기둥이 큰 축력을 받는 경우 기둥의 휨강도가 보의 휨강도보다 크도록 설계한다.

02 건축구조의 분류

1 구성양식에 의한 분류

구 분	종 류	장 점	단 점
조적식	벽돌구조, 블록구조, 돌구조 등	① 내구·내화적 구조임 ② 시공간단 ③ 압축력에 강함	① 횡력(수평력)에 취약함 (🔒 비내진적) ② 균열이 많음 ③ 벽체에 습기가 차기 쉬움 ④ 벽체가 두꺼워 실내유효면적이 작음
가구식	목구조, 철골구조 등	① 시공단순 ② 공기 단축 ③ 해체, 철거 등이 용이함 ④ 횡력을 보강할 목적으로 가새구조로 함	① 비내화적임 ② 습기에 의한 부식성이 큼 ③ 일체화 곤란(단, 용접은 일체식으로 봄)
일체식	철근콘크리트조, 철골·철근콘크리트조 등	① 내진, 내화, 내구, 내풍적인 구조 ② 고층건물, 지하 및 수중 구축가능 ③ 유지관리비가 저렴 ④ 강력하고 균일한 강도를 지님 ⑤ 자유로운 형태 가능	① 자중이 매우 큼 ② 시공복잡하고 공기가 길어 공사비 고가 ③ 해체철거가 곤란함 ④ 재료의 재사용이 곤란함 ⑤ 균일한 시공이 곤란함 ⑥ 계절적 영향으로 동절기 공사 곤란 ⑦ 전음도가 커서 방음에 주의
입체식	현수구조, 곡면식구조, 쉘구조, 공기막구조, 입체트러스구조, 절판식구조 등		

🔊 심화학습

▶ 입체적 특수구조
1. **현수구조** : 케이블 내에 인장응력만 발생시키도록 구성하여 장스팬의 다리 구조에 많이 쓰이나 진동현상에는 약함
2. **곡면식구조(돔앤쉘 구조)** : 곡면의 얇은 판으로 되어 하중은 축선을 따라 압축력으로 하부에 전달되도록 한 구조
3. **쉘구조** : 곡면의 역학적 성질을 이용하여 외력에 대해 단면과 같은 방향의 힘인 면내력으로 전달되게 하여 경량이고 내력이 큰 구조물 설계가 가능함

4. **공기막구조** : 막구조 내에 공기를 넣어 내부와 외부의 기압차이로 발생하는 인장력으로 외력을 감당하도록 한 구조로 막은 인장재, 공기는 압축재의 역할을 함

5. **트러스구조** : 직선재인 삼각형을 기본으로 주로 축방향응력으로 외력에 저항하며 전단력이나 휨모멘트는 작용하지 않으며 가구식 구조에 근접함

6. **절판구조** : 판을 V형으로 꺾은 구조로 휨모멘트에 저항하는 강성을 높여 외력에 저항할 수 있도록 일체화시킨 구조임

2 시공상 분류

구 분	방 식	장 점	단 점
습식시공	시공상 물을 사용하는 방식	① 강성 높음 ② 자유 형태 가능 ③ 일체화 용이	① 동절기 공사 곤란 ② 시공이 복잡 ③ 공사기간 길다.
건식시공	시공상 물을 사용하지 않는 방식	① 결합 및 시공 용이 ② 대량생산으로 공비절감 ③ 가설비용의 최소화	접합부 처리 곤란으로 일체화 곤란
현장구조	현장에서 가공, 조립 및 설치	—	계절적 영향이 많음
공장구조	공장생산에 의한 부재를 규격화하여 현장에서 접합, 조립 완성(🔁 부품화 구성)	① 기계화 시공에 의한 공기 단축 ② 경제적인 대량생산 ③ 시공정밀도 우수 ④ 동절기 공사 가능 ⑤ 가설비용이 절약됨	① 획일적 건물로 다양성 추구 곤란 ② 접합부의 일체화가 곤란함

3 조립식 구조

(1) 의 의

공장에서 원가관리, 품질관리, 공정관리의 3대 관리에 의한 품질향상과 대량생산을 목적으로 미리 부재의 일부나 전부를 제작하여 현장에서 조립하여 건축물을 완성하는 구조로 프리패브(pre-fab)구조라 한다.

(2) 장·단점

장 점	단 점
① 3대 관리에 의한 인건비 절약, 품질수준 향상 및 시공정밀도 증대	① 접합부의 일체화 곤란에 의한 접합부의 강성 취약
② 공장생산에 의한 대량생산으로 경제성 증가	② 풍압력, 지진력 등의 횡력에 약함
③ 가설비용의 절약과 최소화로 공사비 및 원가 절감	③ 동일치수 생산에 의한 획일적 건물의 외관에 의해 다양성의 추구가 제약 및 곤란함
④ 계절적 영향의 축소로 동절기 공사 가능	④ 소규모 공사 시 경제성 하락(및 수요자의 선호도 낮음)
⑤ 기계화 시공에 의한 공기 단축	⑤ 중량물로 운반 곤란 및 운반거리 제한
⑥ 건설공해 감소 및 현장작업량 감소	

(3) 접합부(Joint) 처리방식

현장에서 건식위주로 접합하나 일체화가 곤란하여 습식 및 건식과 습식의 혼용방법

4 커튼월(Curtain wall)

1. 의 의

비내력벽에 의한 칸막이벽이란 의미로 고층건물의 외벽을 경량화 및 의장적 효과를 위해 외벽의 부재를 뼈대가 아닌 공장에서 미리 생산한 경량의 금속판이나 유리판을 용접이나 볼트 조임으로 구조물에 고정하여 구조체에 얹히는 구조

2. 특 징

① 공장에서 패널을 제작하므로 대량생산이 가능하고 패널이 규격화·표준화(Unit) 됨
② 조립식 구조의 일종으로 공정의 단순화, 전문화, 품질 향상 및 공기단축 등의 효과
③ 상부커튼월의 무게를 감당하지 않는 칸막이용 벽체임
④ 비계작업을 하지 않는 것을 원칙으로 최소화 함

3. 요구성능

① **수축팽창** : 외부기온의 연중 변화온도에 대하여 충분한 수축팽창 여유를 가질 것
② **내화성능** : 화재 시 탈락이 없어야 하며 부착용 철물도 동등한 내화성능 유지
③ **기타** : 수밀성, 기밀성, 차음 및 단열성, 내진, 결로방지, 설계풍압 등

4. 커튼월의 검사항목

(1) **풍동시험** : 사전에 커튼월의 문제점을 파악하기 위해 건물주변 600m 반경 내에 실물축척의 모형을 만들어 10~15년 또는 최대 100년간의 최대풍속을 사용(🔁 외벽풍압, 구조하중, 고주파 응력 등을 측정)

(2) **실물대 모형시험**(Mock-up test) : 풍동시험에 근거하여 3개의 실물모형을 만들어 건축예정지의 최악조건으로 시험하여 재료의 품질, 구조 계산치 등을 수정할 목적

예비시험	설계 풍압의 +50%를 최소 10초간 가압
기밀시험	정압 하에서 내외의 압력차를 75Pa부터 최대 299Pa로 하여 시험체에서 발생하는 공기 누출량을 측정
정압수밀시험	설계 풍압 중 정압의 20% 또는 300Pa 중 큰 값의 압력차에서 수행하며 최대 720Pa을 넘지 않도록 함
동압수밀시험	정압수밀시험과 유사하나, 가압의 방식에 차이가 있으며, 설계 풍압 중 정압의 20% 또는 300Pa 중 큰 값의 압력으로 수행하며 최대 720Pa을 넘지 않도록 함
구조시험	설계 풍압의 100%까지 단계별로 증감(대개 50%, 100%, -50%, -100%의 4단계로 구분)하여 설계 풍압의 ±100% 아래에서 구조재의 변위와 측정 유리의 파손 여부를 확인

🔁 기타 시험 : 층간변위시험, 결로저항시험 등

5. 외관형태 및 재료에 따른 분류

멀리언 타입(샛기둥방식)	수직선을 강조하기 위해 수직기둥을 노출
스팬드럴 타입	수평선을 강조한 창과 스팬드럴을 조합
그리드 타입(격자방식)	수직과 수평의 격자형 외관을 노출시킴
시스 타입(피복, 은폐방식)	구조체가 외부에 노출되지 않도록 패널을 은폐시킴

03 가설공사

1 분 류

공통(간접)	① 전반적인 공사진행에 사용되는 공사용 기계 및 공사관리에 필요한 설비 ② 가설건물, 임시동력, 공사용수, 양수, 배수설비, 가설울타리 등
전용(직접)	① 본공사의 진행에 직접적인 수행을 위한 보조시설 ② 수평보기, 규준틀, 비계, 먹매김, 콘크리트 양중, 운반, 타설시설, 낙하물방지망 등

2 가설공사 계획

⑴ 가설재는 가공성이 풍부하고 저렴한 재료를 사용하여 경제성 증대

⑵ 조립해체가 용이하고 품이 적게 들 것

⑶ 가설구조물을 규격화·유닛화·자동화하여 대량생산 추구로 인건비 절약

⑷ 적재·적소에 배치되도록 부재단면의 축소 및 경량화로 조립, 운반, 해체 작업을 간편화

⑸ 반복사용과 소모적인 사용에 따른 초기구입비용의 경제성 검토

3 가설공사 특징

⑴ **규준틀**

수평규준틀	건물각부의 위치 및 높이, 기초의 너비 등을 정확히 결정하기 위한 터파기 공사의 가설공작물
세로규준틀	벽돌, 블록, 돌쌓기 등의 조적공사에서 높낮이 및 수직면의 기준

⑵ **기준점**(Bench mark) : 건물의 높이 및 위치측정의 기준이 되는 표식
  ① 이동의 염려가 없는 곳, 공사에 지장이 없는 곳, 바라보기 좋은 곳에 설치
  ② 최소 2개소 이상 여러 곳 설치하며 필요에 따라 보조기준점을 1~2개소 설치
  ③ 공사착수 전에 설치, 공사완료 후까지 존치
  ④ 건물의 G.L(Ground Line, 지표면)은 현장에서 지정 또는 입찰 전 현장설명 시 지정

(3) 가설울타리의 설치

지반면(지반면이 공사현장 주위의 지반면보다 낮은 경우에는 공사현장 주위의 지반면)에서 높이 1.8m 이상의 가설울타리를 설치

(4) 비 계

① **달비계**: 상부에서 와이어 로프 등으로 매달린 형태의 비계
② **말비계**: 주로 건축물의 천장과 벽면의 실내 내장 마무리 등을 위해 바닥에서 일정높이의 발판을 설치하여 사용하는 비계
③ **외부비계**: 쌍줄비계(일반적인 본비계로 강관으로 만듦)로 구조체에서 300mm 이내로 떨어져 설치. 단, 별도의 작업발판설치 가능하면 외줄비계 가능
④ **추락방호조치 실시**: 비계기둥과 구조물 사이에는 근로자의 추락 방지
⑤ 비계는 시스템 비계 및 강관 비계 등으로 하되 시스템 비계 최하부에 설치하는 수직재는 받침철물의 조절너트와 밀착되도록 설치하여야 하며, 수직과 수평을 유지하여야 한다. 이 때 수직재와 받침철물의 겹침길이는 받침철물 전체길이의 3분의 1 이상
⑥ **대각으로 설치하는 가새재**: 비계의 외면으로 수평면에 대해 40°~60° 방향으로 설치하며 수평재 및 수직재에 결속

(5) 시멘트 및 석회창고

구 분		A종	B종
구 조	바 닥	마루널 위 철판깔기	마루널
	주위벽	골함석 또는 조립식 패널	널판이나 골함석 또는 조립식 패널
비 고		① 주위에 배수도랑을 두고 침수 방지 ② 바닥은 지반에서 300mm 이상의 높이 ③ 필요한 출입구 및 채광창 외에 공기유통을 막기 위하여 될 수 있는 한 개구부를 설치하지 아니함	

(6) 위험물 저장창고

① **도료 및 유류, 기타 인화성 자재의 저장창고**: 건축물 및 자재 적치장에서 격리된 장소를 선정하여 방화구조 또는 불연구조
② **위험물 가스 저장용기**: 직사광선을 차단하고 통풍과 환기가 잘 되는 곳에 보관하여야 하며, 현장 내에서 식별이 용이하도록 표식 또는 표지판을 설치

(7) **가설전기**

① 가설동력의 전기설비공사에는 부하용량에 적합한 접지단락 차단시설을 사용

② 동력에 필요한 전원은 배전반 차단기의 2차 측을 통해서 접속하고, 전선은 유연한 것

③ 주차단기와 과전류 보호장치, 분전스위치, 계량기 등은 공사 중 위치변경 가능성이 적고, 접근과 통제가 용이할 것

④ 시공 중에는 영구적인 배선을 사용하지 않는 것이 원칙

⑤ 분전반, 누전차단기 및 콘센트는 길이 30m 이내의 전선으로 모든 작업장에서 사용할 수 있는 위치에 설치

⑥ 외부로 노출된 공중 가공선을 제외한 가설전선에는 금속전선관, 튜브 또는 케이블을 설치하고 스위치에는 덮개 부착

(8) **낙하물방지망**

설치간격	지상 2층 바닥부분에, 그 이상은 높이 10m 이내 또는 3개 층마다 설치
내민길이	비계의 외측에서 2m 이상
방지망의 겹침길이	150mm 이상
수평면과 방지망의 각도	20°~30°

02 기초구조

01 점토질과 사질지반의 비교 및 특성

구 분	투수 계수	가소성	압밀 속도	초기 침하	장기 침하	총 침하량	내부 마찰각	점착성	전단 강도	건조 수축량	불교란 시료	예민비
사질토	큼	없음	빠름 (단기)	큼	작음	작음	큼	없음	큼	작음	어려움	작음
점 토	작음	큼	느림 (장기)	작음	큼	큼	없음	큼	작음	큼	쉬움	큼

1. 흙의 전단강도(τ) : 기초의 극한 지지력을 파악할 수 있는 가장 중요한 역학적 성질

(1) 산정식

$$\text{전단강도}(\tau) = C(\text{점착력}) + \sigma\tan\phi(\text{내부마찰각})$$

(2) 점토의 경우 내부마찰각(ϕ) ≒ 0이므로 τ ≒ C(⇨ 점착력은 베인테스트에서 측정)

(3) 사질토의 경우 점착력(C) ≒ 0이므로 τ ≒ $\sigma\tan\phi$(⇨ 내부마찰각은 표준관입시험에서 N값으로 결정)

(4) 하중과 전단강도의 관계

 ① **기초의 하중 > 흙의 전단강도** : 흙은 붕괴되고, 기초는 침하
 ② **기초의 하중 < 흙의 전단강도** : 흙은 안정되고, 기초는 지지

2. 예민비 : 함수율을 변화시키지 않은 상태에서 압축강도나 전단강도의 감소정도를 의미

(1) 산정식

$$\text{예민비} = \frac{\text{자연상태시료의 강도(천연시료의 강도)}}{\text{이긴시료의 강도(흐트러진 시료의 강도)}}$$

(2) 의 미

① 예민비 4 이상을 예민비가 크다고 함(🔑 점토 : 4~10, 모래 ≒ 1)

② 예민비가 클수록 흙의 공학적 성질이 약함

3. 지중응력분포(지반의 접지압)

실제의 기초설계	보통 지중응력은 일정한 분포로 가정하여 설계하며 30° 각도로 넓어짐
모래와 같은 입상토	접지압은 주변에서 최소이고, 중앙에서 최대
탄성체에 가까운 경질점토	접지압은 주변에서 최대이고, 중앙에서 최소

4. 사질토의 액상화

의 의	수분을 함유하고 있는 사질토에 진동, 지진, 순간적 충격 등을 가할 경우 간극수압의 상승으로 지반이 액체화되어 유효응력이 감소되어 전단저항력을 상실하고 지반이 액체와 같이 급격한 변형이 발생하는 현상으로 부동침하, 지반이동, 작은 건축물의 부상 등이 발생함
방지대책	지반다짐, 탈수, 치환, 고결법 등의 지반개량, 구조물 자체의 강성 증대 등

🔑 샌드 벌킹 : 모래에 물이 흡수되면 물의 표면장력으로 인해 체적이 팽창하는 현상으로 함수율 10% 정도에서 체적이 최대가 됨

02 ╱ 지반조사

1 목 적

가장 경제적인 기초를 선정하기 위하여 필요한 자료를 얻기 위함

2 조사순서

사전조사 ⇨ 예비조사 ⇨ 본조사 ⇨ 추가조사

사전조사	과거의 조사 자료나 문헌, 기존 구조물 및 인근 현장 등을 통해 상황 인식
예비조사	① 기초의 형식을 구상하고, 본조사의 계획을 세우기 위하여 시행하는 것으로서, 대지 내의 개략의 지반구성, 각층의 토질의 단단함과 연함 및 지하수의 위치 등을 파악 ② 기초의 지반조사 자료의 수집, 지형에 따른 지반개황의 판단 및 부근 건물의 기초에 관한 제조사를 시행하는 것으로 이것이 불충분하다고 생각될 때에는 대지조건에 따라서 보링, 표준관입시험, 샘플링 등을 적절히 실시하는 것
본조사	① 기초의 설계 및 시공에 필요한 제반 자료를 얻기 위하여 시행하는 것으로 보링 및 기타 방법에 의하여 대지 내의 지반구성과 기초의 지지력, 침하 및 시공에 영향을 미치는 범위 내의 지반의 여러 성질과 지하수의 상태를 조사하는 것 ② 지반의 상황에 따라서 적절한 원위치시험과 토질시험을 하고, 지지력 및 침하량의 계산과 기초공사의 시공에 필요한 지반의 성질을 구하는 것
추가조사	공사 중 과다 설계 및 위험설계에 대한 누락 및 의심되는 것에 대한 보충 및 재조사로 추가적인 정밀조사가 이루어지는 단계(집 흙과 암의 지반공학적 성질과 지하수위)

3 지반조사 방법

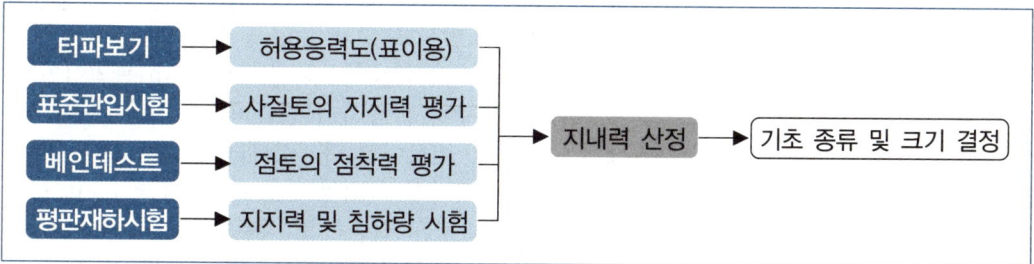

1. 지하탐사법

터파보기 (시험파기)	대지일부를 시험파기 하여 토질 및 지하수위를 조사함
짚어보기	쇠막대나 철봉을 인력으로 박아서 지층의 깊이를 추정함
물리적 지하탐사법	① 넓은 지하 구성층의 대략적 파악 및 심도 측정하여 보조적 · 광역적 방법으로 활용 ② 종류: 탄성파탐사, 전기비저항탐사, 전자탐사, 지표투과레이더탐사, 중력탐사, 표면파탐사 등

2. 보링(Boring)

방법	① 부지 내에서 보링구멍은 수직으로 3개 이상 ② 간격은 약 30m 정도로 하고 중간지점은 물리적 지하탐사 등 다른 방법과 병행하는 것이 좋음
목적	① 흙의 종류, 지층경연, 지층서열상태, 지하수위 등의 지반구성 파악 ② 토질 조사, 시험 및 시료채취 ③ 보링공 내의 원위치시험 ④ 지내력 추정(단, 지내력 시험과 병용하지 않음)
종류	① 회전식 : 지층의 변화를 연속 및 정확한 파악 가능하며 불교란시료 및 암석 코어 채취 가능 ② 기타 : 충격식(경질층), 오거식, 수세식 등
토질주상도	① 지층의 단면상태를 축척상태로 표시한 지반 예측도 ② 기입내용 : N값, 불연속면의 발달상태, 지층의 성질, 지하수위, 층두께 및 구성상태 등

3. 사운딩

로드 선단에 설치한 저항체를 관입, 회전, 인발 등의 저항으로 토질을 탐사하는 방법으로 현장에서 실시하는 원위치시험이라고도 함

표준관입시험 (Penetration Test)	① 목적 : 지반의 지지력이나 밀실도 평가 ② 방법 : 63.5kg의 추를 76cm 낙하높이에서 떨구어 30cm 관입시키는 데 필요한 타격횟수(N값)를 구하고 동시에 샘플러로 시료를 채취 ③ 모래질 지반에서 N값이 50 이상이면 다진상태(대단히 조밀), 점토지반에서 N값이 30 이상이면 딱딱한 상태임(점성토 및 이탄질 지반에서의 N값을 이용한 연약지반 판정은 신중하게 적용) ④ 점토와 모래는 성질이 다르므로 동일 N값이라도 지내력이 다름 ⑤ 지반 내에 자갈층이나 지하수위가 있을 경우 N값을 보정함
베인테스트	① 목적 : 연약 점토지반의 점착력 및 전단강도 평가 ② 방법 : 보링구멍을 이용하여 +자형 베인테스터를 회전시켜 지반의 전단강도를 구함

🔁 기타 : 스웨덴식 사운딩시험, 화란식 관입시험 등

4. 지내력시험

(1) **목적**: 가장 적합한 기초구조를 선정·결정하기 위함

(2) **시험 방법**

① 시험에 의하지 않은 경우의 장기허용지내력도

종 류	장기허용지내력도(kN/m^2)
연암반	2,000
자갈	300
자갈과 모래와의 혼합물	200
모래섞인 점토 또는 롬토	150
모래 또는 점토	100

- **롬토**: 모래 + 실트(세립의 모래) + 점토의 혼합물
- 단기응력에 대한 허용지내력 = 장기응력에 대한 허용지내력의 1.5배

② **직접지내력시험**(평판재하시험)

시험위치	실제예정기초저면에서 행함(기초의 판자리에서 시험함)
평판(재하판)	두께 25mm 이상의 운형으로 300mm, 400mm, 750mm의 원형(또는 정사각형) 철판으로 클수록 정확한 값의 측정 가능
재하하중	시험위치는 최소 3개소 8단계로 나누고 누계적으로 동일하중을 가함
침하종료	시험하중이 허용하중의 3배 또는 누적침하가 재하판 지름의 10% 초과

장기하중에 대한 허용내력: 단기허용지내력의 1/2

- **장기하중 지내력**: 단기하중 지내력의 1/2, 총 침하하중의 1/2, 침하 정지상태의 1/2, 파괴시 하중의 1/3 중 작은 값으로 결정함

03 기초파기(터파기)

1 토사의 휴식각(안식각)

흙입자간의 응집력, 부착력을 무시한 채 마찰력만으로 중력에 대해 안정된 비탈면과 원지면이 이루는 흙의 사면각도로 흙파기 경사는 휴식각의 2배 정도로 함

2 동결심도

정 의	동절기의 외기온도가 0℃ 이하가 되어 지중수분이 동결하는 깊이나 깊이를 연결한 선으로 지역에 따라, 동절기 기온, 기간 및 지반에 따라 상이함(예 남부 60cm, 중부 90cm, 북부 120cm 정도)
주의사항	동결심도 위에 기초를 놓을 경우 지중수분의 동결로 지반이 팽창하여 얕은 기초를 상부로 올려 부동침하에 의한 균열 등을 발생케 하거나, 해빙 시 지반응력이 저하됨
방지대책	① 지역의 최대동결심도보다 기초저부를 깊게 함 ② 지반배수를 양호하게 하여 지표에 물의 흡수 방지 ③ 기초주변의 보온 대책 ④ 동결되어 팽창되는 응력보다 큰 중량물로 구축

3 터파기 공법

(1) 아일랜드 공법

널말뚝을 건물 주변에 박은 후 중앙부분을 먼저 굴착하고 기초 축조 후 버팀대로 지지하고 주변부를 굴착하여 주변부의 기초를 축조하는 공법

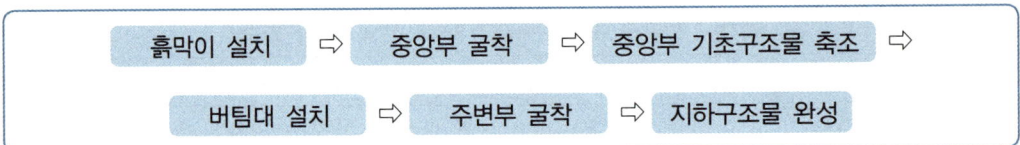

흙막이 설치 ⇨ 중앙부 굴착 ⇨ 중앙부 기초구조물 축조 ⇨ 버팀대 설치 ⇨ 주변부 굴착 ⇨ 지하구조물 완성

(2) 트렌치컷 공법

아일랜드 공법의 역순으로 주변부를 굴착하여 기초를 축조하면서 중앙부의 기초를 파는 공법

4 Top Down 공법(역타공법)

(1) 방 법

흙막이 벽을 설치한 후 본체 구조의 1층바닥을 축조하여 이것으로 흙막이 벽을 지지하고 아래쪽으로 굴진하면서 지하 각 층의 바닥, 보를 가설구조물로 하여 차례로 굴착하면서 동시에 지상부의 시공을 추진하는 공법

(2) 특 징

① 공기가 단축되고 주변지반이나 인접건물의 영향이 작아 도심지에 적합
② 동절기에도 전천후 시공이 가능
③ 설계변경의 곤란 및 수직이음부의 일체화가 곤란함

5 널말뚝에 의한 흙막이 공사 시 발생 현상

구 분	발생 현상	대 책
히빙 현상	하부지반이 연약한 점토지반에서 지표면의 적재하중과 흙막이 외부 흙의 중량에 의해 흙막이 바깥의 흙이 안으로 밀려 볼록하게 되는 현상	① 지지층까지 널말뚝을 깊게 박음 ② 흙막이의 강성 증대 ③ 지반개량 등
보일링 현상	투수성이 좋은 사질지반에 지하수가 얕게 있거나 흙파기 저면에 상승하는 피압수가 있을 경우 모래입자가 부력을 받아 지반의 지지력이 급격히 없어지는 현상	① 탈수 및 배수공법에 의한 지하수위 감소 ② 지반개량 ③ 근입장을 불투수층에 지지 등
파이핑 현상	흙막이벽의 뚫린 구멍이나 이음새를 통하여 물과 흙이 내부바닥으로 흘러 나오는 현상	① 차수성이 높은 흙막이 설치 ② 지하수위를 저하시키거나 흙막이벽을 밀실하게 시공

🔖 **지하연속벽**(슬러리 윌) : 벤토나이트 슬러리의 안정액을 사용하여 지반을 굴착하고 철근망을 삽입한 후 콘크리트를 타설하여 지중에 시공된 철근 콘크리트 연속벽

04 기초의 종류

1 기초판 형식에 의한 분류

(1) 독립(확대)기초

① 1개의 기초판으로 단일 기둥을 받치는 구조로 지내력이 큰 지반에 사용
② **지중보**(연결보, 기초보) : 기초의 부동침하를 방지하기 위한 것으로 주각을 고정상태로 할 경우 독립기초에는 편심이 없고 휨모멘트가 전달되지 않으며 균일한 접지압이 작용하는 것으로 가정한다.

🔖 **캔틸레버푸팅기초** : 두 기둥의 기초판을 강력한 연결보로 보강하여 기초판에 휨이 생기지 않도록 구성한 기초

(2) **복합기초**

① 1개의 기초판으로 2개 이상의 기둥을 받치는 구조

② 2개 이상의 기둥이 근접해 있을 경우나 대지 경계선에 접근해서 독립기초를 만들 수 없는 경우에 사용

(3) **연속기초**(줄기초)

① 벽 아래를 따라 또는 일련의 기둥을 묶어 띠모양으로 설치하는 기초의 저판에 의하여 상부 구조로부터 받는 하중을 지반에 전달하는 형식의 기초

② 조적조의 구조에 적합한 기초

(4) **온통기초**(mat footing, 전면기초, 플로팅 기초)

① 지하실 바닥 전체를 기초로 한 것으로 소요기초면적이 바닥면적의 1/2 이상일 경우 및 상부하중에 비해 지내력이 적을 경우에 설치

② 독립기초보다 구조해석이나 설계가 복잡하나 연약지반에 효과적임

> **심화학습**
>
> • **전면기초** : 상부구조물의 여러 개의 기둥 또는 내력벽체를 하나의 넓은 슬래브로 지지
> • **확대기초** : 상부구조물의 기둥 또는 벽체를 지지하면서 그 하중을 말뚝이나 지반에 전달
> • **연성기초** : 지반강성에 비하여 기초판의 강성이 상대적으로 작아서 지반반력이 등분포

2 지정형식에 따른 기초

(1) **얕은**(직접)**기초** : 독립기초, 복합기초, 연속기초, 온통기초, 캔틸레버푸팅기초 등

(2) **깊은기초**

① **말뚝기초** : 지층의 상부는 연약하고 견고한 지반이 깊이 있을 때 건물의 하중을 좁은 지반에 전달하는 데 적합한 기초

② **피어기초** : 우물을 파는 식으로 우물통을 구축하면서 그 밑을 파내어 우물통을 침하시켜 만든 수조의 지정으로 상부구조의 하중을 피어를 통해 지반에 전달

③ 잠함(Caisson)기초

의 의	지하구조체를 지상에서 미리 구축하고 그 밑을 파내어 경암반이나 바위까지 잠함을 침하시켜 지하실을 축조하는 공법으로 지층이 깊고 중간지층이 약할 때 사용함
종 류	① 개방잠함기초 : 지하구조체를 지상에서 구축하고 바깥벽 끝에 끝날을 붙여 하부 중앙 흙을 파면서 지중으로 침하시키는 공법 ② 용기잠함기초 : 지하수가 많거나 토사의 유입이 심할 때 지상에서 구조체를 만들어 밀폐된 굴삭실에 압축공기를 보내어 지하수의 유입을 방지하면서 굴착하는 방법

3 연약지반 개량공법

치환법		연약층이 얕을 때 연약토를 양질토로 대체하는 지반개량공법으로 굴착, 활동, 폭파치환법 등이 있음
다짐공법		① 바이브로 플로테이션이나 바이브로 콤포져 공법으로 특수 파이프를 관입하여 모래에 투입하고 이를 진동하여 다지는 공법 ② 물을 고압으로 분사하여 지반을 굴착하고 여기에 모래를 채워 모래말뚝을 조성하는 공법으로 이 공법의 적용은 사질토 지반에 적합
압밀공법	탈수법	주로 점토질 지반에서 지반 중의 수분을 탈수하고 재하성토에 의해 압밀을 촉진하여 지반의 밀도를 높이는 방법으로 샌드드레인 공법, 페이퍼 드레인 공법, 플라스틱 드레인 공법 등이 있음
	지하수위 저하법	사질토에서 웰포인트의 방법으로 공사 중 배출된 수량을 측정함과 동시에 관측우물을 설치하여 지하수위를 측정
	재하공법 (프리-로딩)	구조물을 축조하기 전에 미리 성토하여 하중을 가하여 압밀현상을 마치게 하는 공법
응결공법	생석회 파일공법	연약한 점토층에 생석회 말뚝을 박아 생석회가 물을 흡수하여 수분을 탈수하고 지반을 견고히 함
	그라우팅공법 (시멘트액주입)	사질지반에 파이프를 지중에 박고 시멘트페이스트를 주입하는 공법

언더피닝(Underpinning) 공법 : 기존 건물의 기초나 지정을 보강하거나 또는 새로운 기초를 삽입하거나 지지면을 더 깊은 지반에 옮기는 공사 등으로 인접구조물의 침하방지 목적의 지반보강방법을 총칭하며 종류로는 이중널말뚝 공법, 차단벽 설치 공법, 현장 타설 콘크리트 말뚝 공법 등

05 지정(地定)

1 의 의

기초저면의 이하(또는 밑창콘크리트 윗면에서 그 아래)부분으로 기초를 보강하고 지반을 견고히 다져 지내력을 보강

2 보통지정

(1) **자갈지정**: 굳은 지반에 사용하며 연약점토지반에는 사용하지 않음

(2) **잡석지정**

① 호박돌 모양의 잡석을 가장자리에서 중앙부로 옆세워 깐다(웹 전단력 유지 목적).
② 잡석사이의 사춤자갈량은 잡석량의 30% 정도로 한다.
③ **목적**: 배수로·방습 효과, 밑창콘크리트 절약, 기초슬래브의 방습, 이완된 지반 다짐 등

(3) **밑창콘크리트 지정**

① 잡석, 자갈지정 위에 두께 60mm로 1:3:6의 무근콘크리트로 평활하게 타설
② 설계기준강도는 15MPa 이상의 것을 사용하며 강도가 작더라도 내력상 문제가 발생하지 않음
③ **목적**: 먹매김의 바탕, 철근조립 및 거푸집 설치용이, 잡석의 이동방지, 바깥 방수의 바탕에 이용 등

3 말뚝지정

1. 의 의

중량의 고층건물에서 지지층의 깊이가 깊을 때의 기초로 건물의 하중이 말뚝을 통해 지반에 전달하는 형식으로 말뚝머리를 기초밑면에 닿게 하며 동일 건축물의 경우 2종 이상의 말뚝으로 혼용하지 않음

2. 말뚝박기시험

(1) **목적**: 말뚝의 지지력 추정 및 말뚝의 관입량 결정, 말뚝의 길이 추정 및 이음방법 결정, 해머 용량 확인 및 시공정도 검토 등을 위한 시험

(2) **시험 시 주의사항**

① 실제사용말뚝과 동일조건으로 3본 이상을 수직으로 쉬지 않고 연속적으로 박음
② 소정의 침하량에 도달하면 그 이상 무리하게 박지 않음
③ 타격횟수 5회 총관입량이 6mm 이하인 경우는 거부현상(항타종료)으로 봄
④ 말뚝의 최종관입량은 5회나 10회의 평균값을 적용함
⑤ 말뚝의 허용지지력은 공이 무게, 공이의 낙하높이, 말뚝중량, 최종관입량에 의해 산정

3. 기능상 분류

지지말뚝	① 상부하중을 기둥처럼 굳은 지반에 직접 전달시키는 말뚝 ② 지지층이 얕은 경우로 말뚝의 저항력은 주로 선단지지력에 의존 ③ 지지말뚝의 허용지지력은 보통 말뚝만의 지지력으로 봄
마찰말뚝	① 연약층이 깊을 경우 흙과 말뚝의 주변마찰력을 주로 이용하여 하중을 지지 ② 말뚝의 저항은 말뚝 끝에서 1/3 되는 지점에서 가장 큼 ③ 같은 수의 말뚝에서 간격이 좁을 경우 응력분포가 중복되므로 지지력은 감소함
무리말뚝	① 느슨한 사질지반의 지지력 증가를 위해 주변부에서 중앙으로 박음 ② 지지력 증대를 위해 길이보다는 말뚝의 수량을 증대하고, 동일단면일 경우 작은 여러 개의 말뚝을 사용 ③ 무리말뚝의 지지력은 개개 말뚝의 지지력 합보다 작음

🔁 말뚝 재하시험: 말뚝의 지지력 평가시험에서 지지말뚝과 마찰말뚝에 공통으로 적용

🔁 **엄지말뚝**: 굴착 경계면을 따라 수직으로 설치되는 강재 말뚝으로서 흙막이판과 더불어 흙막이 벽을 이루며 배면의 토압 및 수압을 직접 지지하는 수직 휨부재

4. 재료상 분류

(1) 나무말뚝

① 공기의 차단에 의한 부패를 방지하기 위해 상수면 아래에 박음(웹 지하수위변동이 심한 곳의 사용은 부적합함)

② 휨정도는 길이의 1/50 이하나 양마구리 중심선이 재안에 들 수 있는 나무를 사용함

③ 나무말뚝은 항상 그 전장이 지하수위하에 있는 경우 또는 균해, 충해에 대한 적절한 조치에 의해 내구성이 보증된 경우 이외는 사용해서는 안 됨

④ 나무말뚝이 상수면 위로 나올 때는 길이를 재조정하고 박는 작업이 끝나면 말뚝머리를 수평으로 자름

(2) **기성말뚝**: PC말뚝, PHC말뚝, 강관말뚝(KS F 4602) 및 H형강말뚝 등 공장에서 제작된 말뚝(웹 PC말뚝과 PHC말뚝을 통칭할때는 PS콘크리트말뚝이라 칭함)

① 말뚝의 연직도나 경사도는 1/50 이내로 하고, 말뚝박기 후 평면상의 위치가 설계도면의 위치로부터 D/4(D는 말뚝의 바깥지름)와 100mm 중 큰 값 이상으로 벗어나지 않아야 함

② 지하수 유속이 빠른 경우에는 시멘트풀의 배합을 부배합으로 하거나 급결제를 사용함

③ **강관말뚝**

> ㉠ 이음이 없어야 함. 단, 신규말뚝으로 이음하는 경우 이음부분의 길이가 3.0m 이상이어야 하며 이은 말뚝은 길이가 긴 부분이 말뚝의 끝단(머리)이 되게 타입하여야 하고, 시공 중 또는 시공 후 말뚝머리에서 이음이 필요한 경우에는 1.0m 이상의 말뚝으로 이음 가능
>
> ㉡ 말뚝의 현장이음은 수동 용접기 또는 반자동 용접기를 사용한 아크용접 이음을 원칙으로 하며, 볼트이음 등 기계식 이음은 공사감독자의 승인을 받아 적용할 수 있음
>
> ㉢ 강관말뚝의 경우 절단하여 발생되는 스크랩(scrap)은 깨끗이 절단하여 지정장소에 운반 정리하여야 한다. 이 경우 말뚝 잔여길이가 5m 이상일 경우에는 이를 가공하여 말뚝이음 시 재사용할 수 있음
>
> ㉣ 지표면이나 수면 위로 노출되는 강재말뚝의 표면은 방식처리하여 부식을 방지해야 하며 방식처리를 위한 도장범위는 저수위나 지표면의 2m 아래쪽에서부터 노출되는 상부까지로 함

(3) 현장타설 콘크리트 말뚝

CIP 말뚝 (Cast In Place pile)	보링기로 지반을 굴착한 후 공내에 조립된 철근 및 조골재를 채우고 모르타르를 주입하여 시공한 현장말뚝
PIP 말뚝 (Packed In Place pile)	어스오거(earth auger)로 소정의 깊이까지 파고 오거를 뽑아 올리면서 오거의 샤프트(속빈 구멍)를 통하여 프리팩트 모르타르를 주입하고 오거를 뽑아낸 후 곧 조립된 철근 또는 형강 등으로 모르타르 속에 삽입하여 만드는 현장타설 모르타르 말뚝

① 철근의 세워 넣기 중에는 연직도와 위치를 정확히 유지하여야 하고, RCD공법 (Reverse Circulation Drill)이나 어스드릴공법에서는 공벽에 접촉하여 토사의 붕괴를 일으키지 않도록 주의

② 콘크리트는 될 수 있는 대로 건조한 조건에서 쳐야 하며, 콘크리트 치기 전과 치기 중에 건조한 조건을 유지하는 데 모든 가능한 수단을 활용

③ 말뚝머리 부분은 시공 중 일부 토사의 유입, 블리딩 등으로 인하여 양생 후 콘크리트 품질이 저하되므로 최소 1m 이상의 콘크리트를 여분으로 타설

(4) 말뚝의 비교

구 분	나무말뚝	기성철근 콘크리트말뚝	강재말뚝	제자리 콘크리트말뚝
중심간격	① 60cm 이상 ② 2.5D 이상	① 75cm 이상 ② 2.5D 이상	① 75cm 이상 ② 2.0D 이상	① D + 100cm 이상 ② 2.0D 이상
	⊃ 기초판이 허용되는 한도 내에서 간격을 크게 하여 박는 것이 효과적임 ⊃ 말뚝배치간격: 말뚝 끝마구리 지름(D)의 2.5배 이상, 기초판 끝과의 거리는 1.5배 이상			
길이제한	7m	15m	70m	보통 30~90m
지지력	최대 10ton	최대 50ton	최대 100ton	최대 900ton
특 징	① 상수면 이하에 박기 ② 지하수가 얕은 곳에 사용	상수면이 깊고 중량건물에 사용	① 깊은 연약층에 지지 ② 중량건물에 적당	연약 점토층이 깊은 경우

5. 주의사항

① 말뚝기초의 허용지지력은 말뚝의 지지력에 의한 것으로만 하고, 기초판 저면에 대한 지반의 지지력은 가산하지 않음
② 말뚝머리를 기초밑면에 반드시 닿게 함
③ 동일 건축물 또는 공작물에서는 지지말뚝과 마찰말뚝을 혼용해서는 안 된다. 또한 타입말뚝, 매입말뚝 및 현장타설콘크리트 말뚝의 혼용, 재종이 다른 말뚝의 사용은 가능한 한 피해야 함
④ 말뚝의 직경은 굵은 것을 사용하며 수량을 많이 하고 길이는 비교적 짧게 함

06 부동침하

원인		① 연약 지반(☞ 연약층의 두께 상이, 이질지층) ② 경사지에 근접시공(☞ 경사지반위 축조) ③ 토사의 붕괴(☞ 건물이 낭떠러지에 접근) ④ 지하수위의 변화에 의한 지반응력 변화 ⑤ 연약지반 위에 기초 시공(☞ 지하 구멍, 매설물, 메운 땅) ⑥ 서로 다른 기초의 복합시공 ⑦ 동일지반에 지정의 형식 및 종류 차이(☞ 이질지정, 일부지정) ⑧ 부주의한 일부 증축으로 인한 하중 편중
대책	지반	① 지반에 따른 적합한 연약지반 개량 ② 지하수위를 낮추어 수압변화 방지
	기초	① 기초를 경질지반에 지지 ② 독립기초의 경우 지중보(연결보, 기초보) 설치 ③ 온통기초(지하실 설치)를 설치하여 강성을 높임 ④ 지지층이 깊은 경우 마찰말뚝 사용 ⑤ 이질지반의 경우 복합기초 사용으로 지지력 증대 ⑥ 동일지반의 경우 기초나 지정의 종류·형식·방법 등을 통일
	상부구조	① 상부구조에 따른 중량 및 하중을 균등히 분포시킴 ② 강성을 높일 것(일체식 구조) ③ 이웃건물과의 거리는 멀리, 평면길이는 되도록 짧게 함 ④ 건물중량의 경량화

부동침하 효과순서

하중 및 중량 균등배분 > 온통기초 > 지중보 연결 > 복합기초 > 건물의 경량화

Chapter 03 철근콘크리트 구조

01 철근콘크리트 구조의 일반사항

1 성립이유

(1) 단순보에서 중립축 상부의 압축력은 콘크리트가 부담하고 하부의 인장력은 철근이 부담

(2) **온도에 의한 선(열)팽창 · 수축계수**: 거의 동일

(3) 강알칼리성인 콘크리트가 철근이 녹스는 것을 방지

(4) **탄성계수**(E): 철근이 콘크리트보다 큼[❸ 탄성계수비(n) = Es/Ec = 9]

(5) **콘크리트의 강도 크기**: 압축강도 > 휨강도 > 인장강도(❸ 콘크리트의 인장강도는 압축강도의 10% 이하로 설계 시 무시함)

> ❸ 탄성계수: 부재의 재축방향의 응력도와 세로 변형도와의 비로 응력과 변형이 비례하는 훅의 법칙에 있어서 비례정수 값으로 응력에 견디는 정도

2 철근콘크리트 건축구조설계기준

(1) **철근콘크리트**: 외력에 대해 철근과 콘크리트가 일체로 거동하게 하고, 규정된 최소 철근량 이상으로 철근을 배치한 콘크리트

(2) **콘크리트구조물의 설계**: 건축설계기준에서 제시한 하중계수와 강도감소계수(안전계수)를 사용하여 설계하는 강도설계법을 적용하는 것이 원칙

보충학습

▶ 철근콘크리트조의 구조형식

1. **라멘구조**: 건물의 뼈대란 의미로 기둥과 보, 슬래브 등으로 구조체의 뼈대를 강절점으로 연결하여 하중에 대해 일체로 저항하도록 한 구조
2. **벽식구조**: 벽체나 바닥판의 평면적인 구조체만으로 구성한 구조물로 기둥이나 보없이 바닥슬래브와 벽으로 연결되어 구조물 전체의 강성이 우수
3. **플랫 슬래브 구조**(Flat slab): 무량판 슬래브라고도 하며 건물의 외부보를 제외하고는 내부에는 보 없이 바닥판만으로 구성하고 상부하중을 직접 기둥에 전달하는 구조

---

02 철근 공사

1 철근 배근공사

(1) 철근의 표시법

SD400	이형철근으로 항복강도 = 400MPa(N/mm^2) − 양단면은 황색
15 − D 22 @ 250	15: 철근 개수, D: 이형철근, 22: 철근지름, 250: 철근 간격

(2) 구부리기: 시방서의 기준 상 철근 및 용접 철망의 가공은 가열가공은 금하고 상온에서 냉간가공함

(3) 철근의 절단 가공: 산소 절단기 등을 사용해서는 안 되며 절단기, 전동톱 및 쉬어 커터 등의 기계적 방법에 의함

(4) Hook(갈고리): 부착력 증가 목적
 ① 원형철근 말단부에는 반드시 설치함
 ② 이형철근에는 원칙적으로 생략 가능[다만, ㉠ 스터럽 및 띠철근 ㉡ 굴뚝의 철근 ㉢ 기둥과 보(지중보는 제외)의 돌출부분의 철근 ㉣ 기타 설계자가 필요로 하는 곳은 반드시 설치함]

(5) 철근의 순간격: 배근된 철근의 표면사이의 최단거리이며 이형철근의 경우에는 철근 간 마디, 리브 등이 가장 근접하는 경우의 치수
 ① 굵은 골재 최대 치수의 1.25배 이상
 ② 원형철근에서는 지름, 이형철근에서는 공칭지름의 1.5배 이상
 ③ 25mm 이상

⑹ 철근의 이음 및 정착

구 분	철근의 이음	철근의 정착
위 치	1. 위치 : 인장력이 최소인 곳 　① 기둥 : 바닥면에서 500mm 이상 층 높이의 3/4 이하 　② 복근보 : 양단부는 하부에서, 중앙부는 상부에서 2. 이음길이 　① 압축력을 받는 곳 또는 적은 인장력을 받는 부분은 철근 지름의 25배 이상 　② 갈고리(Hook) 부분의 길이는 포함시키지 않음 3. 이음방법 　① 엇갈리게 잇고 철근의 반수 이상은 잇지 않음 　② 철근지름이 다른 겹침이음길이 : 크기가 큰 철근의 정착길이와 크기가 작은 철근의 겹침이음 길이 중 큰 값 이상 　③ D35 초과하는 철근은 겹침이음을 하지 않음 단, 서로 다른 지름의 철근을 압축부에서 겹침이음할 경우 D35 이하와 D35 초과 겹침이음 가능 　④ 용접은 아래보기자세나 수평자세 또는 수직자세로 실시하여야 하며 위보기자세로 용접해서는 안 됨	1. 정착위치 　① 지중보의 주근 : 기초 또는 기둥에 　② 기둥의 주근 : 기초에 　③ 보의 주근 : 기둥에 　④ 작은 보의 주근 : 큰 보에 　⑤ 벽 철근 : 기둥, 보 또는 바닥판에 　⑥ 바닥 철근 : 보 또는 벽체에 　⑦ 직교하는 단부 보밑 기둥 없을 때 : 보 상호간에 　⑧ 계단철근 : 보에 정착 2. 기본정착길이(l) $$l = \frac{A \cdot d \cdot f_y}{\sqrt{f_{ck}}}$$ 단, A : 부재별 상수, d : 철근의 공칭지름, f_y : 철근의 응력, f_{ck} : 콘크리트의 설계기준강도 3. 기타사항 　① 끝단형태에 따라 : 직선정착, 표준 갈고리 정착, 기계적 정착 등이 있음 　② 갈고리는 인장철근 정착 시에 효과가 있으나 압축철근에는 효과 없음

2 철근과 콘크리트의 부착력

(1) **콘크리트**: 연속입도분포(↔ 실적률은 높이고, 공극률은 낮춤)로 강도가 클수록 부착력 커짐

(2) **철 근**

표면상태에 따라	약간 녹슨 것이 부착력이 큼
단면상태에 따라	리브와 마디가 있는 이형철근 > 원형철근
배근에 따라	압축철근 > 인장철근
철근의 주장(둘레길이)에 비례	동일 단면적의 경우 가는 여러 개의 철근 > 굵은 몇 개
철근의 묻힘(정착)길이	부착력과 반드시 정비례하지 않음
블리딩의 영향	수직철근 및 하부철근 > 수평철근 및 상부철근
철근의 품질이나 강도	부착력이나 정착길이와는 관련성이 작음

(3) 철근과 콘크리트의 피복두께가 클수록 부착강도 커짐

(4) **철근의 이음 및 정착길이와의 관계**: 부착력이 클수록 정착 및 이음길이는 짧게 됨

3 철근의 피복(Cover)

(1) **정 의**

철근의 최외단 바깥표면으로부터 콘크리트 각 표면까지의 최단거리(mm)로 기둥의 경우 띠철근(Hoop), 보는 늑근(Stirrup) 가장자리에서 콘크리트의 표면까지 거리

(2) **목 적**

① 내구성 및 내화성 확보
② 철근과 콘크리트의 부착력 확보
③ 콘크리트 산화막에 의한 철근 부식방지 및 중성화 지연에 따른 콘크리트의 균열 방지
④ 콘크리트 타설 시 유동성 유지

(3) **피복두께의 결정과 철근콘크리트의 내화성**

① 콘크리트에 고온의 열을 가하면 강도가 저하되며 350℃ 이상이면 강도가 급격히 저하됨(↔ 900℃ 이상에서 완전파괴 됨)
② 골재가 차지하는 용적이 70~80%이므로 골재의 품질이 콘크리트의 내화성을 지배하는 가장 중요한 요소임
③ 피복두께 20mm의 경우에는 1시간 내화도임

(4) **주의사항**

① **기초에서의 피복두께**: 밑창콘크리트 두께를 제외

② **철근지름**: 클수록 피복두께는 커짐

③ **부재의 종류별 크기순서**: 수중타설(100mm) > 영구히 흙에 묻힘(75mm 이상) > 기둥, 보(40mm 이상) > 슬래브(20mm 이상). 단, 기둥과 보가 40MPa 이상이면 10mm 저감 가능

④ **콘크리트의 종류**: 경량콘크리트, 제치장콘크리트의 경우 피복두께 규정에 10mm 를 더함

⑤ **변화요인**: 흙 및 공기와의 접촉 여부, 구조물의 종류, 옥내 및 옥외 여부, 콘크리트 의 종류 및 강도(품질), 철근의 지름, 마감의 유무 등

⑥ **구조계산상 적절한 피복두께 초과**: 단면적의 증대로 인한 자중의 증대, 실내이용 률 감소, 미관 불리 등의 단점이 발생

4 철근의 조립

1. 조립순서

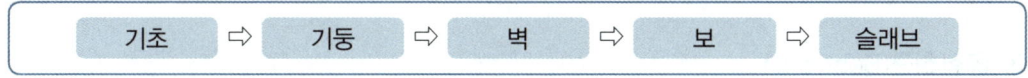

기초 ⇨ 기둥 ⇨ 벽 ⇨ 보 ⇨ 슬래브

2. 기 둥

(1) **정의**: 지붕·바닥·보 등 상부의 하중을 지탱하는 수직재로서 높이가 최소단면치수 의 3배 혹은 그 이상이고 축압축하중을 주로 지지하는 데 쓰이는 부재

(2) **주근 개수**: 단면이 4각형일 경우 4본 이상, 원형일 경우 6본 이상 배근

(3) **주근의 이음 위치**: 기둥 지점간 거리의 3/4 이내에 두며, 엇갈리게 잇고 한 곳에서 반수 이상 잇지 않음

(4) **띠철근**(Hoop)

목 적	기둥의 좌굴방지, 전단력에 저항, 주근의 위치 고정, 적정한 피복두께 유지 등
간 격	① 주근 지름의 16배 이하, ② 띠철근 지름의 48배 이하, ③ 기둥최소치수의 1/2, ④ 최소 200mm 이하를 비교한 값 중 작은 값으로 결정

(5) **나선철근**: 띠철근에 비해 기둥의 좌굴방지에는 효과적이나 재료비와 가공비가 비쌈

(6) 최소단변은 200mm 이상, 최소단면적은 600cm^2 이상

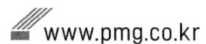

3. 보

(1) 보의 분류

단순보	지지변이 없는 형태로 보의 하부에 인장력에 의한 수직균열이 발생되므로 철근으로 보강하며 전단력에 의한 사인장균열을 방지하기 위해 늑근을 배근
내민보 (캔틸레버보)	한 변만이 지지된 형태로 중심축의 윗부분이 인장을 받으므로 상부에 인장주근을 배치
고정보	2개 이상의 간사이에 일체로 된 형태로 하중을 받을 경우 중앙부는 하부에서, 양단부는 상부에서 인장력을 받으므로 이를 연결한 굽힘철근(Bent bar)을 배근
단근보	인장력을 받는 부분에만 철근을 배근한 보
복근보	인장력을 받는 곳과 압축력을 받는 부분에 철근을 배근한 보로 주요한 보일 경우는 전 스팬을 복근으로 함

(2) 늑근(Stirrup bar)

목 적	양단부의 전단력에 의한 사인장 균열 방지, 주근의 상호 위치 유지, 적정한 피복두께 유지 등
배근 간격	양단부는 촘촘히 배근하고 중앙부는 드물게 배근

(3) 굽힘철근(Bent bar)

① 전단력의 보강 대책으로 늑근과 병행하여 사용
② 굽힘철근과 재축의 각도는 $30 \sim 45°$
③ 반곡점은 순지간의 1/4

(4) 전단보강근의 범위

① 스터럽과 주철근의 병용
② 주철근에 직각으로 설치하는 스터럽
③ 축방향철근(주근)에 $45°$ 이상의 각으로 된 늑근(스터럽)
④ 주철근을 $30°$ 이상 굽힌 축방향 철근(굽힘철근)
⑤ 부재축에 직각인 용접 강선망 또는 나선철근
⑥ 나선철근

(5) 헌치(Haunch) : 보의 스팬이 길 경우 보의 단부에 휨모멘트와 전단력에 대한 저항력을 키우기 위해 단부의 춤과 너비를 크게 한 부분

4. 바닥판(Slab)

(1) **축방향철근** : 바닥판의 짧은 간사이 방향의 인장철근으로 슬래브표면 가까이에 배근

(2) **장변방향 철근**(부근)

온도철근	1방향 슬래브(🔑 변장비 〉 2)의 콘크리트의 수축 또는 온도변화에 의한 열응력에 대응하기 위해 사용함
배력근	2방향 슬래브(🔑 변장비 ≤ 2)의 장변방향의 인장철근으로 주근의 안쪽에 배근함

> **철근을 많이 배근하는 순서**
>
> 단변방향주열대 > 단변방향주간대 > 장변방향주열대 > 장변방향주간대

(3) **무량판 슬래브**(Flat slab)

의 의	건물의 외부보를 제외하고는 내부에는 보 없이 바닥판만으로 구성하고 상부하중을 직접 기둥에 전달하는 구조로 뚫림 전단현상을 방지하기 위해 지판과 주두를 붙임
장 점	구조가 간단하고 층높이를 낮게 할 수 있으며, 실내이용률이 높고, 공간의 가변성이 일반 슬래브보다 커짐
단 점	슬래브의 두께가 15cm 이상으로 고정하중이 커지며, 뼈대의 강성에 난점이 있어 고층 건물에는 채용하기 곤란함

---

03 거푸집(Form) 공사

1 거푸집의 요구성능

(1) **전체 건축공사비의 10~15% 정도** : 전용 횟수(반복사용)가 많은 것을 사용

(2) **거푸집 쪽널은 제거 시 남겨진 것** : 반드시 제거한 후 미장

(3) **바닥이나 보의 중앙부** : 처짐을 예방하기 위해 캠버를 사용하여 간사이의 1/300~ 1/500 정도 추켜올림

(4) **슬래브, 보, 아치 밑면** : 동바리(Support)의 해체 시까지 존치시키며 동바리는 설계기준강도의 100%가 구현된 후 거푸집을 해체[🔑 콘크리트 압축강도에 따른 존치기간 − 기둥과 보의 측면 : 5MPa(단, 내구성이 중요한 구조물은 10MPa) 슬래브와 보 밑면 및 아치내면 : 14MPa]

(5) 투수성, 탈수성이 있는 거푸집을 사용하여 콘크리트 표면을 치밀하게 하는 공법이나 구조체의 보호효과가 높은 프리캐스트제품을 이용한 공법을 우선적으로 검토

🔁 **솟음(camber)** : 보, 슬래브 및 트러스 등에서 그의 정상적 위치 또는 형상으로부터 처짐을 고려하여 상향으로 들어 올리는 것 또는 들어 올린 크기

2 거푸집의 사용 부속품

긴장재(긴결재, Form tie)	콘크리트 타설 시 벌어지거나 변형되는 것을 방지함
격리재(Separator)	거푸집 상호간의 간격이나 측벽두께를 유지함
간격재(Spacer)	철근이 거푸집에 밀착하는 것을 방지하여 피복두께를 적정하게 유지하는 것
박리재(Form oil)	거푸집의 탈착이나 박리를 용이하게 하기 위한 것

🔁 **거푸집 긴결재(Form-tie)** : 기둥이나 벽체거푸집과 같이 마주보는 거푸집에서 거푸집널을 일정한 간격으로 유지시켜 주는 동시에 콘크리트 측압을 최종적으로 지지하는 역할을 하는 인장부재로 매립형과 관통형으로 구분됨

3 거푸집의 종류

구 분	종 류	특 징
벽체 전용	갱폼	① 사용 시마다 작은 부재의 조립, 분해를 반복하지 않고 패널을 대형화 및 단순화하여 패널자체에 한꺼번에 버팀대, 작업대를 부착, 유니트화하도록 설치하여 해체하는 거푸집 시스템 ② 재사용 및 전용성 우수, 조립 및 해체 생략에 따른 비용 절감
	슬라이딩폼	① 수직활동 거푸집으로, 연속타설에 의한 일체성 확보 및 시공정밀도가 우수함 ② 거푸집 높이는 1m 정도이며 비계발판이 필요 없음 ③ 공기가 매우 단축되며 요크(York)로 끌어올린다. ④ 돌출부가 없는 굴뚝, 사일로(Silo) 등에 사용
바닥판 전용	와플 거푸집	① 2방향 장선바닥판 구조가 가능함 ② 무량판, 평판구조에서 특수상자 모양의 기성재 거푸집 ③ 장스팬 슬래브가 가능하며, 층고를 낮게 하는 것이 가능

4 생콘크리트 측압

(1) **정의** : 굳지 않은 콘크리트를 타설할 경우 거푸집의 널에 유동성을 가진 콘크리트의 수평방향으로 가해지는 압력을 말함

(2) **측압의 증대 조건**

구 분		측압의 증대조건
거푸집 재료	표 면	평활(매끈)할수록
	마찰계수	작을수록
	투수성(누수성)	작을수록(全 내수성이 클수록)
	강 성	클수록
거푸집의 수평단면		단면이 클수록
콘크리트	시멘트량	부배합일수록
	시멘트의 종류	응결시간이 느릴수록
	컨시스턴시	슬럼프값이 클수록(全 W/C비가 클수록)
	비 중	클수록
	응 결	응결이 지연될수록(全 온도 낮고, 습도 높은 경우)
타 설	속 도	빠를수록
	높 이	높을수록
철골 또는 철근량		적을수록
피복두께		두꺼울수록
진동기의 사용		다짐할수록

全 **콘크리트 헤드(Head)** : 연속타설 시 타설높이에 따라 측압이 상승하나 시간의 경과에 따라 측압이 감소하여 일정 높이에서 측압이 증가하지 않는 최대의 점(타설된 콘크리트 윗면으로부터 최대측압면까지의 거리)

04 콘크리트 시공

1 콘크리트의 재료

1. 시멘트(석회석 : 규산질 점토 = 4 : 1)

⑴ **수화작용**

① 수화반응에 의한 수화열로 응결 및 경화가 촉진되는 반면 콘크리트의 건조 및 수축 등이 발생함

② 수화반응은 온도가 높을수록, 시멘트분말도가 높을수록 진행속도가 **빠름**

③ 시멘트의 온도가 너무 높을 때는 그 온도를 낮춘 다음 사용(시멘트의 온도는 50℃ 이하에서 사용)

⑵ **종 류**

보통포틀랜드 시멘트(1종)	비중은 3.05~3.15, 단위중량은 1.5t/㎥로 응결은 1~10시간 정도임
중용열 포틀랜드 시멘트(2종)	장기강도가 크고 수화발열량이 적어 댐공사에 사용
조강 포틀랜드 시멘트(3종)	조기강도가 크고 수화발열량이 커서 긴급공사, 동절기 공사, 수중공사에 사용
백색포틀랜드 시멘트	산화철분 성분을 감소시켜 강도가 높아 내구성, 내마모성이 우수하며 장식용, 미장용, 인조대리석 제장 등에 사용하나 습기에 약함
알루미나 시멘트	24시간에 보통포틀랜드 시멘트의 재령 28일 강도와 비슷하며 급결성 및 내화성이 강함(웹 다른 시멘트와 혼합사용 금지)

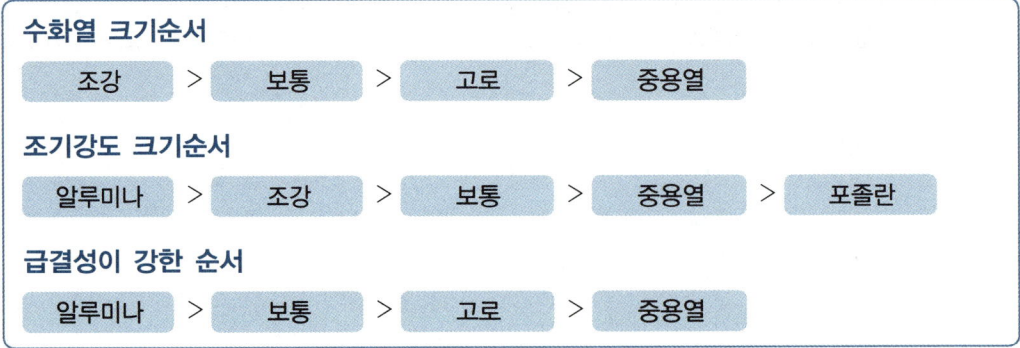

수화열 크기순서

조강 > 보통 > 고로 > 중용열

조기강도 크기순서

알루미나 > 조강 > 보통 > 중용열 > 포졸란

급결성이 강한 순서

알루미나 > 보통 > 고로 > 중용열

PART 01

(3) 시멘트 창고

① 창고바닥은 지면에서 300mm 이상 띄우고 방습처리 및 누수방지(㈜ 창고주위에 배수로 설치)

② 필요한 출입구 및 채광창 이외에 공기유통을 막고 가능한 개구부를 설치 안함 (㈜ 환기창 설치금지)

③ 반입, 반출구는 따로 설치하고 먼저 반입한 것 먼저 사용

④ 저장 중에 약간이라도 굳은 시멘트는 공사에 사용하지 않아야 하며 장기간(보통 3개월 이상) 경과한 시멘트는 재시험 후 사용

⑤ 쌓기높이는 최대 적재 13포대 이하로 보관한다(단, 장기저장 시 7포대 이하).

⑥ 시멘트창고의 면적

   ㉠ 통로를 고려할 경우

$$A = 0.4 \times \frac{N}{n}$$

단, N : 총적재 포대수(단, 시멘트량이 600포대 이내일 때는 전량을 저장할 수 있도록 창고를 가설하고, 시멘트량이 600포대 이상일 때는 공사기간에 따라서 전량의 1/3을 저장할 수 있는 것을 기준으로 한다), n : 최대 쌓기 단수(최대 적재 13포대)

   ㉡ 통로를 고려하지 않는 경우 : $1m^2$에 50포대

2. 골 재

(1) 종 류

① **잔골재** : 10mm 체를 전부 통과하고 5mm 체를 거의 다 통과하며 0.08mm 체에 모두 남는 골재

② **굵은 골재** : 5mm 체에 다 남는 골재(㈜ 보통 콘크리트 최대치수 25mm 이내)

(2) 선정 시 유의사항

① 골재의 품질에 따라 콘크리트의 내화성에 중요한 영향을 미침

② 골재의 저장설비에는 적당한 배수시설을 설치하고 골재의 표면수는 일정량이 유지되도록 함

③ 골재는 잔골재, 굵은 골재 및 각 종류별로 저장하고 잔·굵은 입자가 분리되지 않도록 취급하고 물빠짐이 좋은 장소에 저장

④ 경량골재는 흡수율이 크므로 사용하기 살수하여 표건내포 상태로 보관함

⑤ 연속입도분포가 되어 실적률은 높고 공극률이 작도록 대소립이 적당히 섞일 것
   (🖐 쇄석의 실적률은 55~65% 정도)

⑥ 해사는 철근의 부식과 콘크리트의 중성화를 촉진시키므로 사용하지 않으며 부득이한 경우는 물로 세척하여 사용함

   🖐 **골재의 조립률**: 75, 40, 20, 10, 5, 2.5, 1.2, 0.6, 0.3, 0.15mm 등 10개의 체를 1조로 하여 체가름시험을 하였을 때, 각 체에 남는 누계량의 전체 시료에 대한 질량 백분율의 합을 100으로 나눈 값

3. 물

① 콘크리트나 철근에 유해한 물질이 없는 깨끗한 수돗물이나 우물물을 사용

② 해수 사용시 이상응결, 철근부식 촉진, 균열발생 증가에 따른 누수, 내구성이 약화되어 사용하지 않음

4. 혼화재료 : 콘크리트의 성질 개선 목적

(1) AE제(공기연행제, 표면활성제)

① **목적** : 단위수량의 감소 및 시공연도의 개선

② **역할** : 기포에 의한 볼베어링 역할과 염분 및 동결용해에 대한 저항성 증대인 쿠션(완충) 작용

③ **특 징**

   ㉠ 일반적으로 AE제를 첨가할 경우 강도가 저하됨(🖐 적당량 5% 정도)

   ㉡ 수화열(발열량) 감소

   ㉢ 내구성 및 수밀성 증대

   ㉣ 워커빌러티를 향상시키고 재료분리 저항성 증대, 블리딩현상 감소

   ㉤ 철근과의 부착강도가 다소 감소하고 과다사용 시 압축강도의 저하에 유의해야 함

   ㉥ AE제를 첨가하여 콘크리트의 배합수정 시 시멘트량이나 자갈량은 보정하지 않으나 단위수량이나 모래량은 감소시킴

④ **공기량의 증대 방법**

   ㉠ AE제의 첨가가 많을수록

   ㉡ 시멘트분말도가 작을수록

   ㉢ 온도가 낮을수록

   ㉣ 진동을 주지 않을수록

   ㉤ 손비빔보다 기계비빔을 할수록

ⓑ 잔골재율이 클수록

ⓢ 자갈의 사용량과는 관련성이 적음

> 💡 공기량 : 아직 굳지 않는 콘크리트 속에 포함된 공기용적의 콘크리트 용적에 대한 백분율.
> 다만, 골재 내부의 공기는 포함하지 않음

(2) 포졸란

① 혼화재의 일종으로서 그 자체에는 수경성이 없으나 콘크리트 중의 물에 용해되어 있는 수산화칼슘과 상온에서 천천히 화합하여 물에 녹지 않는 화합물을 만들 수 있는 실리카질 물질을 함유하고 있는 미분말 상태의 재료

② **효과** : 시공연도 증진, 블리딩 및 재료분리 감소, 초기강도 감소, 장기강도 증대, 해수에 대한 화학적 저항성증대 등

(3) 분산제(감수제) : 단위수량 감소, 시공연도 증진, 운반에 따른 슬럼프 저하 방지

(4) 응결 · 경화 촉진제 : 시멘트와 물과의 화학반응을 촉진시키는 재료

(5) 착색제 : 내알칼리성 광물질로 산화크롬은 초록, 크롬산바륨은 노랑, 카본블랙은 검정, 제2산화철은 빨강, 군청은 파랑, 이산화망간은 갈색

2 콘크리트 시공

1. 콘크리트 배합 시 고려할 콘크리트의 성질

① 소요강도 ② 필요 시공연도 확보 ③ 소요의 내구성 확보 ④ 콘크리트의 균질성 확보 ⑤ 경제적 배합

2. 배합설계 순서

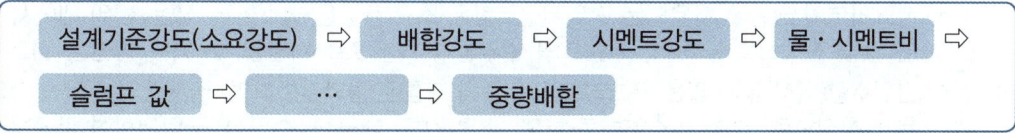

설계기준강도(소요강도) ⇨ 배합강도 ⇨ 시멘트강도 ⇨ 물 · 시멘트비 ⇨ 슬럼프 값 ⇨ ... ⇨ 중량배합

(1) **설계기준강도** : 콘크리트 품질관리에서 가장 중요한 사항으로 콘크리트의 허용응력에 안전율을 가산하여 산출하고 재령 28일 압축강도를 기준으로 함(💡 콘크리트의 배합강도는 설계기준강도보다 충분히 크게 정함)

(2) 물·시멘트비 결정 물 – 시멘트비(water cement ratio)

정 의	① 콘크리트 속에 함유된 시멘트풀 속의 시멘트에 대한 물의 중량 백분율로 시멘트풀의 농도 ② 모르타르나 콘크리트에서 골재가 표면 건조 포화 상태에 있을 때에 반죽 직후 물과 시멘트의 질량비
고려사항	콘크리트 배합 시 가장 중요한 사항으로 소요강도, 내구성, 수밀성 및 균일저항성 등
기 준	시방서상 60% 이하, 수밀성 증대 목적인 경우 50% 이하, 중성화 저항 증대의 경우 55% 이내로 함
W/C비가 클 경우	① 재료분리, 블리딩, 레이턴스 증가 ② 건조수축 균열 증가, 크리프현상 증가 ③ 동결융해의 저항성 감소 ④ 강도저하 및 부착력 저하로 수밀성, 내마모성, 내구성 감소

(3) 잔골재율

① **정의**: 잔골재량과 골재전량과의 절대용적률

② **잔골재율 증가**: 간극이 많아져 단위수량과 단위시멘트량이 증가하므로 소요의 시공연도를 얻을 수 있는 범위 내에서 가능한 작게 함

심화학습

▶ **시방서 정리**

1. 콘크리트의 배합설계는 요구되는 성능을 만족하는 한도 내에서 구조물의 전 과정에 걸친 환경영향을 고려

2. 콘크리트 강도의 관리재령은 시공방법과 시공기간을 고려하여 91일 이내의 재령에서 결정하여 사용

3. 구조체의 품질에 악영향을 미치지 않는 범위 내에서 물–결합재비는 가능한 작게 설계

4. 콘크리트의 배합에 사용되는 단위시멘트량은 소요 품질을 확보할 수 있는 범위 내에서 작은 값을 선택하도록 하며, 시멘트의 일부를 혼화재료로 치환할 수 있는 방법을 검토

5. 단위수량(아직 굳지 않은 콘크리트 $1m^3$ 중에 포함된 물의 양, 다만, 골재중의 수량을 제외)은 원칙적으로 $185kg/m^3$ 이하로 하며, 소요 강도, 내구성, 수밀성, 균열저항성 및 작업에 적합한 워커빌리티를 갖는 범위 내에서 단위수량을 가능한 적게 할 것

6. 저탄소콘크리트는 시멘트가 혼화재로 대량 치환되는 콘크리트이므로 재령초기의 강도발현을 고려하여 시험 배합에 따라 단위 결합재량을 결정

7. 콘크리트는 원칙적으로 공기연행콘크리트로 할 것

3. 콘크리트 시공 : 재료분리의 방지가 가장 중요함

(1) 콘크리트 운반 및 비빔

① 기계비빔이 원칙이며 재료의 투입순서는 모래 + 시멘트 + 물 + 자갈
② **콘크리트의 비빔시작부터 타설종료 시까지의 시간한도** : 외기온도가 25℃ 이상일 때는 1.5시간, 25℃ 미만일 때에는 2시간 이내

(2) 콘크리트 타설

① 콘크리트는 그가 위치하는 장소에 가능한 가까운 곳에서 타설
② **계속 타설 중의 이어붓기 시간간격의 한도** : 외기온이 25℃ 이하일 때는 2.5시간, 25℃ 초과에서는 2시간
③ 붓기는 아래에서 위로 기초, 기둥, 벽, 계단, 보, 바닥판의 순서로 하며 콘크리트의 낙하거리는 1m 이하로 수직타설하는 것이 원칙
④ 보는 양단에서 중앙부로 붓고 기둥은 한 번에 넣지 말고 다지면서 천천히 붓기
⑤ 벽과 기둥의 하부는 충전효과를 위해 묽은 비빔으로 하고 상부에는 블리딩현상을 방지하기 위해 된비빔으로 함
⑥ 타설한 콘크리트를 거푸집 안에서 횡방향으로 이동시켜서는 안 됨
⑦ 콘크리트를 2층 이상으로 나누어 타설할 경우, 상층의 콘크리트 타설은 원칙적으로 하층의 콘크리트가 굳기 시작하기 전에 해야 하며, 상층과 하층이 일체가 되도록 시공함

(3) 이어붓기 (시공 조인트)

① **방법** : 전단력이 작은 위치에 설치하고, 부재의 압축력이 작용하는 방향과 직각되도록 하며 이음길이와 이음단면이 최소가 되도록 함

구 분	이어붓는 위치 및 방향
기둥 및 벽의 수평 타설이음부	바닥(지붕)슬래브, 보의 하단에 설치하거나 바닥슬래브, 보, 기초보의 상단에 수평방향
보, 바닥슬래브 및 지붕슬래브의 수직 타설이음부	스팬(Span)의 중앙 부근에 주근과 직각방향인 수직방향
작은보 있는 바닥판	작은보 너비의 2배 떨어진 위치에서 수직방향으로 하되 시공이음을 통하는 경사진 인장철근을 배치하여 전단력에 대하여 보강
캔틸레버 내민보나 바닥판	이어붓지 않음이 원칙
벽	개구부, 문틀 등 끊기 좋고 이음자리 막기와 떼어내기 쉬운 곳에 수직 또는 수평
아 치	재축에 직각방향
수밀콘크리트	이어붓지 않음

② 단면 처리

이음면	구조물의 강도에 영향이 없는 위치에, 응력방향의 직각으로 방향으로 함
이음부 처리	거칠게 마감하고 콘크리트 타설 전에 물축임하고, 촉이나 홈, 철근 등으로 보강하며 수밀하게 처리함
수평부재	레이턴스를 제거하기 위해 표면의 고인물을 제거하고 부배합의 모르타르를 바름
수직부재	밀실하게 다짐하고 재진동 다짐하여 수분을 제거하고 수평부재와 동일하게 시공함

4. 진동다짐

(1) **목적**: 거푸집이나 철근사이에 빈틈(공극)을 제거하여 균일한 시공이 되도록 충전함으로서 수밀성 증대, 강도 증대, 재료분리 방지 등

(2) **효과가 큰 경우**: 빈배합, 저슬럼프(윈 된비빔일 경우로 슬럼프치가 15cm 이하인 경우)일 경우

(3) **유의사항**

① 콘크리트 다지기에는 내부진동기의 사용을 원칙으로 하나, 얇은 벽 등 내부진동기의 사용이 곤란한 장소에서는 거푸집 진동기를 사용

② 콘크리트는 타설 직후 바로 충분히 다져서 콘크리트가 철근 및 매설물 등의 주위와 거푸집의 구석구석까지 잘 채워져 밀실한 콘크리트가 되도록 함

(4) **내부진동기 사용 방법**

① 진동다지기를 할 때에는 내부진동기를 하층의 콘크리트 속으로 0.1m 정도 찔러 넣음

② 내부진동기는 연직으로 찔러 넣으며, 그 간격은 진동이 유효하다고 인정되는 범위의 지름 이하로서 일정한 간격으로 한다. 삽입간격은 0.5m 이하

③ 1개소당 진동 시간은 다짐할 때 시멘트풀이 표면 상부로 약간 부상하기까지로 함

④ 내부진동기는 콘크리트로부터 천천히 빼내어 구멍이 남지 않도록 함

⑤ 내부진동기는 콘크리트를 횡방향으로 이동시킬 목적으로 사용하지 않음

⑥ 굳기 시작한 콘크리트에는 사용하지 않음

5. 아직 굳지 않은 콘크리트의 성질

반죽질기 (Consistency)	주로 수량의 다소에 따르는 반죽의 질기정도로 유동성 정도의 성질
시공연도 (Workability)	반죽질기에 따른 작업의 난이도 및 재료분리에 저항하는 정도를 나타내는 성질로 시공난이성 정도를 종합적으로 판단하는 성질
성형성 (Plasticity)	거푸집에 쉽게 넣을 수 있고, 재료가 분리되거나 허물어지지 않는 성질
마감성 (Finishability)	굵은 골재의 최대치수, 잔골재율, 골재입도, 반죽질기 등에 따르는 마무리하기 쉬운 정도
펌프이송성 (PuMPability)	펌프로 콘크리트가 잘 유동되는지의 난이성 정도

(1) **시공연도**(Workability)

① **정의**: 굳지 않은 콘크리트의 반죽질기와 재료분리에 대한 저항성 등을 종합적으로 판단한 작업의 난이성 정도

② **측정**: 슬럼프(Slump)시험, 플로우(Flow)시험, 구관입시험, Vee-Bee 시험 등

> **콘크리트의 슬럼프**(빈 원통형의 굳지 않은 콘크리트가 무너져 내린 높이): 운반, 타설, 다지기 등의 작업에 알맞은 범위 내에서 될 수 있는 한 작은 값으로 정함

③ **시공연도의 증가 요인**

시멘트	부배합인 경우
골 재	구형 및 크기 골고루, 자연자갈의 사용
혼화재 사용	AE제 및 균산질 분재 등
응결 지연	온도는 낮고, 습도는 높은 경우
물 · 시멘트비가 증가	슬럼프값이 클 경우

> 지나친 단위수량의 증가는 시공연도가 증대되나 재료분리, 블리딩현상 증가 및 품질저하가 일어나 반드시 단위수량이 많은 경우가 시공연도의 개선이라 할 수는 없음

(2) **재료분리**: 반죽상태인 콘크리트의 유동성 때문에 골고루 섞이지 않는 현상으로 콘크리트의 수밀성 저하, 강도 하락 및 내구성이 감소

원 인	방지대책
① 단위수량 과다(주원인)에 따른 물·시멘트비 증대와 블리딩현상 발생 ② 골재의 비중차이(경량, 중량골재) ③ 시공상 원인으로 타설높이가 너무 높거나 철근 간격부족, 장시간 운반 및 부적당 다짐 등	① 물·시멘트비를 작게 함 ② 비중차이가 작고 대·소립이 적당한 골재 사용 ③ 타설속도 및 높이 준수, 철근간격 유지 등

(3) **콘크리트의 블리딩**: 단위수량의 과다와 부적합한 골재의 사용으로 굳지 않은 콘크리트에서 고체 재료의 침강 또는 분리에 의하여 콘크리트에서 물과 시멘트 혹은 혼화재의 일부가 콘크리트 윗면으로 상승하는 현상

특 징	① 철근과 콘크리트의 부착강도 저하 ② 건조수축균열 발생으로 수밀성 저하 및 강도 하락
레이턴스	콘크리트 타설 시 블리딩현상에 의해 수분과 함께 떠오른 미세한 입자가 블리딩수의 증발에 따라 콘크리트 표면에 발생하는 백색의 미세한 물질로 이어치기 부분의 부착강도 저하, 콜드조인트 발생, 철근의 부식 등이 발생함

3 콘크리트 보양(양생)

(1) **보양방법**: 습윤보양(강도발현 및 수축·균열의 최소화에 유리함), 증기보양(단시간 내에 소요강도 발현), 전기보양, 피막보양 등

(2) **주의사항**
① 타설 후 24시간 이내에는 반드시 습윤상태 유지
② 콘크리트 붓기 후 1일간은 원칙적으로 보행 및 중량물 올려놓지 않음
③ 콘크리트는 시공 중 및 시공 후 콘크리트의 압축강도가 5MPa 이상일 때까지(콘크리트의 압축강도 시험을 실시하여 압축강도를 확인하지 아니할 경우 5일간) 콘크리트의 온도가 2℃ 이상 유지
④ 콘크리트 붓기 후 7일 이상 수분을 보존해야 함
⑤ 중심부의 온도가 외기 온도보다 25℃ 이상일 경우에는 거푸집을 장기간 존치하여 온도 차이를 적게 해야 함

4 콘크리트의 강도

구 분		강도 증대 방법
재 료	시멘트	자체 강도가 클수록
	골 재	연속입도분포로 실적률이 클수록
	단위수량	수화반응에 필요한 최소한도
	물·시멘트비	낮아서 슬럼프값 작을수록
시 공		① 재료분리와 블리딩현상이 작을수록 ② 적당한 진동다짐일수록
보양(양생)		초기양생이 매우 중요
시험용 공시제		크기가 작을수록
재하속도		빠를수록

🔖 강도는 일반적인 구조물의 경우 표준양생을 실시한 콘크리트 공시체의 재령 28일 강도를 기준으로 한다. 다만, 혼화재의 사용량에 따라 91일 이내에서 관리재령을 선택할 수 있음
🔖 콘크리트 구조물의 설계에서 사용하는 콘크리트의 강도로서는 압축강도 이외에 인장강도, 휨강도, 전단강도, 지압강도, 강재와의 부착강도 등이 있으나, 콘크리트 구조물은 일반적으로 재령 28일 콘크리트의 압축강도가 기준
🔖 압축강도와 물−결합재비와의 관계는 시험에 의하여 정하는 것을 원칙으로 하며 공시체는 재령 28일이 표준

5 철근콘크리트의 균열

(1) 원인에 따른 분류: 여러 가지 복합적인 원인에 의해 발생

원 인	종 류
재료 및 배합	① 단위시멘트량의 증대 및 시멘트의 이상팽창, 이상응결 등 ② 단위수량의 증대: 콘크리트 건조수축 증대, 재료분리, 블리딩현상 발생 ③ 허용치 이상의 염분 함유 골재 사용
설계 및 시공	① 장시간의 비빔, 다짐 및 운반 ② 부적당한 타설순서 및 급속타설 ③ 부적당한 이어붓기 및 콜드조인트 ④ 거푸집 조기제거, 누수, 동바리 침하 ⑤ 철근 정착길이 부족 ⑥ 콘크리트 피복두께의 부족 ⑦ 초기양생(급격한 건조) 부실: 경화 전 진동 또는 재하

사용 및 환경	① 온도 및 습도의 급격한 변화 ② 동결융해의 반복 ③ 산 및 염류의 화학작용 ④ 화재 및 표면 가열 ⑤ 중성화, 침입염화물에 의한 콘크리트 내부의 철근 부식
구조 및 외력	① 지내력 부족 및 과대하중에 의한 부동침하 ② 응력집중, 평면형상의 복잡한 구성 ③ 단면 및 철근량 부족

(2) 시기에 따른 분류

경화 전 균열	① 소성수축 균열: 굳지 않은 콘크리트에서 기온 풍속에 의해 수분증발이 블리딩보다 빨라 변형 ② 소성침하 균열: 콘크리트 타설 후 자중에 의한 압밀로 굵은 철근을 배근하여 증가하는 균열 ③ 수화열에 의한 온도 균열: 콘크리트 내외부 온도차 및 단면이 클수록 발생함
경화 후 균열	① 건조수축 균열: 콘크리트 경화 후 수분이 외기로 증발하여 체적이 감소함 ② 알칼리 골재반응에 의한 균열 ③ 동결융해에 의한 균열: 망상형의 불규칙한 균열 발생 ④ 염해에 의한 균열

(3) 콘크리트의 균열발생 저감 대책

골 재	① 연속입도분포에 의한 실적률이 높은 골재 사용 ② 세골재인 잔골재율을 낮추되 입도가 큰 것을 사용 ③ 골재의 치수는 작은 것보다 큰 것이 유리함
시멘트와 단위수량	① 발열량 및 수화열 발생이 적은 시멘트 사용 ② 단위수량 및 시멘트의 사용량 감소 ③ 물·시멘트비를 작게 하여 슬럼프값을 적게 할 것
혼화재	감수효과가 증대된 적당량 사용
콘크리트 타설	① 타설 시의 콘크리트 온도를 낮게 할 것 ② 콘크리트 타설 시 표면과 내부의 온도차를 적게 할 것

(4) 철근콘크리트의 균열부분 최소화 방법

① 균열은 그 수보다는 폭이나 깊이가 문제(♤ 허용 균열폭 이내는 인정됨)

② **균열을 제한하는 가장 좋은 방법**: 콘크리트의 최대인장구역에서 지름이 가는 여러 개의 이형철근만을 사용하는 것

③ 하중으로 인한 균열의 최대폭은 철근의 응력과 지름에 비례하고 철근비에 반비례

④ 이형철근을 사용하면 균열폭을 최소로 할 수 있다.

⑤ 인장측에 철근을 잘 배분하면 균열폭을 최소로 할 수 있다.

⑥ 콘크리트 표면의 균열폭은 철근에 대한 콘크리트의 피복두께에 비례한다.

(5) 균열보수법

표면처리법	균열의 진행이 정지되거나 구조적 강도 회복이 불필요한 부위 및 균열의 폭이 적고 다수 발생한 경우에 사용(⑩ 모르타르나 시일재 도포)
주입공법	균열이 작은 곳은 그대로 둔 채 그 속에 점성이 낮은 에폭시 수지를 주입하는 것으로 콘크리트를 일체화 하는 데 효과가 큼(⑩ 주입구멍을 천공 후 파이프를 설치한 후 밀봉재 주입)
충전(충진)공법	비교적 균열 폭이 큰 부위의 보수에 사용(⑩ V나 U로 절단한 후 실링재나 에폭시수지로 충전)
철물보강공법	균열 폭이 가장 커서 심각한 경우 건물주요구조부에 철물보강

(6) 이음부 처리

신축줄눈 (Expansion joint)	① 목적 : 양생 중이나 사용 중 발생되는 콘크리트의 신축팽창의 저항력을 증대하여 균열을 줄임 ② 위치 : 접속부, 접합부, 연결부 및 균열발생이 우려되는 적재하중의 변화나 부동침하가 우려되는 부분에 건축물 전체적인 불규칙적인 균열을 한 곳에 집중시키도록 설계 및 시공 시 고려함 ③ 50~60m(80m) 이상 긴 건물
시공줄눈	콘크리트를 한 번에 계속하여 부어 나가지 못하는 곳에 생기게 되는 줄눈으로 전단력이 최소인 곳에 줄눈을 위치시킴
조절줄눈	① 건조수축 및 온도차에 의한 인장응력으로 인한 균열발생을 막기 위하여 균열을 전체 부분 중의 일정한 곳에 일어나도록 유도하여 설치하는 줄눈 ② 지반 등 안정된 위치에 있는 바닥판이 수축에 의해 표면에 균열이 생기는 것을 막기위해 설치하는 줄눈
지연줄눈	100m가 넘는 장스팬의 구조물에 신축줄눈을 설치하지 않고 건조수축을 감소시킬 목적으로 설치함
콜드 조인트	계획되지 않은 줄눈으로 콘크리트 시공 과정 중 휴식시간 등으로 경화되기 시작한 콘크리트에 새로운 콘크리트를 이어칠 때 불연속면으로 일체화가 저해되어 강도상 취약하여 균열발생, 누수발생, 부착력 저하, 전단력 저하가 발생하는 줄눈

6 콘크리트 크리프(Creep)

(1) 의 의

콘크리트에 하중을 가할 경우 변형이 발생한 후 하중의 증가가 없음에도 시간이 경과함에 따라 탄성변형 및 건조수축 변형을 제외시킨 변형이 증가될 때의 추가변형(소성변형 = 장기처짐)을 말함(❷ 크리프 변형이 나타날 경우 처짐이나 균열의 폭이 시간의 흐름에 따라 증가함)

(2) 진행속도 : 초기 변형률은 크나 재하시간의 경과에 따라 점차 감소함

(3) 원인 및 대책

증대 원인	감소 대책

① 상부하중이 클수록
② 균열이 클수록
   ㉠ 단위시멘트량이 많을수록
   ㉡ 물·시멘트비가 클수록
   ㉢ 온도가 높고, 습도가 낮을수록
③ 콘크리트의 강도 및 재령이 작을수록
   (❷ 초기재령 시 및 양생, 보양이 나쁠수록)
	① 고온증기의 양생
	② 골재가 연속입도분포로 실적률이 크고 철근량이 많은 경우

7 콘크리트 구조물의 비파괴시험

1. 목 적

압축강도 추정, 내구성 진단, 균열의 위치, 철근 피복 검사 등을 구조체의 손상이나 파괴(재하시험, 코어채취법 등)하지 않고 판단하는 시험

2. 종 류

(1) 반발경도법(슈미트 해머법, 타격법)

① **방법** : 콘크리트의 표면 타격 시 반발하는 정도(반발계수)로 강도를 추정하는 방법
② **측정 시 주의사항**
   ㉠ 콘크리트 표면의 모르타르나 마감재는 제거한 후 실행
   ㉡ 부재 두께는 최소 10cm 이상이어야 함
   ㉢ 타격면과는 직각으로 하되 수직이 어려울 경우 보정계수를 적용하여 보정함
   ㉣ 타격점은 최소 20군데로 하며 상호 30mm 이상의 간격으로 하고 측정치는 정수값으로 읽음

③ **보정방법**: 기기 자체의 보정은 앤빌테스트

타격방향에 따른	직각으로 타격하지 않은 경우
응력상태에 따른	타격방향에 직각인 압축응력을 받을 때
건조상태에 따른	기건상태를 기준으로 습윤상태에서는 보정함
재령에 의한	장기재령 콘크리트의 강도가 크게 나옴

⑵ **초음파법**(음속법): 발진자에서 수진자까지의 도달되는 시간을 측정하여 초음파의 속도로 콘크리트 강도, 균열, 내부결함 등을 검사

⑶ **복합법**: 가장 신뢰할 수 있는 방법으로 반발법과 음속법을 병행하여 강도를 추정함

⑷ **기타**: 인발법, 공진법, 방사선법(X선, Y선을 이용), 철근탐사법, 탄성파법, 관입법 등

8 특수콘크리트

1. 레디믹스트 콘크리트(Ready mixed concrete)

콘크리트 제조 전문 공장의 대규모 배치 플랜트에 의하여 각종 콘크리트를 주문자의 요구에 맞는 배합으로 계량, 혼합한 후 시공 현장에 운반차로 운반하여 판매

⑴ **장·단점**

① 품질이 균일하고 우수하여 공사추진을 정확히 할 수 있음
② 현장에서 콘크리트 비빔장소가 불필요함(🔁 협소한 장소에서 양질인 대량의 콘크리트 가능)
③ 운반 도중 재료분리 발생 및 시간경과에 따른 경화 우려

⑵ **종 류**

구 분	비빔장소	공장과 공사 현장과의 거리
센트럴 믹스트	100% 공장	근거리용
쉬링크 믹스트	어느 정도 공장비빔 후 운반도중 비빔 완료	중거리용
트랜싯 믹스트	100% 운반	원거리용

🔁 규격표시: 레미콘(20-30-150) = 굵은골재 최대치수(20mm) – 콘크리트 호칭강도(30Mpa) – 슬럼프값(150mm)

(3) 주의사항

① 배출 직전에 드럼을 고속회전시켜 콘크리트를 균일하게 한 다음 배출함

② 각 재료는 현장배합에 기초하여 1배치 분마다 질량을 계량함

2. 한중콘크리트

(1) **의의**: 타설일의 일평균기온이 4℃ 이하 또는 콘크리트 타설 완료 후 24시간 동안 일최저기온 0℃ 이하가 예상되는 조건

(2) **방법**: 물·시멘트비는 60% 이하로 하고 AE제 반드시 사용함

(3) **주의사항**: 소요 압축강도가 얻어질 때까지 콘크리트의 온도를 5℃ 이상으로 유지하여야 하며, 또한 소요 압축강도에 도달한 후 2일간은 구조물의 어느 부분이라도 0℃ 이상이 되도록 유지

(4) **가열**: 물과 골재 및 시멘트풀은 가능하나 시멘트는 절대 가열하지 않으며 가열한 재료를 사용할 경우 시멘트를 넣기 직전의 믹서 내의 골재 및 물의 온도는 40℃ 이하로 함

(5) 골재가 동결되어 있거나 골재에 빙설이 혼입되어 있는 골재는 그대로 사용할 수 없음

3. 서중콘크리트

(1) **의의**: 타설일의 일 평균기온이 25℃를 초과하거나, 콘크리트 타설 완료 후 24시간 이내에 일 최고기온이 30℃를 초과할 것이 예상되는 조건

(2) **방법**: 고온의 시멘트는 사용하지 않으며 물 및 골재는 되도록 낮은 온도의 것을 사용

(3) **주의사항**: 단위수량 및 단위시멘트량은 될 수 있는 한 적게 하고 소요 슬럼프는 180mm 이하

(4) 미리 거푸집에 물을 뿌려 콘크리트의 수분을 거푸집이 흡수하지 않도록 함

(5) 콘크리트는 비빈 후 즉시 타설하여야 하며, 비비기로부터 타설이 끝날 때까지의 시간이 1.5시간을 넘어서는 안되며 콘크리트를 타설할 때 콘크리트 온도는 35℃ 이하일 것

4. 경량 콘크리트

(1) **목적**: 경량골재의 사용으로 콘크리트의 자중을 감소시키고 열전도율을 작게 하여 열의 차단, 방음용으로 사용하기 위한 것

(2) **주의사항**: 슬럼프값은 180mm 이하, 단위시멘트량의 최솟값은 300kg/m³, 물시멘트비의 최댓값은 60%

(3) **골재**: 저장할 경우에 항상 같은 습윤상태를 유지하며 경량골재의 경우 배합 전에 물을 흡수시켜 표건내포상태로 유지함

(4) 보와 바닥의 콘크리트는 기둥 및 벽채의 콘크리트가 충분히 안정된 다음에 부어 넣음

5. 유동화콘크리트

(1) **의의**: 분산성이 우수한 고성능감수제를 사용하거나 허용한도 이내의 유동화제를 첨가

(2) **목적**: 슬럼프값을 증가시켜 시공연도 개선 및 수밀성, 내구성 향상 및 균열 감소 등 (단 장기강도는 변함이 없음)

(3) 유동화 콘크리트의 슬럼프 증가량은 100mm 이하로 하며 재유동화는 원칙적으로 할 수 없음

6. 프리스트레스트 콘크리트(PSC, Pre-stressed Concrete)

(1) **방법**: 콘크리트의 인장응력이 생기는 부분에 PS강재를 긴장시켜 프리스트레스를 줌으로써 콘크리트에 미리 압축력을 주어 인장강도를 증가시켜 휨저항을 크게 한 것

(2) **재 료**

굵은골재 최대치수	표준은 25mm
PSC그라우트의 물시멘트비	45% 이하
PC강재	직접 지상에 놓지 않고 창고 내에 저장

(3) **시공 주의사항**

포스트텐션방식	콘크리트가 굳은 후에 긴장재에 인장력을 주고 부재의 양단(兩端)에서 정착시켜 프리스트레스를 주는 방법으로 그라우트에 의한 긴장재의 녹막이를 실시함 + 대형구조물에 적합
프리텐션방식	긴장재에 먼저 인장력을 가한 후 콘크리트를 쳐서 프리스트레스를 주는 방법
그라우팅 시공	프리스트레싱이 끝난 후 8시간이 경과한 다음 가능한 빨리하며 반드시 7일 이내에 실시함

(4) 장·단점

장 점	단 점
① 자중이 작아 장스팬 구조가 가능 ② 균열 발생이 적음 ③ 내구성 및 복원성이 큼	① 공정이 복잡함 ② 고도의 품질관리 요구 ③ 자중 및 단면의 감소로 화재에 약함

7. 프리팩트 콘크리트(Prepacked concrete)

(1) **방법** : 미리 만들어진 거푸집 속에 굵은 골재를 충전한 후 유동성이 좋은 특수모르타르를 주입하여 타설하는 것을 주입모르타르는 5분 이내 비빌 수 있는 것으로 하며 굵은골재는 최소 15mm 이상으로 함

(2) **장점** : 재료분리 감소, 수중시공 가능 등

(3) **단점** : 품질의 확인이 곤란함

8. 제치장 콘크리트(Exposed concrete)

(1) **의의** : 콘크리트에 마감재를 사용하지 않아 콘크리트 면이 대기에 노출되게 마감한 것

(2) **장점** : 마감비용의 하락, 자중감소, 공기 단축 등

(3) **단점** : 보수공사에 난점, 피복두께의 증가 등

(4) **주의사항** : 이음부분을 최소화하기 위해 벽이나 기둥은 한 번에 꼭대기까지 부어넣어야 함

9. 매스 콘크리트(Mass concrete)

(1) **의의** : 부재의 치수가 커서 수화반응에 의한 수화열로 온도균열이 발생될 가능성이 커서 프리쿨링(Pre-cooling), 파이프쿨링(Pipe-cooling)에 의한 수화열을 하락시켜야 함

(2) **주의사항** : 굵은골재의 최대치수를 크게, 잔골재율을 감소하며, 단위시멘트량을 적게 함

(3) 매스 콘크리트로 다루어야 하는 구조물의 부재치수는 일반적인 표준으로서 넓이가 넓은 평판구조의 경우 두께 0.8m 이상, 하단이 구속된 벽체의 경우 두께 0.5m 이상

(4) 골재는 소요의 내구성을 가지며 온도 변화에 의한 체적변화가 되도록이면 작은 것을 선정

(5) 매스 콘크리트의 타설온도는 온도균열을 제어하기 위한 관점에서 가능한 한 낮게 할 것

10. 수밀콘크리트

(1) **배합** : 단위수량 및 물-결합재비는 작게 하고, 단위 굵은 골재량은 크게 함

(2) **슬럼프** : 되도록 작게 하여 180mm 이내 단, 콘크리트 타설이 용이할 때에는 120mm 이하

(3) 공기연행제, 공기연행감수제를 고성능으로 사용하는 경우라도 공기량은 4% 이하

(4) **물-결합재비** : 50% 이하가 표준

(5) 콘크리트 다짐을 충분히 하며, 가급적 이어치기를 하지 않음

(6) 충분한 습윤 양생을 실시할 것

---

05 철근콘크리트의 내구성 저하

1. 콘크리트의 중성화(탄산화)

(1) **의 의**

콘크리트인 수산화칼슘이 공기 중의 탄산가스(CO_2)에 의해 알칼리성을 상실해가는 현상으로 콘크리트의 중성화가 표면에서 내부로 진행되어 철근표면까지 진행되면 철근이 산화되어 부식되고, 철근의 부피가 팽창되어 콘크리트가 파괴됨

(2) **콘크리트 중성화 조사방법**

① 중성화 깊이 특정용 시약은 1% 페놀프탈레인 용액이 일반적으로 사용되고 있음
② **중성화 측정결과**

pH 11 이하	무색(무변화)으로 반응 : 철근 부식이 쉬움
pH 11 이상	홍·적색으로 반응 : 철근 부식이 어려움

(3) **중성화 지연 및 방지 대책**

① 탄산가스의 농도를 낮게 함
② 타일이나 돌붙임 등으로 마감
③ **골재** : 연속입도분포가 되어 실적률은 높여 밀실한 콘크리트로 만들고 경량골재 사용을 금지함

④ 단위수량을 줄여 재료분리, 블리딩 현상을 줄이고 수화열을 낮추어 콘크리트의 건조수축을 작게 하여 균열을 줄임

⑤ 물·시멘트비를 작게 하여 슬럼프값을 낮추어 수밀한 콘크리트로 만듦

⑥ 온도는 낮게, 습도는 높게 유지

⑦ 철근과 콘크리트의 피복두께 및 부재의 단면을 증가시킴

2. 알칼리 골재 반응

정 의	포틀랜드 시멘트 중의 알칼리성분과 골재 등의 실리카 광물질이 오랜 기간 화학반응하여 팽창균열 발생
발생현상	균열 발생 및 철근부식으로 내구성 저하, 동결융해 및 화학적 침식에 취약해짐
방지대책	반응성 골재 사용 금지, 알칼리성이 낮은 시멘트 사용, 방수제를 도포하여 수분침투 방지 등

3. 염 해

(1) **정의**: 콘크리트 중의 염화물이나 염화물이온(염소이온)의 침입으로 철근을 부식시켜 구조체에 손상을 가하는 현상

(2) **발생현상**: 구조체의 균열 및 누수로 강도저하, 콘크리트의 품질 저하, 내구성 저하 등

(3) **방지대책**

① 철근 표면에 아연도금 처리

② 에폭시로 코팅한 철근 사용

③ 철근의 피복두께 확보

④ 물·시멘트비 작게

⑤ 수밀한 콘크리트로 만들고 방청제 첨가

⑥ 수밀성이 높은 마감재 사용

    ↪ 염해를 받는 지역에 건설되는 구조물은 에폭시피복철근 또는 아연도금 철근 등의 사용을 검토

    ↪ 굳지 않은 콘크리트 중의 염화물 함유량은 염소이온량(Cl−)으로서 원칙적으로 $0.30kg/m^3$ 이하

4. 전기적 부식

(1) **정의**: 습윤상태의 철근콘크리트 구조물에 직류의 전기에 의해 콘크리트 속의 철근이 열화하여 부식되는 현상

(2) **발생현상**: 철근이 산화되어 부식되고 부피팽창으로 콘크리트에 균열발생, 부착력 감소 등(↪ 단, 콘크리트의 상태는 불변)

06 옹벽(Retaining Wall)

(1) **의의** : 자연 비탈면이나 흙을 절토 또는 성토하게 된 후에 생기는 비탈면 등 지반에 고 저차가 있는 곳에 토사의 붕괴 및 유출을 방지하기 위해 설치한 흙막이 구조물을 말함

(2) **종 류**

중력식 옹벽	자중에 의해 토압을 견디는 구조로 무근콘크리트를 사용하며 일반적으로 3m 이하 높이의 경사면에 사용함
켄틸레버식 옹벽	철근콘크리트의 역T형 및 L형태를 만드는 경우로 가장 많이 이용되며 자중이 감소되는 대신 배면의 뒤채움을 충분히 보강해야 안전하며 3~7m 정도의 옹벽에 사용함
부축벽식 옹벽	캔틸레버 옹벽에 일정한 간격으로 부축벽을 설치하여 보강한 방법으로 7.5m 이상 높은 옹벽에 사용함
선반식 옹벽	좁은 기초 폭에 높은 옹벽의 설치 시 옹벽 중간에 선반식 구조를 만들어 벽체가 쓰러지지 않도록 지탱하는 부벽의 모멘트가 감소함

(3) **시방서상 주의사항**

① 길이가 긴 경우 길이방향으로 유연성 재료의 신축이음을 중력식은 10m 이하, 캔틸레버식 및 부벽식은 15~20m 이하의 간격으로 설치하되 신축이음에서는 철근이 끊겨야 함

② 옹벽 내의 배수를 위해 배수구멍을 설치하며 배수층 하부에는 물받이판을 설치하되 옹벽 장방향으로 배수함

③ 원칙적으로 수평방향으로 콘크리트를 이어치지 않음

④ 설계 고려하중은 콘크리트옹벽의 사용기간 중에 발생가능한 모든 형태의 하중조합 고려

⑤ 콘크리트옹벽에 작용하는 자중은 옹벽의 자중과 뒤채움 흙의 자중으로 하되 자중은 콘크리트와 흙의 일반적인 단위중량을 적용

⑥ 옹벽에 작용하는 토압은 벽체의 변위에 따라서 주동토압, 수동토압, 정지토압이 있음

⑦ 일시적인 하중고려 위해 옹벽 배면지반에는 $10kN/m^2$의 등분포하중 작용한다고 간주함

⑧ 옹벽 배면에 물이 고인 상태로 존재하면 옹벽에 직접 작용하는 하중으로서 수압을 고려해야 한다. 이때 수면 아래의 토압을 계산할 때는 수중단위중량을 이용

⑷ **안정조건**: 옹벽은 배면 토압 등의 횡력에 저항하도록 설계함

전 도	옹벽의 저판앞굽을 중심으로 콘크리트옹벽 전체가 앞으로 회전 ① 모든 외력의 합력에 대한 작용점이 지면의 중앙 1/3 이내 ② 하중 조합에 의해 작용모멘트와 저항모멘트의 비율인 기준안전율 2.0 이상
활동 (Sliding)	경사하중 또는 비탈면상에 설치된 기초, 수평력을 받는 구조물의 기초 ① 옹벽저면과 지반사이에 기초 저판하부에 돌출된 활동방지벽인 전단키 설치 ② 횡방향 하중과 활동에 저항하는 저항력의 비율은 기준안전율은 1.5 이상 ③ 옹벽저판의 설치깊이는 동결심도 이상이어야 하며 동결심도가 얕은 지반이라 하더라도 지표면 아래로 최소한 1.0m 이상의 깊이에 설치
지반 지지력	① 지반에 작용하는 최대하중 < 지반의 허용 지지력 ② 옹벽 하부에 발생하는 지반반력과 지반의 극한지지력의 비율인 기준안전율은 3.0 이상

Chapter 04 철골구조

01 철골구조의 특징

장 점	단 점
① 재료가 균질하며 시공이 편리하고 조립 및 해체가 용이하고 재료의 재사용이 가능	① 고열에 의한 강도저하가 크므로 반드시 질석 스프레이, 콘크리트 또는 내화 도장 등과 같은 내화피복이 필요
② 환경친화적인 재료로의 활용이 가능하며 하이테크(High-Tech)의 건축재료	② 수중 및 지하 축조공사에서 염분에 의한 부식이 발생
③ 다른 구조재료에 비해 자중은 작으나 고강도로 장스팬의 구조물과 고층건물에 적당	③ 부식으로 인한 결함을 방지하기 위해 도장 등을 하므로 유지관리비가 증대
④ 인장응력과 압축응력이 거의 동일하여 세장의 구조부재가 가능하며 압축강도가 콘크리트의 약 10~20배 이상 커서 단면이 상대적으로 작아도 되므로 저층부의 유효 공간이 증대	④ 단면에 비해 부재가 세장이므로 변형 및 좌굴하기 쉬움
⑤ 소성변형능력이 큼(∵ 강재는 인성이 커서 상당한 변위에도 잘 견딤)	⑤ 가공조립에 시공정밀도 요구
	⑥ 일반적으로 조립식구조이므로 접합에 주의
⑥ 대각선 방향의 가새를 설치한 가새골조는 보에 전달되는 수평력을 부재의 축강성으로 지지하여 횡력에 강함	⑦ 응력반복(피로, Fatigue)에 의한 강도저하가 심함

📢 심화학습

➤ **건축재료의 성질**

1. **연성(Ductility)과 인성(Toughness)**
   ① 연성(Ductility) : 재료가 인장하중을 받아 파괴에 이르기까지 큰 소성변형을 할 수 있는 능력으로 고강도의 응력을 받아서 연성을 나타내는 재료는 인성이 큰 재료임
   ② 인성(Toughness) : 고강도에 견디고 큰 변형에너지를 흡수할 수 있는 재료의 능력으로 재료의 강도와 연성에 의해 좌우되며 철골구조는 철근콘크리트구조보다 인성이 커서 내진성과 내충격성, 내풍압성 등에서 우수한 재료임
2. **피로(Fatigue)강도** : 구조용 강재에 10^4회 이상의 반복하중을 가할 경우 항복 이하의 범위에서 파단이 일어나는 현상

02 강재 일반

1 정 의

강재란 탄소함유량이 0.05~1.2%인 것을 강이라 하며 함유성분에 따라 탄소강(보통 강), 고장력강 및 합금강으로 분류된다.

(1) **탄소량 증가**: 강도와 경도는 증가하나 연성과 용접성이 저하됨

(2) **니켈, 크롬 첨가**: 강재의 내식성 증대

(3) **구조용 강재 표시**

SS 275	일반구조용 압연강재 + 항복강도 275N/mm²(슥 두께 16mm 이하는 그대로. 단, 16mm 초과는 10MPa 작게. 즉 265N/mm²)
SM 315C	① 용접구조용 압연강재 + 항복강도 315N/mm² + 용접성 C ② 영어단어는 충격특성으로 A<B<C 순서로 성질이 우수하여 고품질
SN계열	건축구조용 압연강재
SHN	건축구조용 H빔
TMCP	열가공제어강으로 고인성, 고용접성으로 40mm 초과 후판에서 강도가 일정하여 고층건물에 사용

(4) **H형강의 표시**: H − A(높이)×B(플랜지 폭)×t1(목두께)×t2(플랜지 두께)

2 철골공사 가공작업

(1) **순 서**

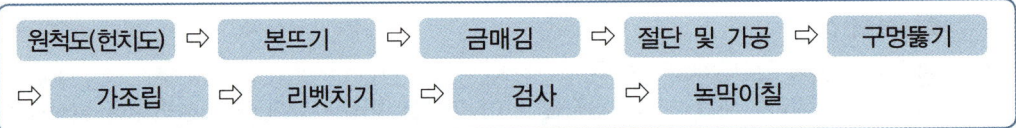

원척도(현치도) ⇨ 본뜨기 ⇨ 금매김 ⇨ 절단 및 가공 ⇨ 구멍뚫기 ⇨ 가조립 ⇨ 리벳치기 ⇨ 검사 ⇨ 녹막이칠

(2) **절단작업**: 가스절단은 자동가스절단기를 원칙으로 하고 주요 부재의 강판 절단은 주응력방향과 압연방향을 일치시켜 절단

정밀도 순서	톱절단(판두께 13mm 초과) > 전단절단(판두께 13mm 이하) > 가스절단
펀치(punch)	주요부재의 강판에 마킹할 때에는 사용하지 않을 것
절단면의 결함	육안검사로 하고 용접이음부는 방사선 투과검사 또는 초음파 탐상 검사에 의하여 확인

(3) **구멍뚫기**: 구멍의 지름은 볼트나 리벳지름에 따라 다르며 리머는 구멍위치 조정 및 다듬질하기 위해 사용함

① **앵커볼트의 구멍직경**: 앵커볼트 직경 + 5mm 이하

② 앵커볼트, 철근 관통구멍은 드릴뚫기를 원칙으로 하며, 판 두께 13mm 이하인 경우에는 전단 구멍뚫기 가능

③ 고장력볼트 구멍뚫기는 드릴뚫기로 하되 접합면을 블라스트 처리하는 경우에는 블라스트하기 전에 구멍뚫기

(4) **리벳수와 가조임 볼트수**

① **현장치기 리벳수**: 전리벳수의 1/3 정도

② **철골세우기용 가조임 볼트수**: 전리벳수의 20~30% 또는 현장치기 리벳수의 1/5 이상

(5) **녹막이 도장**: 처음 1회째의 방청 도장은 가공장에서 조립 전에 도장함을 원칙으로 하고, 화학처리를 하지 않은 것은 표면처리 직후에 도장함

① **작업 중지**

도장 작업온도	5℃ 이하일 경우
상대습도	80% 이상일 경우
강재 표면온도	50℃ 이상일 경우
도장작업 또는 도막이 마르기 전	수분이나 분진 등이 도막에 부착될 우려

② **녹막이칠 하지 않는 부분**

㉠ 고장력볼트 마찰접합부의 마찰면

㉡ 현장 용접하는 부위 및 초음파탐상검사에 지장을 미치는 범위

㉢ 콘크리트에 묻히는 부분

㉣ 핀, 롤러 등 밀착하는 부분과 회전면 등 절삭가공한 부분

㉤ 조립에 의하여 면맞춤 되는 부분

㉥ 밀폐되는 내면

03 접합방법

1 용접 접합

1. 특 징

장 점	단 점
① 건축공해(웹 소음, 진동)의 발생이 적음 ② 모재 구멍에 의한 단면의 결손이 적어 사용강재가 절약됨 ③ 응력전달이 확실하여 강성확보가 용이함	① 용접열에 의한 결함발생이 우려되며 결함 발견 곤란 ② 용접검사 방법이 곤란하고 비용과 시간이 소요됨

2. 주의사항

① 기온이 –5℃ 이하의 경우에는 용접하지 않으며 기온이 –5~5℃인 경우에는 접합부로부터 100mm 범위의 모재 부분을 가열하여 용접 가능(모재의 표면온도가 0℃ 미만인 경우는 적어도 20℃ 이상)

② 바람이 강한 날은 바람막이를 하고 용접하고 습도가 높은 때는 모재의 표면 및 틈새 부근에 수분이 남아 있지 않는 것을 확인한 후 용접

③ 건물중앙에서 주변으로, 수량이 큰 것을 먼저하고 작은 것은 나중에 함

④ 부재의 판두께가 다른 경우 용접 표면이 얇은 판쪽부터 두꺼운 판쪽으로 용접

⑤ 용접부에서 수축에 대비한 과대구속은 하지 않아야 하고, 용접작업은 조립하는 날에 용접을 완료하여 도중에 중지하는 일이 없도록 함

⑥ 용접자세는 가능한 한 회전지그를 이용하여 아래보기 또는 수평자세로 함

⑦ 아크발생은 필히 용접부 내에서 일어나도록 함

⑧ 맞대기 용접에서 판두께의 10% 이하의 보강살붙임을 한 후 끝마무리 함

⑨ 큰보와 작은보의 접합은 클립앵글 등을 사용하여 웨브만을 상호접합함

⑩ 모든 용접은 전 길이 및 용접부에 대해 육안검사를 하고 용접비드 및 근방에는 균열이 있어서는 안됨

3. 용접에 관련된 용어

(1) 일반적인 용어

비드	용접봉 1회 이동으로 발생한 용착된 금속층
루트	맞댄용접의 트임새 간격 또는 용착금속의 밑과 모재와의 교점 또는 홈의 밑부분
가우징	금속판 면에 홈을 파는 것
그루브(홈, 개선)	접합재를 동일평면으로 유지하기 위해 적당한 각도로 벌린 홈에 용착금속을 채워넣는 부분(형 모양: H, I, J, K, U, V, X 등)
위빙	용접방향과 직각으로 용접봉 끝을 움직여 용착나비를 증가시켜 용접층수를 작게 하여 효과적으로 운행하는 방법
위핑	용접작업 중에 용접봉을 용접하는 방향에 대하여 가로로 왔다갔다 움직여 용착금속을 녹여 붙이는 것
스패터	용접 중에 튀어나오는 슬래그나 금속 입자를 말함
플럭스	철골가공 및 용접에서 자동용접의 경우 용접봉의 피복재 역할로 쓰이는 분말상의 재료
스칼럽	용접접근공으로 용접선의 교차를 피하기 위해 한 쪽의 부재에 설치한 홈
엔드탭	개선이 있는 용접의 양끝의 전단면의 완전한 용접 및 용접비드의 시작과 끝지점에 용접하기 위해 모재의 양단에 부착하는 보조강판 ① 기둥보 접합부의 엔드탭은 뒷댐재를 설치하고 유효단면에서 모재와 조립용접을 하지 않음 ② 엔드탭은 절단하지 않아도 됨 ③ 엔드탭 재료의 용접성은 모재 이상일 것 ④ 그루브 용접 및 거더의 플랜지와 웨브판 사이의 필릿용접 등의 시공에 있어서는 부재와 동등한 홈을 가진 엔드탭을 붙여야 함

∮ 모살(필릿)용접: 모재를 가공하지 않고 두 접합재면을 직각 또는 60~120°도 맞추어 그 모서리 구석부를 심각형 모양으로 용접하는 것(필릿용접의 용접길이는 유효용접길이에 필릿사이즈의 2배를 더한 값)

(2) 용접 결함

언더컷	모재가 용융되어 용착금속이 채워지지 않고 홈으로 남게 된 부분으로 용접각도 불량, 전류의 과대, 운봉속도 빠를 때 발생함
오버랩	약한 전류에 의해 용착금속과 모재가 융합되지 않고 겹쳐지는 것
블로우 홀	용융금속이 녹아들 때 생기거나 응고할 때 방출되어야 할 기포가 남아서 생기는 공처럼 길죽하게 생긴 빈자리로 운봉시간이 느릴 때 발생함
피트	용접 비드 부분에 생긴 미세한 뚫린 구멍
피시아이	슬래그 혼입 및 블로홀의 겹침현상으로 생선눈알 모양의 은색반점이 나타남
크랙	용착금속 냉각 시에 발생하는 갈라짐
크레이터	아크용접 시 항아리 모양으로 끝부분이 패임
기타	슬래그섞임, 용착부족 등

(3) 보수방법

① **언더컷**: 비드 용접한 후 그라인더로 마무리 하고 용접비드의 길이는 40mm 이상

② **용접비드 표면의 피트, 오버랩**: 아크에어가우징으로 결함 부분을 제거하고 재용접하며 용접비드의 최소길이는 40mm 이상

③ **강재의 표면상처로 그 범위가 분명한 것**: 덧살용접 후, 그라인더 마무리, 용접 비드는 길이 40mm 이상

④ **스터드용접의 결함**: 굽힘실험으로 파손된 용접부 또는 결함이 모재에 파급되어 있는 경우에는 모재면을 보수용접한 후 갈아서 마감하고 재용접

⑤ **강재 끝 면의 층상 균열**: 판 두께의 1/4 정도 깊이로 가우징을 하고, 덧살용접을 한 후, 그라인더로 마무리

⑥ **용접비드 표면의 요철**: 그라인더로 마무리

2 리벳 접합 : 전단접합

(1) **의의** : 리벳을 약 600~1,100℃ 정도로 가열하여 리벳치기를 하며 둥근리머리리벳이 구조상 튼튼함

(2) **리벳접합에 관련된 용어**

게이지라인	재축방향에 평행직선으로 리벳중심선 또는 리벳 배치선으로 리벳을 박는 부분
게이지	게이지라인과 게이지라인과의 거리
피치	리벳중심간 사이의 거리로 최소 피치는 리벳지름의 2.5배 이상으로 함
연단거리	부재 끝에서 최외단에 설치한 리벳중심까지의 거리로 작업상 여유거리를 말함
클리어런스	시공 시 리벳팅할 경우 리벳중심으로부터 부직 부재면과의 거리
그립	리벳 또는 볼트로 접합하는 판의 총두께
리머	조립 시 리벳구멍의 위치가 다를 경우 구멍가시기하는 기기

(3) **리벳의 검사** : 공장 및 현장에서 행하며, 구조상 주요한 접합부는 최소 2개 이상 설치함

(4) **리벳치기** : 접합부에서 보강 부위순으로 행하며 접합부 ⇨ 가새 ⇨ 귀잡이 순서로 함

(5) 철골철근콘크리트의 사무소건축에 있어서 철골 1ton당 사용되는 현장치기 리벳수는 100~200개이고, 공장치기 리벳수는 200~300개, 일반리벳은 300~400개 정도

3 볼트 접합

1. 일반적 특징

(1) **볼트구멍의 지름** : 볼트지름 + 0.5mm 이내

(2) **와셔** : 나사부를 지압으로부터 보호하고 볼트에 조이는 힘을 균등히 배분하는 것으로 볼트 머리 및 너트 쪽에 각각 한 개씩 사용

(3) 보통 임시조립 및 가조립에 주로 사용하나 구조용 접합에는 사용하지 않는 것이 원칙임

(4) 진동, 충격 및 반복응력을 받는 부분에서는 사용할 수 없음

2. 고력볼트 : 마찰접합

(1) **의의** : 열처리된 고인장강도 재질의 볼트로 인해 너트의 풀림이 없고 반복응력에 대해 강하여 접합부의 강성을 높게 함

(2) 특 징

① 고력볼트에는 전단 및 지압응력이 발생되지 않음

② 유효면적당 응력이 작으며 피로강도가 높음

③ 마찰면의 경우 붉은 녹이 있는 상태를 유지하거나 거친면으로 하여 마찰력을 증가시킴(쥐 미끄럼계수가 0.5 이상 확보되도록 하고 마찰면 처리는 블라스트 처리)

④ 강구조 건축물은 1차조임(약 80%), 금매김(마킹), 본조임의 순으로 하며 고력볼트의 끼움에서 본조임(쥐 습한상태 조임 안됨)까지의 작업은 같은 날에 이루어지도록 함

⑤ 사용한 볼트는 재사용하지 않으며 볼트 군마다 이음의 중앙부에서 판 단부쪽으로 조임

⑥ 조임길이는 고장력볼트 길이에 너트 1개와 와셔2개 두께와 나사피치 3개의 합임

⑦ 모든 볼트머리와 너트 밑에 각각 와셔 1개씩 끼우고 너트를 회전시킴

⑧ 볼트머리 또는 너트의 하면이 접합부재의 접합면과 1/20 이상의 경사가 있을 때에는 경사 와셔를 사용함

04 기타 사항

1 접합 병용

(1) **응력분담**: 내력 크기 순서 용접접합 > 고장력볼트접합 = 리벳접합 > 볼트접합

접합의 병용	리벳 + 고력볼트	리벳 + 볼트	용접, 리벳, 고력볼트, 볼트를 각각 접합 병용
전응력 부담	각각 분담	리벳만	용접만(단, 고력볼트를 먼저 시공한 후 용접할 경우는 각각 분담)

(2) 접합방법

① **혼용접합**: 웨브를 고장력볼트로 접합하고 플랜지를 현장용접으로 접합하는 경우에는 고장력볼트를 먼저 조인 후 용접을 함

② **병용접합**: 부재이음에는 용접과 볼트를 원칙적으로 병용해서는 안됨. 단, 불가피하게 병용할 경우 용접 후 볼트를 조임

2 각종 접합 방법

주각과 베이스 플레이트	앵커볼트
보와 보 또는 기둥과 기둥	고력볼트
기둥과 보 또는 큰보와 작은보	용접
가조립	보통볼트

🔁 **주각**: 기둥이 받는 힘을 기초에 전달하는 부분으로 주각부에 사용하는 부재는 윙 플레이트, 리브 플레이트, 베이스 플레이트, 사이드 앵글, 클립 앵글 등이 사용됨

앵커볼트	토대, 기둥, 보 혹은 기계류 등을 기초나 돌, 콘크리트 구조체에 정착시킬 때 사용하는 볼트
베이스 플레이트	철골구조에서 기초 위에 놓아 앵커볼트와 연결시키기 위해 까는 철판
윙 플레이트	주각의 응력을 베이스 플레이트로 전달하기 위한 강판으로 철골의 주각부를 보강하여 응력을 분산하기 위해 설치하는 강판
웨브 플레이트	보, 거더, 트러스 등의 중간부를 형성하는 강판으로 전단력을 받음
사이드 앵글	철골 주각부의 윙플레이트와 베이스플레이트를 접합하는 형강
클립 앵글	사이드 앵글과 같은 형태로 철골 접합부를 보강하거나 접합을 목적으로 하는 앵글

3 보(Girder)

(1) **플레이트 보**(판보): L형강과 강판을 리벳접합이나 용접하여 I형 모양으로 접합한 것으로 판의 조립에 따라 임의적인 크기의 단면이 가능하고 전단력이나 충격, 진동에도 강함

플랜지	H형강, 판보 등의 단면 상하에 날개처럼 내민 부분으로 휨모멘트에 저항하며 커버플레이트(최대 4장 이하)로 보강함
웨브(Web)	H형강, 판보 등의 중앙부분으로 전단력에 저항하며 좌굴을 방지하기 위해 스티프너를 설치함
거싯플레이트	철골구조의 절점에서 여러 부재를 접합하기 위하여 대는 판으로 판보의 접합 편리성을 위해 붙인 강판

(2) **트러스보와 래티스보**: 플레이트보의 웨브재를 빗재 및 수직재를 사용하고 거싯플레이트로 플랜지부분과 조립한 것으로 웨브재에 형강을 사용한 것을 트러스보, 웨브재에 평강을 사용한 것을 래티스보라 함

(3) **합성보**: 2종류 이상의 재료를 사용하여 일체로 작용하도록 한 보로 철골보와 콘크리트 슬래브를 전단연결재(시어커넥터)로 일체화하여 수평전단에 저항함

(4) **허니콤보** : 휨모멘트에 대한 내력을 증가하고 동시에 웨브에 뚫린 구멍을 통하여 덕트배관이 가능하여 층고를 낮출 수 있음

(5) **하이브리드빔** : 고강도 플랜지와 보통강도 웨브의 재질을 다르게 하여 조립시켜 휨성능을 높임

4 내화피복공사

1. 의 의

철골의 구조용 강재의 융점은 1,500℃로 500~600℃이면 응력이 50% 저하되고, 800℃ 이상이면 응력이 제로(0) 상태가 되므로 시공 시 철저한 관리가 요구됨

2. 내화재료 및 시공

내화재료	시 공
① 실내의 건조한 곳에 보관 ② 뿜칠재료는 20포 이내로 쌓고 제조일로부터 3개월 이내 사용 ③ 내화보드는 옆으로 세워서 운반하고 제조일로부터 6개월 이내에 사용 ④ 내화도료는 전용창고에 보관하고 5℃ 이상 35℃ 이하가 유지되도록 하며 제조일로부터 12개월 이내에 사용	① 기초공사가 완료된 시점에서 시공하는 것을 원칙으로 함 ② 300Lx 이상의 조도 확보 ③ 시공 장소 및 피착면의 온도는 시공시간과 양생기간 중에 4℃ 이상 유지 ④ 지하층 등 과다한 습기가 예상되는 곳에서는 충분한 환기 조치

3. 내화피복 공법

공 법	재 료	재 료
합성공법	합성공법	프리캐스트 콘크리트판, ALC 판
건식공법	성형판 붙임공법 휨감기공법 세라믹울 피복공법	무기섬유혼입 규산칼슘판, ALC 판 무기섬유강화 석고보드, 석면 시멘트판 조립식 패널, 경량콘크리트 패널 프리캐스트 콘크리트판
습식공법	타설공법 조적공법 미장공법 뿜칠공법	콘크리트 경량 콘크리트
도장공법	내화도료공법	팽창성 내화도료

(1) 내화도장공법

① **시공 시 온도**: 5℃ 이상 43℃에서 시공하며 도장면은 이슬점보다 3℃ 이상 높아야 함

② **시공장소의 습도**: 85% 이하

③ 일반도료 등 다른 재료와 혼합사용을 해서는 안됨

④ **스프레이 도장**: 거리는 300mm 정도를 유지하고 이동속도는 500~600mm/sec 정도로 하고 먼저 도장된 부분과 중첩되도록 도장함

(2) 뿜칠공법

① 노즐끝과 시공면의 거리는 500mm를 유지하고 시공면과의 각도는 90°를 원칙으로 하되 70° 이하의 시공은 금지

② 1회의 뿜칠 두께는 20mm 기준

③ 뿜칠표면 상태 및 두께 등을 작업원이 조정할 수 있도록 300Lx 이상의 조도 확보

④ 내화재 뿜칠 시와 완료 후 건조될 때까지 주위온도는 4℃ 이상 되어야 하며 뿜칠 후에는 자연환기로 건조시키며, 부득이할 경우 강제 환기시킴

(3) 건식공법

성형판 붙임공법	PC판, 규산칼슘판, 석면성형판 등 내화성 및 단열성능이 우수한 성형된 판을 접착제나 연결철물을 이용하여 부착하는 공법
멤브레인(복합)공법	하나의 제품으로 두 개의 기능을 충족시키는 공법으로 내화피복역할과 마감재(커튼월, 천장공사)로서 복합기능을 갖춘 것

(4) 합성공법

이종재료 적층공법	건식 및 습식공법의 단점을 보완하여 바탕에 규산칼슘판을 부착하고 상부에 질석 플라스터로 마무리함
이질재료 접합공법	공업화 제품인 PC판을 외부에 설치하고 내부에 규산칼슘판 부착

Chapter 05 조적식 구조

01 조적식 구조에 대한 특징

장 점	단 점
① 외관이 장중하고 미려함	① 벽체의 습기가 차기 쉬워 강성이 저하됨
② 내구·내화적인 구조임	② 횡력 및 지진력에 취약하여 비내진적임
③ 방한, 방서에 유리함	③ 벽체에 균열이 많음
④ 압축력(직압력)에 대해 상당한 내구력이 있음	④ 벽두께가 두꺼워 실내의 유효면적이 줄어듦
	⑤ 고층건물이나 집중하중을 받는 건축에는 적당하지 않음

02 조적재료

1 벽 돌

(1) **마름질**(Cutting)

   ① **이오토막 또는 반절** : 영식쌓기에서 마구리켜의 모서리에 사용
   ② **칠오토막** : 화란식쌓기에서 길이켜의 모서리에 사용

(2) **품 질**

   ① **상등품** : 소성온도가 높아서 압축강도가 크며 흡수율이 작은 것
   ② **세로규준틀** : 벽돌나누기를 정확히 하여 토막벽돌이 나지 않도록 함

2 석 재

(1) 가공 마무리 종류 및 가공공정

혹두기	큰혹	쇠망치로 따낸다.
	작은혹	쇠망치와 날메로 따낸다.
정다듬	거친정, 중간정, 고운정	정으로 2~3회 쪼아 낸다.
도드락다듬	거친다듬, 중간다듬, 고운다듬	도드락망치로 타격한다.
잔다듬	거친다듬, 중간다듬, 고운다듬	일자형 잔다듬망치로 타격한다.
물갈기 마감	공정순서: 거친갈기 ➪ 물갈기 ➪ 본갈기 ➪ 정갈기	

🖐 **혹두기**: 석재를 뇌 쪽으로 쪼개서 혹이 형성된 모양 그대로의 석재
🖐 **버너 표면 마감**: 액체산소와 액화석유가스에 의해 화염온도 약 1,800~2,500℃ 불꽃으로 석재판과의 간격을 30~40mm 되도록 하여 좌우 또는 전진과 후진하여 표면을 1회 벗겨내도록 하되 중복하여 전진과 후진하여 벗겨내지 않으며 수(手)작업 시 좌우, 전진후진을 병행하지 않음

(2) 석재의 종류

화강암	강도, 경도, 내마모성, 내구성, 색체, 광택 등이 우수하여 구조체(벽체, 기둥, 보 등)에 사용되며 외관이 미려하여 내·외장용으로 적합함
안산암	색상이나 광택이 부족하고 가공성은 떨어지나 강도 및 내구성이 커서 구조 용재의 사용에 적합함
점판암	진흙이 압력을 받아 응결된 후 더욱 큰 압력을 받아 변질, 경화된 것으로 얇게 쪼개어지므로 지붕재료 및 온돌의 구들장용으로 사용함
대리석	조각용으로는 우수하나 산 및 열에 약하고 내구성이 적어 외장용으로는 좋지 않음(🖐 대리석 붙이기용 모르타르 − 시멘트 : 석고 = 1 : 1 정도)
트래버틴	다공질 대리석으로 흡수율이 높고, 산성 및 알칼리에 약해 실내장식용으로 사용하나 외부용에의 사용은 부적합함
응회암과 사암	강도가 작고 흡수율이 높아 풍화되기 쉬우며 변색이 쉬움(🖐 콘크리트용 쇄석은 안산암이 가장 적합하며 응회암과 사암은 부적합함)

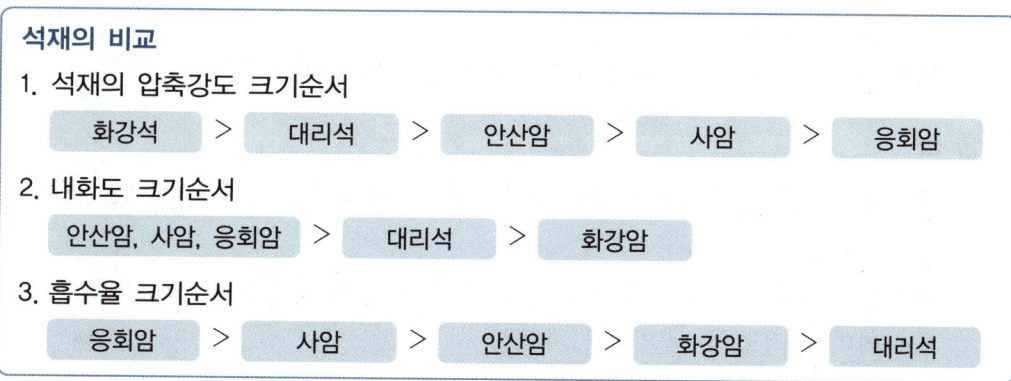

석재의 비교

1. 석재의 압축강도 크기순서

   화강석 > 대리석 > 안산암 > 사암 > 응회암

2. 내화도 크기순서

   안산암, 사암, 응회암 > 대리석 > 화강암

3. 흡수율 크기순서

   응회암 > 사암 > 안산암 > 화강암 > 대리석

03 모르타르

(1) 의 의

시멘트와 적정한 크기(1.2~2.5mm)의 모래를 건비빔하여 시공할 때 물비빔하여 사용하는 교착재로서 물비빔 후 1~10시간 이내에 응결되므로 물비빔 후 1시간 이내에 사용하며 굳거나 응결(경화)되기 시작한 모르타르는 사용하지 않음(웹 물을 넣고 모르타르나 그라우트를 비비는 경우에 비빔기계 안에서의 비빔시간은 3분 미만이나 10분 이상이어서는 안 됨, 모르타르는 다시 비빌 수 있으나 어떠한 경우에도 처음 물을 넣고 비빈 후 2시간이 지난 모르타르, 1시간의 지난 그라우트는 사용하지 않음)

(2) 배합비

구 분	시멘트 : 모래
치장줄눈	1 : 1
아치 및 특수쌓기	1 : 2
일반 조적용	1 : 3~5

(3) 접합모르타르의 부착강도 : 단일개체의 강도보다 커야 함

① 벽돌쌓기 : 벽돌강도 이상

② 블록쌓기 : 블록강도의 1.3~1.5배 이상

③ 내화벽돌 시공 : 내화벽돌과 동질 이상의 강도

(4) 물축임(모르타르의 수화반응에 필요한 수분유지 목적으로 물뿌리기)

① 일반 붉은벽돌 : 벽돌쌓기 하루 전에 충분히 뿌려 표면에 습도를 유지한 상태로 준비하고 하절기에는 벽돌더미에 여러 시간 물뿌리기하며 콘크리트 벽돌은 쌓기 직전에 물을 축이지 않음

② 블록 : 벽돌과 달리 쌓으면서 모르타르 접착부분만 물축임하며 콘크리트블록은 물축임하지 않음

③ 내화벽돌 : 교착재인 내화점토는 기건성 재료로 물축임을 하지 않음

(5) 줄 눈

① 접합모르타르 부분으로 너비는 가로, 세로 10mm를 기준으로 함(단, 내화벽돌은 6mm 표준)

② 상부하중이 균등히 분포되도록 세로줄눈의 위·아래가 막힌 줄눈으로 쌓는 것이 원칙이며 조적조의 내력벽에 사용함

③ 세로줄눈의 위·아래가 통한 통줄눈은 하중의 집중현상, 부등침하 발생, 벽체의 강성 약화, 균열 발생 및 지면의 습기가 스며들 우려 등이 있어 비내력벽이나 치장용으로 사용함

④ 쌓은 직후 줄눈 모르타르가 굳기 전에 줄눈흙손으로 빈틈없이 줄눈 누르기를 하며 치장줄눈을 바를 경우에는 줄눈 모르타르가 굳기 전에 줄눈파기를 함

⑤ 줄눈은 위에서 아래로 시공하며 줄눈파기 후 가능한 빠른 시간 내에 시공함(치장줄눈의 깊이 6mm)

⑥ 가장 많이 사용되는 줄눈은 평줄눈이며 방습상 유리한 줄눈은 빗줄눈임

04 벽돌구조

1 벽돌쌓기

(1) 일반쌓기 및 장식쌓기

구 분	특 징	비 고
영식 쌓기	① 한 켜는 길이쌓기, 다음 켜는 마구리쌓기 ② 마구리켜의 모서리에 반절 또는 이오토막을 사용	가장 튼튼한 쌓기방식
화란식 쌓기 (네덜란드식)	① 영식쌓기와 거의 동일 ② 길이켜의 벽끝, 모서리에 칠오토막 사용	모서리가 상대적으로 튼튼함
불식 쌓기 (프랑스식)	① 같은 켜에 길이와 마구리가 번갈아 나오는 것 ② 토막 벽돌을 많이 사용 ③ 외관상으로 막힌줄눈처럼 보임	① 구조적으로 튼튼하지 못함 ② 벽돌담 등 치장용으로 사용
미식 쌓기	5켜는 길이쌓기, 다음 한 켜는 마구리쌓기로 본 벽돌에 물리고 뒷면은 영식쌓기로 함	합리적인 쌓기방식
장식 쌓기	엇모쌓기, 영롱쌓기, 무늬쌓기 등	

(2) 벽돌구조 쌓기

구 분	특징 및 구조제한
기초쌓기	① 줄기초 윗면은 청소하고 물축이기를 하며 기초 윗면의 우묵한 곳은 벽돌 쌓기 전일에 모르타르 또는 콘크리트로 고름질함 ② 소성이 잘된 강도가 큰 벽돌 사용 ③ 지표면 위에 방습층을 수평방향으로 설치 ④ 기초 벽돌의 맨 밑의 너비는 벽두께의 2배로 하고 맨 밑은 2켜 쌓기로 함 ⑤ 기초판 두께는 기초판 너비의 1/3 이상
내쌓기	① 마구리쌓기가 강도상, 시공상 유리 ② 2켜씩 1/4B 또는 1켜씩 1/8B 내쌓기로 하고 맨위는 2켜 내쌓기 ③ 최대 내미는 정도는 2B 이내로 함
공간쌓기	① 목적: 방습(주목적), 방한, 방서, 방음, 결로방지 등 ② 공간 사이: 50~70mm(0.5B 정도)로 기밀하고 폐쇄된 공간층을 만들어 열차단성을 증가시킴 ③ 물빠짐구멍: 직경 10mm정도로 바깥쪽 밑에 2m 이내마다 설치 ④ 내력벽 두께는 유리한 한쪽 벽의 두께만으로 산정함이 원칙 [단, 최상층(단층포함)의 벽높이가 3m 이하이고, 안팎벽이 40mm거리 간격으로 보강연결된 것은 합한 두께로 한다.] ⑤ 공간쌓기는 바깥쪽을 주벽체로 하고 안쪽은 반장쌓기로 함
아치쌓기	① 상부에서 오는 수직압력을 아치 축선을 따라 하부에 직압력만을 전달하게 하고 하부에 인장력이 생기지 않게 한 구조 ② 개구부가 아무리 작아도 아치를 트는 게 원칙 ③ 줄눈은 원의 중심방향으로 한 점에 모이게 함 ④ 활원아치가 원칙이나 개구부 폭이 1m 정도일 경우는 (수)평아치로 가능 ⑤ 종 류 　㉠ 본아치: 아치벽돌을 사다리꼴 모양으로 제작하여 사용 　㉡ 막만든아치: 보통벽돌을 쐐기모양으로 다듬어 사용 　㉢ 거친아치: 보통벽돌을 사용하고 줄눈을 쐐기모양으로 한 것 　㉣ 층두리아치: 아치너비가 넓을 때 여러 겹으로 겹쳐 쌓은 아치 　㉤ 반원아치: 줄눈이 양지점간의 1/2지점에 모이게 만든 아치 　㉥ 결원아치 등
개구부쌓기	① 상·하층개구부: 동일수직선상에 배치 ② 대린벽으로 구획된 각 벽에서 개구부 폭의 합계: 그 벽 길이의 1/2 이하 ③ 개구부 상호간의 거리: 600mm 이상 ④ 개구부 상호간 또는 개구부와 대린벽 중심과의 수평과의 수평거리: 그 벽두께의 2배 이상 ⑤ 개구부 폭이 1.8m 넘는 경우: 개구부 상부에 철근콘크리트의 위 인방(문이나 창의 아래나 위로 가로질러 설치하여, 상부 무게를 받치도록 하는 구조물) 설치 ⑥ 내어민창 또는 내어쌓기창: 철근콘크리트로 보강

창대쌓기	① 창대벽돌의 윗면을 15° 정도 경사지게 쌓음. 그 앞 끝의 밑은 벽돌 벽면에서 30~50mm 내밀어 쌓는다. ② 가장 방수상 주의할 쌓기로 문틀 사이는 방수제로 방수처리 ③ 창대 벽돌의 위 끝은 창대 밑에 15mm 정도 들어가 물리게 하며 창대 벽돌의 좌우 끝은 옆벽에 2장 정도 물림
홈파기	① 가로홈: 길이는 3m 이하, 깊이는 벽두께의 1/3 이하(주 구조내력 상 불리함) ② 세로홈: 층높이의 3/4 이상 연속되는 홈을 세로로 팔 경우 홈 깊이는 벽두께의 1/3 이하로 함
내력벽체쌓기	① 2층 내력벽의 높이: 4m를 넘을 수 없음 ② 내력벽의 길이: 10m를 넘을 수 없음 ③ 바닥면적: 80m^{2}를 넘을 수 없음 ④ 내력벽의 두께: 윗층 내력벽의 두께 이상으로 벽돌벽 높이의 1/20, 블록벽 높이의 1/16 이상 ⑤ 토압 받는 내력벽: 조적식구조 안됨(다만, 토압 높이 2.5m 이내면 벽돌구조 가능). 단, 토압을 받는 부분의 높이가 1.2m 이상인 때에는 그 내력벽의 두께는 그 바로 윗층의 벽의 두께에 100mm를 가산한 두께 이상

2 테두리보(Wall girder)

(1) 역 할

① 분산된 내력벽을 일체가 되게 하여 벽체 강성 높이기 위함
② 상부의 집중하중을 균등히 배분·전달시키기 위함
③ 지붕 슬래브의 하중을 보강함
④ 개구부 설치 시 횡력에 의한 수직균열 최소화 및 방지 위함
⑤ 제자리 콘크리트보 타설 시 세로철근 정착시키기 위함

(2) 구조 제한

① 원칙: 조적조에서는 테두리보를 설치함
   예외: 최상층이 철근콘크리트 바닥판으로 구성된 경우에는 생략 가능
② 원칙: 철근콘크리트 구조
   예외: 목조 가능(단, 1층인 건축물로서 벽두께가 벽의 높이의 16분의 1이상이거나 벽길이가 5미터 이하인 경우)
③ 춤: 최소 30cm 이상 혹은 벽두께의 1.5배 이상(단, 단층인 경우 25cm 이상)
④ 너비: 벽두께 이상 혹은 벽 중심간 거리의 1/30 이상
⑤ 테두리보의 모서리 철근: 서로 직각으로 구부려 겹치거나 길이 철근직경의 40배 이상 바깥에 오는 철근을 넘어 구부려 내리고 유효하게 정착함

3 벽돌쌓기의 유의사항

① 내력벽에서 통줄눈은 절대로 피하며 특별한 때 이외에는 영식쌓기나 화란식 쌓기로 한다.

② 특별한 경우를 제외하고는 막힌줄눈으로 쌓는 것을 원칙으로 한다.

③ 가능한 균일한 높이로 쌓으며 벽돌 1일 쌓기 높이는 1.2~1.5m(18~22켜) 이내로 하며 모르타르가 굳기 전에 큰 압력이 가해지지 않도록 한다.

④ 연속되는 벽면의 일부를 트이게 하여 나중쌓기로 할 때에는 그 부분을 층단 들여쌓기로 한다.

⑤ 직각으로 오는 벽체의 한편을 나중 쌓을 때에도 층단 들여쌓기(1/4B 들여쌓기)로 하는 것을 원칙으로 하나 부득이한 경우에는 켜걸음 들여쌓기나 이음보강철물을 사용한다.

⑥ 벽돌벽이 블록벽과 서로 직각으로 만날 때에는 연결철물을 만들어 블록 3단마다 보강하여 쌓는다.

⑦ 벽돌 벽면에 수장을 할 때에는 물을 축인 나무벽돌을 묻어 쌓는다.

⑧ 기온이 4℃ 이상 40℃ 이하가 되도록 모래나 물을 데운다.

⑨ 기온이 영하 7℃ 이하일 때에도 모르타르의 온도가 4℃에서 40℃ 사이가 되도록 모래나 물을 데우고 비빔판 위의 모르타르의 온도는 동결 온도보다 높도록 한다.

⑩ 벽돌 및 쌓기용 재료의 표면온도는 영하 7℃ 이하가 되지 않도록 한다.

⑪ 쌓은 후 12시간 동안은 하중을 받지 않도록 하고 3일 동안은 집중하중을 받지 않도록 한다.

⑫ 쌓은 후 평균기온이 -4℃~4℃까지는 최소한 24시간 동안 보온막을 설치하고 눈, 비로부터 최소 24시간 방수 시트로 덮어 보호한다.

⑬ 벽돌벽이 블록벽과 서로 직각으로 만날 때에는 연결철물을 만들어 블록 3단마다 보강하여 쌓는다.

⑭ 치장벽을 제외한 내력벽 또는 비내력벽에서 가로방향의 연직면상에 위치한 개체의 75% 이하가 밑면에 위치한 조적조의 높이 절반 이하 또는 조적조 길이의 4분의 1 이하로 포개져 시공될 때, 이 벽체를 통줄눈쌓기로 간주

⑮ 조적식구조인 담의 구조는 높이 3미터 이하, 두께는 190밀리미터 이상으로 할 것

4 벽돌조의 균열 및 누수

1. 균열원인

계획, 설계상 미비	시공상 결함
① 기초의 부동침하 ② 건물 평면과 입면의 불균형 및 벽의 불합리 배치 ③ 불균형 하중, 큰 집중하중, 횡력 및 충격 ④ 벽의 길이, 높이에 대한 두께와 벽체 강도의 부족 ⑤ 개구부 크기의 불균형 및 불합리 배치	① 벽돌 및 모르타르의 강도 부족 ② 재료의 신축성 부족 ③ 벽돌벽의 부분적 시공결함 ④ 이질재와의 접합부 ⑤ 콘크리트보 밑의 모르타르 다져넣기 부족 ⑥ 모르타르 바름의 신축 및 들뜨기 ⑦ 시공줄눈, 신축줄눈의 설치 미흡

2. 균열방지 대책

(1) 계획설계상 대책

① 건물의 중량배분을 균일화하여 부동침하에 대한 대책을 마련함

② 평면과 입면을 단순화하여 가급적 복잡한 평면구성을 피함

③ 기초는 가급적 동일형식, 동일구조로 하고 강성을 높임

④ 창틀의 균형적 배치, 상하층의 창호위치, 나비를 일치시켜 개구부 주위가 약화되는 것을 방지

⑤ 횡력에 대한 수직균열을 방지하기 위해 테두리보를 설치함

(2) 시공상 대책

① 균열이 발생하고 있는 벽면에는 균열이 완전히 고정된 후 미장 바름으로 보수함

② **조절줄눈설치**

목 적	위 치
온도변화, 습도변화 및 화학적 변화의 의해 발생하는 부피변화에 대한 신축을 방지하기 위해 수직방향으로 연속되게 설치하며 구조내력상 지장이 없는 한도 내에서 길이 10m 이상에서는 반드시 설치함	① 벽높이나 벽두께가 변하는 곳 ② 벽체와 기둥 및 붙임기둥의 접합부분 ③ 벽체와 기둥의 오목한 부분 ④ 내력벽과 비내력벽의 접합부 ⑤ 약한 기초의 상부벽

③ **신축줄눈 설치**: 벽체의 팽창 및 수축에 따른 균열 등의 손상이 발생하지 않도록 미리 설치하여 탄성력을 갖게 함

구 분	수직 신축줄눈	수평 신축줄눈
설치 위치	① 벽높이가 변하는 곳 ② 벽두께가 변하는 곳 ③ L, T, U형 건물에 있어서 벽 교차부 근처 ④ 응력이 집중되는 곳 ⑤ 개구부의 가장자리	① 안쪽 벽에 의해 지지되는 선반앵글 아래 및 인방 아래 ② 복층건물에 있어서 각층 바닥높이 ③ 수직운동 저항에 기인된 응력집중점

5 백화(Efflorescence)

줄눈 모르타르의 벽표면에 우수가 침투하여 석회분이 유출되어 공기 중의 탄산가스와 결합하여 흰색의 미세한 물질이 생겨 벽표면에 흰 얼룩이 돋아나는 현상으로 모르타르 중 알칼리 성분이 벽돌의 탄산나트륨과 반응하여 발생함

발생조건	① 그늘진 북쪽 및 기온이 낮은 동절기 ② 우기 시 습도가 높을 경우 ③ 시멘트 재령이 짧은 경우 ④ 벽체에 균열이 많이 발생되는 경우
방지책	① 소성이 잘된 흡수율이 작은 양질의 벽돌 사용 ② 물·시멘트비(W/C) 감소 ③ 조립률이 큰 모래 사용 ④ 풍화되지 않은 시멘트 사용 ⑤ 표면에 파라핀 도료를 사용하여 염료 분출 방지 ⑥ 줄눈에 충분한 사춤 및 방수처리(➡ 비눗물 바름, 방수 모르타르, 실리콘 뿜칠 등)
제거법	① 1차적(물리적) 제거: 브러쉬나 마른솔로 긁어냄 ② 2차적(화학적) 제거: 묽은 염산(3% 이하)을 사용하며 국부적으로 시험 후 이상 유무를 확인한 후 전면적으로 세척 후 곧바로 물로 세척

05 블록구조

1. 블록쌓기에 대한 주의사항

① 블록의 적재 높이는 1.6m를 한계로 하며 바닥판 위에 임시로 쌓을 때는 1개소에 집중하지 않도록 한다.

② 블록은 건조상태로 저장되어야 하고 담당원의 승인 없이는 물축임을 해서는 안된다.

③ 시멘트는 우수 및 습기에 영향을 받지 않도록 저장하며 적재높이는 최대 13포대. 조금이라도 응고한 시멘트는 사용해서는 안 된다.

④ 모르타르나 그라우트의 비빔은 원칙적으로 기계비빔으로 비빔시간은 최소 5분 동안 비벼야 하며 원하는 시공연도가 되도록 함

⑤ 최초 물을 가해 비빔 후 모르타르는 2시간, 그라우트는 1시간을 초과하지 않은 것은 다시 비벼 쓸 수 있으나 굳기 시작한 모르타르는 사용하지 않으며 굳기 시작한 모르타르에 물을 부어 되비빔하는 것도 금지함

⑥ 기온이 4℃ 이하일 때에는 모르타르의 온도가 4℃ 이상 49℃ 이하가 되도록 골재나 물을 데운다.

⑦ 단순조적 블록쌓기의 세로줄눈은 도면 및 공사시방서에서 정한 바가 없을 때에는 막힌줄눈으로 한다.

⑧ 빈속의 경사에 의한 살두께가 큰 편을 위로 하여 쌓는다.

⑨ 가로줄눈 모르타르는 블록의 중간살을 제외한 양면살 전체에, 세로줄눈 모르타르는 마구리 접합면에 각각 발라 수평, 수직이 되게 쌓는다.

⑩ 하루 쌓기 높이는 최대 1.5m(7켜) 이내를 표준으로 한다.

⑪ 평면상의 내력벽으로 간주되는 벽의 길이는 55cm 이상으로 하되 벽길이는 10m 이내로 하며 10m 이상될 경우에는 부축벽 및 붙임기둥 등으로 쌓는다.

⑫ 배관은 배관용 블록을 사용할 때 이외에는 원칙적으로 노출배관으로 하고, 부득이한 경우에는 블록의 빈속을 통하게 하며 중앙부에 배관한다(🔑 다만, 상하수도관이나 가스배관은 블록의 빈속에 매입하지 않으며 전선의 경우 빈속의 한편에 치우치도록 한다).

🔑 **블록 제작방법**: 성형 후에는 500℃·h 이상, 습도는 100%에 가까운 상태로 둔 다음 성형의 통산 4,000℃·h 이상 다습상태에서 보양한다. 그 후 7일 이상 경과한 후 이용

2. 벽 량

(1) 산정식

$$벽량 = \frac{55cm\ 이상의\ 내력벽\ 길이의\ 합(cm)}{그\ 층의\ 바닥면적(m^2)}$$

(2) 기준 : $15cm/m^2$ 이상

(3) 의의 : 내력벽을 증가시킬수록 벽량이 커지므로 횡력에 대한 저항력이 증가함

3. 보강블록공사

(1) 목적 : 보강블록조는 내력벽의 사용에 적합하여 4~5층까지의 축조 가능

(2) 줄눈 : 모르타르 및 콘크리트 등에 의한 사춤의 작업상 편리를 위해 통줄눈으로 함

(3) 사 춤

① 철근을 사용한 부분에만 콘크리트나 시멘트모르타르로 3켜 이내의 높이로 사춤
② **이어붓기 시 사춤 위치** : 수평(가로)줄눈과 일치되지 않도록 블록 윗면에서 5cm 정도 아래에 위치

(4) 철근 보강 : 철근은 굵은 것보다 가는 것을 여러 개 넣는 것이 효과적임

세로근	① 도중에서 잇지 않으며 구부리지 않고 항상 진동없이 설치 ② 반드시 배근하는 위치 : 벽끝, 모서리, 교차부, 문꼴(개구부) 주위 ③ 정착위치 : 기초보·테두리보에서 위층의 테두리보까지 철근지름의 40배 이상
가로근	① 3~4켜마다 블록의 중앙에 배치하여 세로근에 결속함 ② 블록매쉬(와이어매쉬) : 횡력에 대한 저항력을 증대시켜 모서리나 교차부 보강 및 균열방지에 효과적임

(5) 보강블록조와 라멘구조가 접합하는 부분은 보강블록조를 먼저 쌓고 라멘구조를 나중에 시공

(6) 보강블록조의 경우에도 테두리보를 설치하여 분산된 벽체 일체화로 수직균열 방지

(7) 보강블록구조인 내력벽의 기초는 연속기초로 하되 그 중 기초판 부분은 철근콘크리트 구조로 함

(8) 보강블록구조인 내력벽의 길이는 각각 그 방향의 내력벽의 길이의 합계가 그 층의 바닥면적 $1m^2$에 대하여 0.15m 이상이 되도록 하되, 그 내력벽으로 둘러쌓인 부분의 바닥면적은 $80m^2$를 넘을 수 없음

(9) 보강블록구조인 내력벽의 두께(마감재료의 두께 제외)는 150mm 이상으로 하되, 그 내력벽의 구조내력에 주요한 지점간의 수평거리의 50분의 1이상으로 하여야 한다.

(10) 보강블록구조의 내력벽은 그 끝부분과 벽의 모서리부분에 12mm 이상의 철근을 세로로 배치하고, 9mm 이상의 철근을 가로 또는 세로 각각 800mm 이내의 간격

(11) 보강블록구조인 담의 구조는 높이 3m 이하, 담의 두께는 150mm 이상

06 돌구조

1 쌓기 시 주의사항

① 석재는 불연성재료로 내구성, 내화성이 강하며 압축강도가 매우 큼

② 취급상 $1m^3$ 이내의 것을 사용하고 중량이 큰 부재는 상부사용을 피함(위 예각은 피함)

③ **동절기 습식시공** : 5℃ 이상, 건식시공은 -10℃ 이상

④ 구조재는 직압력만을 받도록 하고 기타 응력을 받지 않도록 한다.

⑤ 석재 뒷면에 발수제 등을 도포하지 않으며, G.P.C공법은 방수처리를 할 수 있음

⑥ 연결 및 보강철물은 석재 1개에 대하여 최소 2개 이상 사용

⑦ 바탕면은 청소한 후 마주치는 면은 물축이기를 하고, 규준틀에 따라 수평실을 치고 모서리구석 등의 기준이 되는 위치에서부터 먹줄에 맞춰 정확히 설치

⑧ 하단의 석재를 쌓을 시 먹매김에 맞추어, 소정의 연결철물로 고정하고 석재 밑에 나무쐐기 등의 굄을 가설한 후 전면에 모르타르를 깔아 설치하되, 수평·수직을 유지하면서 일매지게 설치

⑨ 나무쐐기는 모르타르가 굳은 다음 반드시 **빼내고** 그 자리는 모르타르로 메움

⑩ 모르타르를 넣을 때에는 마주치는 면은 물 축이기를 하고 줄눈에 색깔이 물들 우려가 없는 깨끗한 헝겊 등을 끼워대고 모르타르를 매 켜마다 빈틈이 없게 채워 넣음

⑪ 1일의 쌓기 높이는 1m 이내를 표준으로 하고, 밑켜의 줄눈 모르타르 양생 후에 위켜를 쌓음

⑫ 연질석재 쌓기에서는 마주치는 면은 물축이기에 주의하여 석재에 흡수되어 모르타르 양생에 지장이 없도록 함

⑬ 설치가 끝난 후 모르타르가 충분히 양생하기 전에 줄눈에 끼운 헝겊 등을 제거함

⑭ 쌓기 도중에 오염된 개소는 즉시 청소하여 변색을 방지

⑮ 1일 쌓기 완료 후, 누출된 모르타르를 제거함

⑯ 석재 청소에는 원칙적으로 염산류를 사용하지 않는다. 부득이할 때에는 담당원의 지시를 받아 사용한 후 즉시 물씻기를 충분히 하여 산분이 남아 있지 않게 함

② 돌쌓기

(1) 돌쌓기의 종류

막돌쌓기 (거친돌쌓기)	맞댄 면을 직선으로 다듬지 않고 생긴 그대로 또는 거친 다듬 정도로 하여 쌓는 방법으로 줄눈이 상하좌우로 통하지 않게 함
마름돌쌓기 (네모돌쌓기)	돌의 모서리나 맞댄 면을 일정하게 가공하여 쌓는 방식
허튼층쌓기	줄눈이 규칙적으로 되자 않게 쌓는 방식으로 네모진 돌을 수직과 수평으로 쌓으면서도 흐트러지게 쌓는 것
바른층쌓기	돌의 켜마다 수평줄눈이 일직선이 되도록 쌓는 방법

(2) 석축쌓기

메쌓기 (건성쌓기)	① 석재의 맞댐면을 다듬어 잘 맞닿게 하고 배고임 석재를 고여 고정시켜 빈틈을 잔석재로 채우고 넓고 큰 석재를 골라 끝고임 석재로 하고 다시 그 빈틈을 잔석재로 채움 ② 석재의 접촉면의 마찰을 크게 하여 외력에 충분히 견디도록 앞면 접촉부 · 뒷고임돌 등을 잘 쌓고 앞면 줄눈이 어긋나게 쌓음
사춤쌓기	표면에 모르타르 줄눈치장을 하고 뒷면에는 잡석다짐
찰쌓기	① 배고임 석재로 고여 쌓는 석재를 고정시키고 각 수평층의 석재쌓기를 마칠 때마다 석재로 뒤채움한 후 콘크리트로 빈틈없이 채움 ② 뒤채움 석재는 콘크리트를 채우기 전에 물을 뿌려 적심 ③ 모든 석재와 콘크리트가 잘 부착되도록 쌓고 또 콘크리트가 앞면 접촉부까지 채워지도록 다짐 ④ 찰쌓기의 신축이음 · 물구멍(일반적으로 $3m^2$마다 1개씩) 등을 설치함

3 돌붙임 공법

1. 습식공법

(1) **의의** : 구조체와 석재사이에 교착재인 모르타르를 사용하고 고정용 연결철물을 사용하여 일체화시킨 공법

(2) **특 징**

① 사춤모르타르는 1 : 2로 하고 높이 1/3 정도는 된비빔, 일정정도 굳은 후에는 묽은 모르타르를 부어넣는데 이때 줄눈에 헝겊을 끼우고 1~2시간 후 제거함

② 1일 시공단수는 3~4단 이하로 하고 사춤 모르타르가 경화되면 은장, 꺽쇠, 촉 등의 연결철물로 고정함

③ 오염된 곳은 즉시 세척하고 묽은 염산으로 닦음(❸ 대리석은 산에 약하므로 염산 사용 금지)

④ **단점** : 모르타르의 충진 확인 곤란, 동절기 공사 곤란, 백화 및 동해 문제, 시공능률의 저하 등

2. 건식공법

(1) **의의** : 습식공법의 단점을 보완하여 외벽공사 시 사용하는 방법

(2) **장 · 단점**

장 점	단 점
① 시공속도가 빠르고 공사비 절약	① 재료의 손실이 많음
② 동결, 백화 및 결로현상이 없음	② 석재 두께의 한계(30mm 이상)가 있음
③ 동절기공사가 가능하며 다양한 공법 적용	③ 건식붙임에 사용되는 재료는 녹막이 처리

(3) **종 류**

① **앵커긴결공법**

㉠ 각종 앵커나 파스너에 의해 독립적으로 설치하는 공법으로 앵커부분이 단위재들을 지지하므로 상부하중이 하부로 전달되지 않음

㉡ 석재의 상하 및 양단에 설치하여 상부의 것은 고정용으로, 하부의 것은 지지용으로 사용함

㉢ 접착용 에폭시는 시공 단계에서 연결철물용 앵커와 고정용 핀을 고정하기 위한 부분 보완재로만 사용할 수 있음

   ㄹ 연결철물의 장착을 위한 세트 앵커용 구멍을 45mm 정도 천공하여 캡이 구조
      체보다 5mm 정도 깊게 삽입하여 외부의 충격에 대처함
   ㅁ 판석재와 철재가 직접 접촉하는 부분에는 적절한 완충재를 사용함
② **강재트러스지지공법** : 미리 조립된 강재 트러스에 여러 장의 석재를 지상에서
   짜맞춘 후 현장에서 설치
③ **화강석 Precast concrete 공법**(GPC) : 화강석에 철근, 철물, 인서트 등을 연결하고
   콘크리트를 타설하여 공장에서 석재와 콘크리트를 일체화시키고 현장에서 조립식
   판넬의 방법으로 시공하는 공법

4 인조대리석 공사

화성암, 수성암, 변성암을 분쇄하여 수지계 및 백시멘트, 기타 혼합물로서 가공하여
다양한 색상과 문양의 제품을 광택이 나도록 마감한 것

(1) **보관 및 시공** : 직사광선 및 지나친 수분이 노출되는 곳은 보관하지 않으며 내부시공
    에만 사용

(2) **작업환경 온도** : 5~30℃, 바탕면의 수분은 3~5%정도

(3) **시공방법**

습식시공	건식공법
① 바닥면에는 30mm 이상 된비빔 모르타르를 깐 다음 붙임용 페이스트를 뿌리고 인조대리석을 놓은 후 고무망치로 타격하여 고정 ② 바닥이나 벽의 습식시공을 할 경우에는 실링제를 사용하지 않으며, 치장줄눈용 모르타르 사용 ③ 담뱃불로 인한 청소는 아세톤으로, 매직이나 사인펜으로 인한 낙서는 알코올 등으로 닦아낸 후 젖은 물걸레로 닦아내며 산성류는 사용하지 않음	① 건식용 인조대리석 두께는 30mm 이상, 반건식은 두께 20mm 이상 ② 줄눈은 3mm 줄눈용 모르타르 사용 ③ 습기가 응집될 우려가 있는 부분의 줄눈에는 숨구멍 도는 환기구 설치

Chapter 06 지붕 및 홈통공사

1 지붕재료의 요구조건

① 수밀성 및 내수성, 내풍압성, 내후성, 내구성이 클 것
② 온도 및 습도에 대한 저항성이 커서 신축 및 팽창이 작을 것
③ 흡수율이 작아 동해를 받지 않고 외력에 저항성이 클 것
④ 경량 불연재로 열전도율이 작아 방화적이고, 내화적이며 차단성이 클 것
⑤ 부분적 수리가 용이하고 모양 및 빛깔이 좋아 건물과 조화되어 미관이 수려할 것

2 지붕의 물매(경사, 기울기)

(1) **정의**: 설계도면 상의 수평거리 10cm에 대한 수직거리(cm)

(2) **물매를 크게**(물매를 되게, 급경사, 기울기 가파르게)**하는 경우**

① 강우량, 적설량이 많을수록
② 지붕면적 및 크기가 클수록, 경간(간사이, span)이 길수록
③ **지붕 재료**: 강도가 작을수록, 단위구성 크기가 작을수록, 내수성 및 수밀성이 작을수록

(3) **물매의 최소한도**

평지붕	지붕의 경사가 1/6 이하인 지붕
완경사 지붕	지붕의 경사가 1/6~1/4 미만인 지붕
일반 경사 지붕	지붕의 경사가 1/4~3/4 미만인 지붕
급경사 지붕	지붕의 경사가 3/4 이상인 지붕

(4) **지붕재료별 물매의 최소한도**(기본은 1/50 이상)

1/2 이상	평잇기 금속지붕
1/3 이상	기와, 아스팔트 싱글
1/4 이상	금속기와, 금속판 지붕, 금속 절판
1/50 이상	합성고분자 시트지붕, 아스팔트지붕, 폼 스프레이 단열지붕

(5) **종 류**

① **되물매** : 45° 경사일 때

② **된물매** : 지붕경사가 45° 이상을 말하며 기울기가 가파름

③ **뜬물매** : 지붕경사가 45° 미만의 완만한 경사

④ **귀물매** : 지붕틀 추녀의 물매를 말하며 밑변을 $10\sqrt{2}$로 하는 평물매 수직높이의 비로 평물매의 약 70% 정도

3 아스팔트 싱글공사

1. 용어의 정의

두겁 겹침	아스팔트 펠트 적층지붕 공사 또는 아스팔트 싱글 지붕 공사에서 처마 끝단에서부터 3번째 이상인 횡열부터 형성되는 겹침으로 2개단 아래쪽 횡열에 위치한 싱글의 상단부와 중간 횡열을 포함하여 최상단부의 아스팔트 싱글이 겹치면서 형성되는 삼중 겹침부의 최소 폭
마름 겹침	지붕골이나 지붕마루에서 아스팔트 싱글이 맞닿는 형태에 맞추어 절단 가공하여 밀실하게 겹침을 형성하는 이음 방법
처마 거멀띠	지붕의 처마 및 박공처마 모서리를 보호하기 위하여 ㄷ-자 띠 형태로 덧대는 철판
후레싱(flashing)	지붕면에 돌출된 부위와 지붕면과의 연결 부위, 지붕 끝 부분 및 외벽과 만나는 부분 등에 댈 목적으로 용도나 부위의 형상에 맞도록 제작된 금속판

2. 공사 주의사항

① 아스팔트 싱글을 목조지붕에 방수층으로 사용할 경우에는 지붕의 경사가 1/3에서 3/4 이내인 지붕에 한하여 적용

② 유리섬유 제품의 아스팔트 싱글은 $9.27kg/m^2$ 이상인 제품을 사용

③ 두루마리 형태의 제품은 반드시 수직으로 세워서 보관

④ 아스팔트 싱글을 설치하기 이전에 1/3 이상의 경사를 가진 지붕에는 아스팔트 함침 펠트로 외겹 바탕펠트를, 그리고 경사가 1/6 내지 1/3 미만의 지붕에는 두겹 바탕펠트를 지붕널 위에 설치

⑤ 폭 900mm 두루마리 펠트를 사용하여 지붕의 경사와 직교방향으로 설치하고 펠트작업은 처마에서부터 용마루쪽으로 진행

⑥ 아스팔트 싱글은 싱글용 못이나 거멀못으로 고정

⑦ **싱글 못**: 알루미늄 또는 용융아연도 제품 또는 동등 이상의 자재를 사용한 제품으로 직경 8~9mm 이상인 원형 또는 이형 몸통 평머리못을 사용한다.

⑧ **지붕널에서의 설치**: 아스팔트 싱글 작업은 지붕 경사면과 직교방향으로 설치하며 전체적인 작업의 진행은 대각선 방향으로 지붕의 상부쪽 방향으로 진행한다.

⑨ 아스팔트 싱글용 못이나 거멀못은 아연 제품 또는 아연도 제품을 사용하고 공장에서 접착제가 도포된 부분에는 못질

4 금속판 지붕

1. 종 류

(1) 함석판

① 연탄가스에 부식되므로 굴뚝, 부엌 등에는 사용하지 않으며 산과 알칼리에 약함

② **함석평판 잇기**: 온도에 의한 신축팽창이 거멀접기(폭을 20~40mm 내외로 접음)하여 사용함(단, 특수한 때에는 덧판으로 못조짐으로 붙이고 납땜을 할 수 있음)

(2) **동판**(구리판): 청록색으로 산에는 강하나, 알칼리성에 약하며 암모니아가 발생하는 곳에는 사용하지 않고 철제류와 혼용하여 사용하면 부식이 증대됨

(3) **알루미늄판**: 경량, 내식성, 전기전도, 열반사율이 크나, 염에 약해 해안지방에서는 부적합하고 이질금속과의 접합연결할 경우 침식되므로 이음자리 접속부분에는 징크로메이트, 검정바니시칠로 절연도장함

(4) **아연판**: 목재·회반죽과 접촉하면 부식되고 동판과 접촉연결 사용 시 이온화경향이 커서 전해작용에 의해 아연판이 부식되므로 연결하여 사용하지 않음

2. 공사 주의사항

① 현장에서 토치로 금속판을 절단하지 않음

② 마루, 처마 및 단부 등에 금속 덮개를 설치함

③ 지붕판 위로 후레싱을 설치하여 배수가 되도록 함

④ 금속판에 작업위치 등을 표시하기 위하여 연필을 사용하지 않음

5 홈 통

1. 종 류

처마홈통	처마 끝에 댄 홈통으로 신축이음을 설치하며 선홈통으로 배수되도록 충분한 경사 둠
깔때기홈통	처마홈통과 선홈통을 연결하는 것으로 15° 경사
장식홈통	깔때기홈통과 선홈통 사이에 설치하여 유수흐름 전환, 넘쳐흐름 방지, 장식 역할 등을 위해 설치함
선홈통	처마홈통에서 내려오는 빗물을 지상으로 유도하는 수직홈통
지붕골홈통	두 개의 지붕면이 만나는 자리 또는 지붕면과 벽면이 만나는 부분에 설치함
누인홈통	위(상부)층 선홈통의 빗물을 받아 아래(하부)층 지붕의 처마홈통이나 선홈통에 넘겨주는 홈통 또는 2층에서 1층 처마홈통까지 연결한 홈통으로 1층 지붕면을 따라 설치함

홈통설치순서

처마홈통 ⇨ 깔대기홈통 ⇨ 장식홈통 ⇨ 선홈통 ⇨ 보호관 ⇨ 낙수받이돌

2. 공사 주의사항

(1) 설치 준비 및 시공

① 구리, 알루미늄 원자재 및 알루미늄 도금, 소부 에나멜(enamel) 도장 등과 같이 금속 표면을 영구 방식 처리한 표면에는 도료를 칠하지 않는다.

② 동판으로 제작한 처마 홈통 및 선홈통 등으로 흐르는 물이 직접 조적벽이나 석재 면 또는 다른 종류의 금속면과 접촉하지 않도록 한다.

③ 임시 시설 또는 조건이 허락하는 경우에는 아연도 강판을 사용한다.

④ 절단면은 일직선을 형성하고 금속재를 절곡한 부분은 직각을 이루도록 제작 가공한다.

⑤ 노출면은 표면의 굴곡, 뒤틀림, 절단 및 가공 흔적 등이 눈에 보이지 않아야 한다.

⑥ 노출되는 모든 금속판의 가장자리는 최소 폭이 12mm 이상 비노출면 쪽으로 깔끔하게 거멀접기를 한다.

⑦ 수평 거멀접기의 겹침 폭은 최소 20mm 이상으로 한다.

⑧ 겹침 용접의 폭은 최소 25mm 이상으로 한다.

⑨ 신축이음(expansion seam)의 폭은 75mm 이상으로 하고 최소 25mm 정도의 거동을 허용하도록 조립한다. 외부에 노출되는 이음부는 적합한 재질의 실란트를 사용하여 두께는 최소 3mm 이상으로 충전한다.

⑩ 수직 거멀접기의 높이는 최소 25mm 이상으로 하고 이중 거멀접기를 한다.

⑪ 수평 거멀접기는 이음 방향이 배수 방향과 평행한 방향으로 설치한다.

⑫ **이질 금속 간에 전식 방지**

동 및 동 합금강	이질 금속재와 접촉하는 표면 또는 방수성이 필요한 지붕 방수층과 격리하기 위한 경우에는 아스팔트 매스틱을 도포
알루미늄	스테인리스 강재, 아연 합금강 또는 아연도 강재 이외의 다른 이질 금속과 접촉되지 않도록 하며 이질 금속재와 접촉하는 경우에는 알루미늄 도료를 최소 2회 이상 도포한다. 빗물이 다른 이질 금속재의 표면을 거친 후에 알루미늄 강재로 배수가 이어지는 경우에는 납 성분을 함유하지 않은 무연 도료를 사용하여 도장
금속재 표면	모르타르, 콘크리트 또는 기타 조적재와 접촉하는 금속재의 표면은 고점도 아스팔트 페인트와 같은 내알칼리성 도료를 사용하여 도포
목재 및 흡수성 자재	반복적으로 수분에 노출되는 위치 및 환경에서 금속재와 접하도록 설치되는 부재는 알루미늄 페인트를 2회 또는 아스팔트 매스틱을 1회 이상 도포

(2) **처마홈통**

① 처마홈통의 바깥쪽 단부는 구조적으로 보강하기 위하여 최소 20mm × 5mm 이상의 원형 보강 철재를 삽입하거나 처마 홈통 자재와 친화성이 있는 자재를 삽입 또는 부착한다.

② 처마홈통 제작 시의 단위 길이는 2,400~3,000mm 이내로 제작 설치한다. 이음부의 겹침 폭은 25mm 이상으로 경사 방향에 위치한 부재의 이음부가 아래에 위치하도록 설치한다.

③ 처마홈통의 양단 및 신축이음 간의 최장 길이는 15m 이내로 제작한다.

④ 처마홈통의 외단부의 높이는 처마 쪽 처마홈통의 높이보다 최소 25mm 또는 처마홈통 최대 폭의 1/12 중 큰 치수 이상으로 높이가 낮게 제작한다.

⑤ 경사 지붕의 처마홈통의 바깥쪽 상단부의 높이는 지붕 경사의 연장선과 일치하도록 제작하며 지붕의 경사면을 자연적 흘러내리는 빗물이 유속으로 인하여 처마홈통의 외부로 넘치지 않도록 제작, 설치한다.

⑥ 처마홈통의 폭은 최소 100mm 이상으로 제작하고 폭(최대 폭)과 깊이의 비례는 최소 4(폭) : 3(깊이)의 비례로 제작한다.

⑦ 신축이음 사이에는 최소 1개 이상의 선홈통을 설치하며 신축이음은 선홈통과 처마홈통의 모서리로부터 가장 멀리 위치하도록 제작, 설치한다.

⑧ 처마홈통의 경사는 선홈통 쪽으로 원활한 배수가 되도록 충분한 경사를 갖도록 제작한다.

⑨ 처마홈통의 이음부는 겹침부분이 최소 30mm 이상 겹치도록 제작하고 연결철물은 최대 50mm 이하의 간격으로 설치, 고정한다.

(3) 선홈통 설치

① 선홈통은 최장 길이 3,000mm 이하로 제작 설치한다.

② 선홈통의 끝단은 길이 방향으로 최소 15mm 이상 끼워 잠글 수 있는 구조로 제작 설치한다.

③ 선홈통의 모든 배출구에는 탈착형 철망 여과기를 설치한다.

④ 선홈통과 벽면 사이에 이격거리는 최소 30mm 이상의 간격을 유지한다.

⑤ 선홈통 걸이의 설치는 상단과 하단에서 거리 200mm 정도 되는 위치에 설치하고 그 중간에는 1,500mm 정도의 간격으로 등거리가 유지되도록 설치한다.

⑥ 선홈통의 하단부 배수구는 45도 경사로 건물 바깥쪽을 향하게 설치한다.

(4) 우배수관 연결

① 선홈통의 하단부 배수구는 우배수관에 직접 연결되어 배수되도록 연결하고 연결부 사이의 빈틈은 시멘트 모르타르로 채운다.

② 상부의 노출면은 바깥쪽으로 경사진 깔때기 형태로 마감한다.

③ 45도 이형관을 장착한 경우 상부 표면이 건물 바깥 방향으로 경사진 콘크리트 물받이에 직접 낙수되도록 설치한다.

(5) 처마 물받이 홈통 및 홈통 연결관(깔때기 홈통)

① 처마홈통 연결관의 연결부 깊이는 처마 홈통 폭의 2/3가 되도록 제작, 설치한다.

② 처마홈통 연결관과 선홈통 연결부의 겹침 길이는 최소 100mm 이상이 되도록 한다.

③ 지붕 배수구와 처마홈통의 연결에 물받이 홈통을 사용하는 경우에 물받이 홈통의 폭은 배수구의 직경 또는 폭보다 최소 50mm 이상 넓게 제작, 설치한다.

④ 물받이 홈통은 콘크리트 파라펫(parapet)이나 벽체에 직접 연결하여 견고하게 고정 설치한다.

⑹ 장식홈통 설치

① 접합은 10mm 내외에 거멀접기를 원칙으로 하고 작은 것은 겹쳐서 납땜한다.

② 큰 것은 견고하게 유지되도록 그 안쪽에 힘살을 붙인다.

③ 밑창에는 꽂이홈통을 조짐못(간격 300mm 내외)으로 조지고 납땜하여 선홈통에 60mm 이상 꽂아 넣는다.

④ 장식통을 건물에 고정하는 방법은 내부에서 볼트, 나사못 등으로 고정한다.

⑺ 지붕 배수구 설치

지붕 배수구(드레인)의 설치는 구체 콘크리트를 타설할 때 사전에 정확한 위치에 슬리브를 매설한다.

Chapter 07 방수 및 방습공사

1 방수 공사 준비

⑴ **방수 바탕**: 완전 건조시키며 기온이 5℃ 미만으로 바탕이 동결되면 시공하지 않음

⑵ **면처리**: 오목모서리는 아스팔트 방수층은 삼각형, 아스팔트 외의 방수층은 직각으로 하며 볼록모서리는 각이 없는 완만한 면처리

⑶ 배기구, 설비 보호피트 및 기타 돌출물과 바탕이 접하는 오목모서리는 아스팔트 방수층의 경우 삼각형 면 처리로 하고, 그 외의 방수층은 직각으로 면 처리하며, 볼록 모서리는 각이 없는 완만한 면 처리로 한다.

⑷ **드레인**: 기본 2개 이상으로 6m 간격으로 설치하되 콘크리트 타설전에 거푸집에 고정시켜 매립하며 드레인 몸체의 높이를 주변보다 약 30mm 정도 내림

⑸ 지붕 슬래브, 실내의 바닥 등에서 현장타설 및 아스팔트 콘크리트, 자갈 등으로 방수층을 보호할 경우, 바탕의 물매는 1/100~1/50

⑹ **담수시험**: 방수층 끝 부분이 감기지 않도록 물을 채우고, 48시간 정도 누수 여부를 확인함

> 오목모서리: 2개의 면이 만나 생기는 요(凹)형의 연속선 / 볼록모서리: 2개의 면이 만나 생기는 철(凸)형의 연속선

2 아스팔트 방수

1. 방수재료

⑴ **아스팔트의 양부를 결정하는 용어**

① 아스팔트의 침입도

정 의	신축성지수로서 아스팔트의 양부를 결정하는 중요한 척도
침입도 = 1	25℃에서 100g의 추로 5초 동안 누를 때 0.1mm 들어가는 것을 말하며 침입도가 높을수록 균열의 발생이 작음
감온비	시료의 온도가 변하면 침입도가 달라지는데 그 변화의 정도가 작은 것이 좋음

② **연화점**: 아스팔트를 가열하여 액체 상태의 점도에 도달하였을 때의 온도(㉠ 일반적으로 침입도와 연화점은 반비례함)

③ **기타**: 인화점, 가열감량 등

(2) 방수재료

	아스팔트 프라이머	① 방수층에 침투시켜 모재와 방수층의 부착력 증진을 위해 사용 ② 루핑 붙이는 시기는 프라이머 도포 후 즉시 붙이지 않고 건조상태를 확인한 후 붙임 ③ 방수면적 $1m^2$ 당 0.4kg 정도 소요됨
아스팔트	① 가열온도: 220~270℃를 표준으로 용융 중에는 최소한 30분에 1회 정도로 온도를 측정하고 접착력 저하방지를 위하여 200℃ 이하가 되지 않도록 함 ② 아스팔트 용융 솥: 가능한 시공장소와 근접한 곳에 설치하며 방수층 위에 용융 솥을 두지 않음	
	스트레이트 아스팔트	① 연화점이 낮아 옥상방수에는 사용이 곤란함 ② 아스팔트 펠트의 제조에 사용(㉠ 침투용 아스팔트로 사용)
	블로운 아스팔트	연성이 적으나 연화점이 높고 온도변화에 따른 변동 작아 옥상 및 지붕방수에 사용
	아스팔트 컴파운드	연화점(용융점) 높고 침입도(신축성)가 높아 가장 우수함
방수지	**아스팔트 펠트**	원지에 가열용융한 스트레이트 아스팔트를 침투시킨 것으로 물성이 약해 바탕용에 사용
	아스팔트 루핑	원지에 컴파운드를 피복하고 광물질 분말을 살포시켜 내산, 내염성이 큼
	특수 루핑	석면아스팔트, 망상, 알루미늄 루핑 등

2. 아스팔트 방수층 시공

(1) 보행용 전면접착 방수 시공순서

① **제1층**: 아스팔트 프라이머$(0.4kg/m^2)$

② **제2층**: 아스팔트 도포$(2.0kg/m^2)$

③ **제3층**: 아스팔트 펠트

④ **제4층**: 아스팔트 도포$(1.5kg/m^2)$

⑤ **제5층**: 아스팔트 루핑

⑥ **제6층**: 아스팔트 도포$(1.5kg/m^2)$

⑦ **제7층**: 아스팔트 루핑

⑧ **제8층**: 아스팔트 도포($1.5kg/m^2$)

⑨ **제9층**: 아스팔트 루핑

⑩ **제10층**: 아스팔트 도포($2.1kg/m^2$)

⑪ **보호 및 마감**: 현장타설 콘크리트 및 콘크리트 블록

(2) 시공상 주의사항

바탕 처리	함수율은 8% 이하로 완전건조함
펠트나 루핑의 겹침	① 볼록, 오목 모서리 부분: 평면부 루핑을 붙이기 전에 너비 300mm 정도의 스트레치 루핑을 사용하여 균등하게 덧붙임 ② 일반 평면부의 루핑 붙임: 흘려붙임으로 하고 겹침폭은 길이 및 너비방향 100mm 정도 ③ 물흐름을 고려: 물매의 아래쪽으로부터 위를 향해 붙이고, 또한 상 하층의 겹침 위치가 동일하지 않도록 붙임(단, 순서가 바뀔 경우 겹침폭은 150mm)
치켜올림부	① 루핑을 평면부와 별도로 하여 붙일 경우에는 평면부 루핑을 붙인 후, 그 위에 150mm 정도의 겹침 폭을 두고 붙임 ② 모래붙은 스트레치 루핑의 경우에는 치켜올림부를 먼저 붙이고, 평면부의 스트레치 루핑을 겹침 폭 150mm 정도로 하여 붙임
구석, 모서리 등	방수층의 부착이 잘되게 하기 위해 둥글게 3~10cm 정도 면접기 함
보호 및 마감	① 보행용 전면접착: 현장타설 콘크리트 및 콘크리트 블록 ② 보행용 부분접착: 자갈 및 아스팔트 콘크리트 ③ 노출용 및 ALC바탕 부분접착과 단열재 삽입전면접착: 마감도료로 하거나 보호를 하지 않음 ④ 지붕방수층의 경우 신축줄눈을 너비 20mm, 간격 3m 내외로 설치하여 균열방지
보 수	일체성확보를 위해 아스팔트로 보수

보충학습

▶ 개량아스팔트 시트방수

1. 개량 아스팔트 방수시트의 상호 겹침은 길이방향으로 200mm, 너비방향으로는 100mm 이상으로 하고, 물매의 낮은 부위에 위치한 시트가 겹침 시 아래면에 오도록 접합
2. 오목모서리와 볼록 모서리 부분은 일반 평면부에서의 개량 아스팔트 방수시트 붙이기에 앞서 너비 200mm 정도의 덧붙임용 시트로 처리

3 시트 방수(합성고분자 루핑방수)

(1) **의의**: 시트 1장의 단층으로서 방수 효과를 내는 공법

(2) **시공 순서**

순 서	방 법
바탕처리	완전건조
프라이머 도포	시트 붙임작업 범위 내에서 도포하며 완전건조 후 접착제 도포함
접착제 도포	프라이머의 건조를 확인한 후 균일하게 도포
시트붙이기	① 방수재료를 붙이는 방법: 온통(전면)접착, 줄접착, 점접착, 갓(들뜬)접착 등 ② 상호접착: 겹침이음 시 5cm 이상, 맞댄이음 시 10cm 이상 ③ 시트의 접합부: 물매 위쪽의 시트가 물매 아래쪽 시트의 위에 오도록 함
보호층 설치	보행용에는 보호누름을 해야 하나 비보행용은 보호누름 없이 도장마무리

(3) **특 징**

① 제품의 규격화로 균일한 두께가 가능하고 신축성이 있어 균열발생이 적음
② 상온시공(냉간가공)으로 위험이 작음
③ 시공전 바탕면의 평활도가 완전해야 하며 완전 건조상태를 유지해야 함
④ 복잡부위의 시공이 어려우며 강도가 작고 시트이음부의 결함이 큼

4 도막방수

(1) **의의**: 합성수지나 합성수지 용액을 여러번 바르는 방수법으로 바탕층은 완전건조하며 프라이머가 완전히 건조된 후 방수시공을 하고 보호누름을 설치함

(2) **사용재료 분류**

유제형(에멀션)	다소 습기가 있어도 시공이 가능함
용제형(솔벤트)	인화성이 강하여 화기와 환기에 주의를 요하므로 밀폐상태의 실내작업은 행하지 않음
에폭시계	신축성은 약하나 도막이 단단하고 방수성이 크며 내약품성, 내마모성이 우수하여 화학약품 등을 취급하는 곳의 방수층 바닥에 사용이 가능함
우레탄계	탄력성 및 방수성능이 우수함

(3) 시공상 주의사항

① 도막두께는 원칙적으로 사용량을 중심으로 관리

② **보강포 붙이기**: 치켜올림부, 오목모서리, 볼록모서리, 드레인 주변 및 돌출부 주위에서부터 시작하고 보강포의 겹침 폭은 50mm 정도

③ **방수재**: 핀홀이 생기지 않도록 치켜올림부와 평면부의 순서로 도포

④ **방수재 겹쳐 바르기**: 앞의 공정에서 칠방향과 직교해서 실시하며 폭은 100mm 내외

⑤ **도막방수재의 외벽에 대한 뿜칠**: 위에서부터 아래의 순서로 실시

(4) 장·단점

장 점	단 점
① 복잡한 개소나 곡면이 많은 지붕에도 시공이 가능함 ② 탄력성이 있어 균열이 적고 냉간시공하여 안전함 ③ 누수부분의 발견이나 보수가 쉬움 ④ 이음매가 없고 일체형을 형성함	① 균일두께의 시공이 곤란하고 방수층의 두께가 얇아 충격에 대한 손상이 우려됨 ② 피막이 얇아 모재균열에 의한 파단이 우려됨 ③ 바탕콘크리트가 충분히 건조되지 않으면 방수층이 접착력이 떨어지고 부풀어 오름 ④ 단열성이 요구되는 옥상방수층 방수에는 불리함

(5) 시공법

① **코팅공법**: 도막방수제를 단순히 도포하는 것

② **라이닝공법**: 유리섬유, 합성섬유 등의 망상포를 적층하여 도포하는 방법

5 시멘트 액체방수

(1) 배합 및 비빔

① **방수 시멘트 페이스트**: 시멘트를 먼저 2분 이상 건비빔하고 물로 희석시킨 방수제를 혼입하여 5분 이상 비빔

② **방수 모르타르**: 모래, 시멘트의 순으로 믹서에 투입하고 2분 이상 건비빔하고 물로 희석시킨 방수제를 혼입하여 5분 이상 비빔

③ **방수 시멘트 모르타르**: 비빔 후 사용가능한 시간은 20℃에서 45분 정도

(2) 시공순서

① **바닥 방수**

> 바탕면 정리 및 물청소 ⇨ 방수액 침투 ⇨ 방수시멘트 페이스트 ⇨ 방수 모르타르

② 벽 방수

> 바탕면 정리 및 물청소 ⇨ 바탕접착재 도포 ⇨ 방수시멘트 페이스트 ⇨ 방수 모르타르

(3) 시공상 주의사항

① **방수 바탕면 정리**: 방수층 시공 전에 바탕 표면의 취약부(곰보, 균열부 등)는 실링 재 등으로 바탕면 처리

② 바탕이 건조할 경우에는 바탕을 물로 적셔 둠

③ 치켜올림 부분에는 미리 방수 시멘트 페이스트를 발라 두고, 그 위를 100mm 이상의 겹침폭을 두고 평면부와 치켜올림부를 바름

④ 각 공정의 이어 바르기의 겹침 폭은 100mm 정도

⑤ 각 공정의 이어 바르기 또는 다음 공정이 미장공사일 경우에는 표면을 거칠게 마감

⑥ 온도에 의한 수축·팽창에 대한 신축성이 작아 일정한 간격마다 반드시 신축줄눈 을 설치하여 균열 방지

➕ **아스팔트 방수와 시멘트 액체방수의 비교**

구 분 〈종 별〉	아스팔트 방수	시멘트 액체방수
모체(母體)	모체가 나빠도 시공 가능	모체가 나쁜 경우 방수성능에 치명 적임(⤷ 보수처리 엄격히 함)
바탕처리 (고름모르타르)	완전건조	보통건조
방수층 시공순서	P ⇨ A ⇨ F ⇨ A ⇨ F ⇨ A ⇨ F ⇨ A(8층 방수, 3겹 방수)	1공정: 방수액 침투 ⇨ 시멘트 풀 ⇨ 방수액 침투 ⇨ 시멘트 모르타르
보호누름	절대 필요	안해도 무방
외기에 대한 영향	작음(⤷ 둔감적)	큼(⤷ 직감적)
결함부 발견	용이하지 않음	용이
균열발생 정도	신축성이 커서 균열발생이 적음	신축성이 적어 균열발생이 많아 신축줄눈 설치 필요
방수층의 중량	자체는 적으나 보호누름이 있어 종합적으로 큼	비교적 작음
방수 수명 및 규모	방수수명이 길며, 우수하여 대규모에 쓰임	방수수명이 짧고, 성능이 떨어져 소규모에 쓰임
내구성	큼	작음
시공성 및 보수성	시공이 복잡하고, 전범위의 보수가 필요함	시공이 단순하고, 국부적 보수 가능

6 실링 방수

(1) **의의**: 건축물 부재간의 접착부에 사용(각종 줄눈, 창호주위, 균열부 보수, 조립건축, 커튼월공법 등)하며 탄성적 충전재로써 실링재가 경화하면서 수밀성과 기밀성을 확보하여 방수역할을 함

(2) **성형**(정형)**실링재**: 단면형상이 일정한 줄퍼티, 가스킷(Gasket) 등으로 유리와 새시의 접합부, 패널의 접합부, 조립식 건축에 이용된다.

(3) **재 료**

백업(back-up)재	실링재의 줄눈깊이를 소정의 위치로 유지하기 위해 줄눈에 충전하는 성형 재료
마스킹테이프	시공 중 바탕재의 오염 방지와 줄눈의 선을 깨끗하게 마감하기 위해 사용하는 보호 테이프
본드 브레이커	실링재가 바탕재에 접착되지 않도록 줄눈 바닥에 붙이는 테이프 재료
실링재 고장방지	워킹조인트(거동이 큰 줄눈으로 2면 접착)와 논워킹조인트(3면 접착)

♧ **3면 접착**: 줄눈에 충전된 실링재가 구성재의 마주 보는 2면과 줄눈 바닥의 3면에 접착된 상태
♧ **논워킹 조인트**(non-working joint): 무브먼트가 생기지 않거나 발생해도 거의 무시할 수 있는 조인트

(4) **실링재의 요구성능**

① 부재와의 접착성, 내구성, 내후성, 내약품성
② 장기간의 방수성능 유지(♧ 수밀성 유지)
③ 접합부의 움직임에 대한 추종성
④ 온도나 습도에 대한 변형의 저항성

(5) **시공상 주의사항**

① 강우·강설시 혹은 강우·강설이 예상될 경우 또는 피착체가 아직 건조되지 않은 경우에 시공하지 않음
② 기온이 5℃ 이하 또는 30℃ 이상, 구성부재의 표면 온도가 50℃ 이상일 경우에는 시공을 중지함
③ 습도가 85% 이상일 경우에는 시공을 중지함
④ 이종 실링재의 이음은 원칙적으로 하지 않음

7 지하실 방수

아스팔트방수로 바깥방수가 성능상 유리함

구 분	안(내)방수	밖(외)방수
사용환경	비교적 수압이 적은 곳에 적당	큰 수압이 발생되는 장소도 가능(🔑 내수압적이 됨)
바탕만들기	따로 만들 필요 없음	따로 만들어야 함
공사 시기 및 진행	방수공사와 관계없이 본공사 추진 가능	본공사에 선행함(🔑 바닥방수 : 구조체 공사전, 외벽방수는 구조체 공사 후 실시)
공사용이성	간단	상당한 난점
경제성	비교적 싸다.	비교적 고가이다.
보호누름	필요	없어도 무방(🔑 외벽은 필요)
방수층의 수리	가능	전혀 불가능

> **밖방수 시공순서**
> 잡석다짐 ⇨ 밑창콘크리트 ⇨ 바닥 방수층 시공 ⇨ 바닥콘크리트 타설 ⇨ 외벽콘크리트 타설 ⇨ 외벽 방수층 시공 ⇨ 보호누름 벽돌쌓기 ⇨ 흙되메우기

8 기 타

(1) 간접방수

① **방습층**(D.C.P) : 조적조에서 벽을 타고 상승하는 습기를 방지하기 위해 지반으로 부터 약간 위쪽에 수평방향으로 설치

② **드라이 에어리어**(Dry Area) : 지하층의 간접방수 및 채광, 통풍, 환기 등의 목적에 사용되는 건조공간

(2) **멤브레인**(Membrane) **방수**

지붕, 차양, 외벽 등에 얇은 피막상의 방수층으로 전면을 덮는 방수로 아스팔트 방수, 개량아스팔트방수, (합성고분자)시트방수, 도막방수 등이 속함

🔑 **벤토나이트** : 몬모릴로나이트계통의 팽창성 3층판(Si-Ai-Si)으로 이루어져 팽윤 특성을 지닌 가소성 이 매우 높은 점토광물로 소디움계가 주로 사용되고 있으며, 패널, 매트, 시트 또는 테이프 형태로 지하구조물의 방수용 보조재로 사용된다. 단, 염수의 영향을 받는 지하환경에서는 사용을 피한다.

(3) 침투성 방수공사의 특징

① 모체방수로 방수층의 분리가 없음

② 보호 누름층 시공이 필요 없음

③ 모체방수로 진동이나 자체균열에는 매우 취약하며 신뢰성이 낮음

(4) 방습공사

① **콘크리트, 블록, 벽돌 등의 벽체가 지면에 접하는 곳**: 지상 100~200mm 내외 위에 수평으로 방수 모르타르 바름

② **방습공사 종류**

아스팔트 펠트, 루핑 등	① 아스팔트 펠트나 루핑 등의 너비는 벽체 등의 두께보다 15mm 내외로 좁게 하고 직선으로 잘라서 사용함 ② 이음은 100mm 이상 겹쳐 아스팔트로 교착함 ③ 외부 표면에는 피치나 아스팔트 방습제 중의 어느 하나를 사용토록 한다. 실내 표면에는 아스팔트만을 사용 ④ 방습도포는 첫 번째 도포층을 24시간 동안 양생한 후에 반복하여야 한다. 두 번째 도포는 첫 번째 도포가 부드럽고 수밀하면서도 광택성이 있는 도포층이 되지 않았을 경우에는 다시 두 번 도포를 하여야 하며, 그 두께는 두 배로 해야 함
비닐지	교착제는 동종의 비닐수지계 교착제 또는 아스팔트를 사용
금속판	이음은 거멀접기 납땜하거나 겹치고 수밀도장 또는 수밀 교착법으로 함
방수모르타르	바탕면을 충분히 물씻기 청소를 하고, 시멘트 액체 방수 공법에 준하여 시공

③ **방수 모르타르 바름**: 바탕이 지나치게 거칠 때는 1회 모르타르 밑바름을 하며, 바탕이 지나치게 미끄러울 때는 거칠게 하고 바름두께는 15mm 내외의 1회 바름으로 함

01 미장재료

1 응결방식에 따른 분류

(1) 수경성 미장재료

① **의의**: 물(H_2O)과의 화학반응에 의해 굳어지며 경화속도가 빠르고 강도가 커서 외부용에 사용함

② **종류**: 시멘트모르타르, 석고플라스터 등

　💬 순석고, 혼합석고, 경석고 또는 킨즈시멘트 등

(2) 기경성 미장재료

① **의의**: 공기 중의 탄산가스(CO_2)와 결합하여 굳어지는 것으로 수경성재료에 비해 시공은 간단하나 경화속도가 느리고 강도가 작아 외장용으로의 사용은 곤란함

② **종류**: 회반죽, 진흙, 돌로마이트(석회성) 플라스터, 아스팔트 모르타르 등

> **🔊 심화학습**
>
> ▶ **특수모르타르**
> 1. **아스팔트 모르타르**: 내산 바닥용
> 2. **바라이트 모르타르**: 방사선 차단·차폐용
> 3. **질석 모르타르**: 경량, 단열용
> 4. **활석면 모르타르**: 보온, 불연용

2 용어 정리

고름질	바름두께 또는 마감두께가 두꺼울 때 혹은 요철이 심할 때 초벌바름 위에 발라 붙여주는 것 또는 그 바름층
눈먹임	인조석 갈기 또는 테라조 현장갈기의 갈아내기 공정에 있어서 작업면의 종석이 빠져나간 구멍부분 및 기포를 메우기 위해 그 배합에서 종석을 제외하고 반죽한 것을 작업면에 발라 밀어 넣어 채우는 것
덧먹임	바르기의 접합부 또는 균열의 틈새, 구멍 등에 반죽된 재료를 밀어 넣어 때워주는 것
라스먹임	메탈 라스, 와이어 라스 등이 바탕에 모르타르 등을 최초로 발라 붙이는 것
마감두께	바름층 전체의 두께를 말함, 라스 또는 졸대 바탕일 때는 바탕 먹임의 두께를 제외
미장두께	각 미장층별 발라 붙인 면적의 평균 바름두께
손질바름	콘크리트, 콘크리트 블록 바탕에서 초벌바름하기 전에 마감두께를 균등하게 할 목적으로 모르타르 등으로 미리 요철을 조정하는 것
실러 바름	바탕의 흡수 조정, 바름재와 바탕과의 접착력 증진 등을 위하여 합성수지 에멀션 희석액 등을 바탕에 바르는 것

3 재료의 보관

(1) **습기에 약한 시멘트와 석고플라스터 등**: 지면보다 300mm 이상 높게 한 창고에 건조 상태로 보관하고 13포대 이하로 쌓음

(2) 결합재와 골재 및 혼화재의 배합은 용적비로, 혼화제, 안료, 해초풀 및 짚 등의 사용량은 결합재에 대한 중량비로 표시함

(3) 바탕에 가까운 바름층일수록 부배합, 정벌바름에 가까울수록 빈배합으로 함

(4) 분말 및 입자모양의 재료는 건비빔한 후 물비빔하고 액체상태의 혼화재료 등은 미리 물과 섞어 둠

(5) 압송뿜칠기계에 사용하는 재료의 비빔은 반드시 기계비빔하며 시공연도는 슬럼프콘을 사용하여 관리

(6) 석고 플라스터에 시멘트, 소석회, 돌로마이트 플라스터 등을 혼합하여 사용하지 않음

(7) 석고계 플라스터는 제조 후 4개월 이상 경과한 것은 사용할 수 없음

(8) 모래의 최대 크기는 바름두께에 지장이 없는 한 큰 것으로서, 바름두께의 반 이하로 함

4 시공 및 보양

(1) 시 공

① 외벽의 콘크리트 바탕 등 오래 방치되어 먼지가 붙어 있는 경우는 초벌바름작업 전날 물로 청소한다.

② 콘크리트, 콘크리트 블록 등의 바탕 및 시멘트 모르타르, 플라스터 등의 초벌바름 이 건조한 것은 미리 적당히 물축임한 후 바름작업을 시작한다.

③ 바름면의 흙손작업은 갈라지거나 들뜨는 것을 방지하기 위해 바름층이 굳기 전에 끝낸다.

④ **압송뿜칠기계**

바름두께 20mm 초과	초벌, 재벌, 정벌 3회 뿜칠바름
바름두께 20mm 이하	초벌과 정벌 2회
바름두께 10mm 정도	정벌로 밑바름, 윗바름으로 나누어 바름

(2) 보 양

① 조기건조를 방지하기 위해 통풍이나 일조를 피할 수 있도록 함

② **미장 바름 주변의 온도가 5℃ 이하**: 공사 중단 또는 난방으로 5℃ 이상으로 유지

③ 외부 미장공사를 여름에 시공하는 경우는 바름층의 급격한 건조를 방지하기 위하여 거적덮기를 한 다음 살수 등의 조치를 강구함

④ 시공 후에는 조기에 건조될 우려가 있는 경우에는 통풍, 일사를 피하도록 시트를 걸어 보양함

02 미장 재료별 주의사항

1 시멘트 모르타르 바름 시공

(1) 콘크리트, 콘크리트 블록 등의 바탕으로 덧붙임 손질을 요하는 것은 모르타르로 요철을 조정하고, 긁어놓은 다음 2주 이상 가능한 한 오래 방치한다.

(2) **바탕면**: 거칠게 하여 부착력을 증대시키고, 콘크리트, 콘크리트 블록 등은 미리 물로 적시고 바탕의 물 흡수를 조정하고 나서 초벌바름 함

(3) **부재별 총바름 두께**: 바닥 및 바깥벽 24mm, 내벽 18mm, 천장, 차양 15mm
단, 바닥은 1회 바름으로 마감함

(4) 시멘트와 모래를 먼저 혼합하고, 물을 넣어 비빔을 실시한다. 혼화재료로서 분말을 혼입 할 때에는 시멘트와 사전에 섞어 분산이 잘 되도록 하고, 합성수지계 혼화제, 방수제 등 액상의 것은 미리 물과 섞는다. 비빔은 모르타르 믹서로 하는 것을 원칙으로 한다.

(5) **재료의 1회 비빔량**: 2시간 이내에 사용할 수 있는 양

(6) 초벌바름 또는 라스먹임은 2주일 이상 방치하여 바름면 또는 라스의 겹침 부분에서 생길 수 있는 균열이나 처짐 등 흠을 충분히 발생시킴

(7) 초벌바름에 이어서 고름질을 한 다음에는 초벌바름과 같은 방치기간을 두며 고름질 후에는 쇠갈퀴 등으로 전면을 거칠게 긁어 놓는다.

(8) 재벌바름을 한 다음에는 쇠갈퀴 등으로 전면을 거칠게 긁어 놓은 후 초벌바름과 같은 방치기간을 둔다.

(9) 1회 바름두께는 바닥을 제외하고 얇게 6mm가 표준

(10) 부배합으로 하지 않으며 분말도가 작은 것이 유리함

(11) **바름공법**

1회 바름공법	평탄한 바탕면으로 마무리 두께 10mm 정도의 천장, 벽, 기타(바닥 제외)는 1회로 마무리
2회 바름공법	바탕에 심한 요철이 없고 마무리 두께가 15mm 이하의 천장, 벽 기타(바닥 제외)는 초벌바름 후 재벌바름을 하지 않고 정벌바름이 가능함

(12) 급격한 건조는 균열발생 및 수분 흡수에 의한 백화발생이 쉬우므로 서서히 건조한다.

(13) **바름순서**

　① 위에서 아래로 시공(웹 실내: 천장 ⇨ 벽 ⇨ 바닥, 외벽: 옥상난간 ⇨ 지층)

　② 벽과 수평으로 교차되는 처마 밑, 반자·차양 밑 등을 먼저 바르고 그 밑벽의 순으로 바르는 것이 원칙임

　③ 천장돌림, 벽돌림 등의 규준이 되는 부분을 먼저 정확히 바른 후 천장, 벽면 등의 넓은 면을 바르는 순으로 함

　④ 미장공의 한번 바름 흙손질 높이는 90~150cm 정도로 함

2 석고플라스터 시공

(1) 시공상 주의사항

① **혼합석고 플라스터**: 물을 가한 후 초벌, 재벌바름은 2시간 이상, 정벌바름은 1시간 30분 이상 경과한 것은 사용하지 않음

② 건비빔된 재료는 모래에 수분이 있으므로 섞은 후 2시간 이내에 사용한다.

③ 콘크리트, 콘크리트 블록 바탕의 경우는 바탕의 건조 정도를 보아 필요에 따라서 물을 뿌리고, 초벌바름 및 라스 먹임은 흙손으로 눌러 충분히 바탕에 스며들게 하면서 바르고 표면을 긁어 놓는다. 초벌바름이 시멘트 모르타르 바름인 경우에는 2주 이상 양생한다.

④ 고름질은 초벌바름의 수분이 빠지는 정도를 보아 뒤따라서 발라도 좋다.

⑤ 정벌바름은 재벌바름이 반쯤 건조된 후 밑바름 및 윗바름 두 공정으로 하여 쇠흙손으로 눌러서 충분하게 바르고, 수분이 빠지는 정도를 보아 마무리 흙손으로 흙손자국이 없도록 평활하게 마무리한다.

⑥ 시공 중에 통풍을 차단하고 작업 후에도 석고가 굳어질 때까지는 심한 통풍을 피하며 그 후에는 적당한 통풍으로 바름면을 건조시킴

⑦ 실내온도가 5℃ 이하일 때에는 공사를 중단하거나 난방하여 5℃ 이상으로 유지하며 실내를 밀폐하지 않고 가열과 동시에 환기하여 바름면이 서서히 건조되도록 함

(2) 특 징

① 수경성이며 팽창성 재료로 균열이 작다.

② 경화속도가 가장 빠르다(⇨ 지연제를 사용하여 급결을 방지함).

3 돌로마이트(석회성) 플라스터 바름

(1) 시공상 주의사항

① 벽은 초벌바름 직후, 천장 및 차양은 초벌바름 전에 수염 간격을 300mm 이하 마름모로 배열하여 붙여대고, 초벌바름과 고름질 또는 재벌바름면에 각각 반씩 부채형으로 벌려서 눌러 붙인다.

② 초벌바름 및 재벌바름용 반죽은 기계비빔 시 소량의 돌로마이트 플라스터, 물 및 소정량의 여물을 믹서에 넣고 반죽한다.

③ 정벌바름용 반죽은 물과 혼합한 후 12시간 정도 지난 다음 사용하는 것이 바람직하다.

④ 시멘트와 혼합하여 사용 시 2시간 이상 경과한 것은 사용할 수 없다.

⑤ 초벌바름에 균열이 없을 때에는 고름질한 후 7일 이상, 균열이 생겼을 때에는 고름질한 후 14일 이상 두어 고름질면의 건조를 기다린 후 균열이 발생하지 아니함을 확인한 다음 재벌바름을 실시한다.

⑥ 재벌바름이 어느 정도 건조된 다음에 정벌바름을 한다. 지나치게 건조한 때는 적당히 물을 뿌린 후 정벌바름을 한다.

⑦ 바름작업 중에는 되도록 통풍을 피하는 것이 좋으나 초벌바름 후, 고름질 후, 특히 정벌바름 후 적당히 환기하여 바름면이 서서히 건조되도록 한다.

⑧ 실내온도가 5℃ 이하일 때는 공사를 중단하거나 난방하여 5℃ 이상으로 유지한다. 정벌바름 후 난방할 때는 바름면이 오염되지 않도록 주의한다.

⑨ 실내를 밀폐하지 않고 가열과 동시에 환기하여 바름면이 서서히 건조되도록 한다.

(2) 특 징

① 건조수축에 의한 균열이 많아 여물을 적당량 첨가하여야 한다.

② 반죽하는 물을 뜨거운 것이 좋다(➡ 점성이 커서 해초풀을 사용하지 않음).

③ 기경성 미장재료로 밀폐된 곳(지하실)의 사용은 피한다.

4 회반죽 바름

(1) 시공상 주의사항

① **듬북(각우) 또는 은행초 풀**: 봄이나 가을에 채취하여 1년 정도 건조된 것으로서, 뿌리 및 줄기 등이 혼합되지 않도록 삶은 후 점성이 있는 액상으로 불용해성분이 질량으로 25% 이하의 것으로 한다.

② 듬북 또는 은행초를 사용할 때는 건조된 다음에 소요량을 질량으로 달아, 1회 비빔분을 한 솥에 끓인다. 이때 작업성을 고려하여 물의 소요량을 계량해서 부어 넣는다. 끓이는 동안은 너무 휘젓지 않도록 한다.

③ 석회와 모래를 섞은 것에 여물을 풀어 넣은 해초풀을 부어 괭이로 잘 섞는다. 이때는 물을 넣지 않는다.

④ 고름질, 재벌바름은 초벌바름 후 10일 이상 두고, 초벌바름면이 건조한 후에 평탄하게 바른다.

⑤ 초벌바름에 균열이 생긴 경우에는 고름질을 한 다음 다시 10일 이상 두고 덧먹임을 하여 재벌바름을 한다. 마감두께가 12mm 이하의 경우는 고름질을 생략한다.

⑥ 재벌바름이 반건조하여 물이 빠지는 정도를 보아서 정벌바름한다. 정벌바름은 반드시 밑바르기를 하고 나서 바르기를 하며, 흙손자국이 생기지 않도록 마무리한다.

⑦ 바름작업 중에는 가능한 한 통풍을 피하는 것이 좋지만, 초벌바름 및 고름질 후 특히, 정벌바름 후 적당히 환기하여 바름면이 서서히 건조되도록 한다.

⑧ 실내온도가 5℃ 이하일 때는 공사를 중단하거나 난방하여 5℃ 이상으로 유지한다. 정벌바름 후 난방할 때는 바름면이 오염되지 않도록 주의한다.

⑨ 실내를 밀폐하지 않고 가열과 동시에 환기하여 바름면이 서서히 건조되도록 한다.

(2) 특 징

① 소석회 + 모래 + 여물을 해초풀로 반죽한 것이다(유 모래: 점도조절, 강도 증진, 균열발생 억제용으로 사용함).

② 균열방지를 위해 여물, 부착력 증대 및 시공성 증대를 위해 해초풀을 사용하며 물은 혼합하지 않는다.

③ 기경성 재료로 응결시간이 느리며 건조수축률이 커서 균열이 많이 발생한다.

④ 바름질 작업 중에는 통풍을 차단한다.

⑤ 초벌건조가 나쁠 경우 얼룩이 지므로 주의한다.

03 미장면의 균열이나 들뜸 발생원인과 대책

(1) 균열발생원인 및 방지대책

균열발생원인	방지 대책
① 세립의 모래 사용	① 초벌·재벌에는 거칠고 조립률이 큰 모래 사용
② 분말도가 높은 시멘트 사용	② 용도에 맞는 시멘트 사용
③ 시멘트 등의 진한 배합	③ 지나치게 진한 부배합 시멘트 사용 규제
④ 바름두께의 과다 및 바름횟수 부족	④ 1회 바름두께는 얇게
⑤ 급격한 건조	⑤ 바름면은 서서히 건조 및 오래 방치
⑥ 미장 바탕의 흡수성 과대	⑥ 적정한 수량을 첨가하고 5℃ 이상에서 시공
⑦ 초벌 방치기간이 짧은 경우	⑦ 줄눈대나 혼화제 사용

⑵ **보강철물**

메탈(와이어)라스	미장바탕면의 균열의 발생 억제
코너비드	기둥, 벽체의 모서리면, 각진 면, 구석 면의 보호
줄눈대	① 바닥용은 플라스틱이나 금속 등으로 미장재료와 시공되는 위치에 적정한 것으로 함 ② 옥상바닥 등 신축에 대응할 목적으로 설치하는 플라스틱 줄눈대는 콘크리트나 시멘트 모르타르가 경화한 후 제거할 수 있는 구조로 된 것
기 타	이질재와의 접합부에는 스톱비드, 걸레받이 부분에는 베이스비드, 균열이 예상되는 부위에는 조인트비드 등의 철물 사용

04 타 일

1 용어 및 재료

⑴ **용어의 정의**

뒷굽	시멘트 모르타르 또는 접착제와의 접착이 잘 되게 하기 위하여 혹은 제조과정에서 타일의 뒷면에 만들어진 발굽 또는 오목·볼록하게 튀어나온 것
두드림 검사	타일 표면을 타진용 테스트 해머(test hammer)로 두드릴 경우, 음질에 의해 탈락을 검지하는 검사법
소지	타일의 주체를 이루는 부분으로, 시유 타일의 경우에는 표면의 유약을 제거한 부분
MCR 공법	거푸집에 전용 시트를 붙이고, 콘크리트 표면에 요철을 부여하여 모르타르가 파고 들어가는 것에 의해 박리를 방지하는 공법
통로 줄눈	타일의 줄눈이 잘 맞추어지도록 의도적으로 수직·수평으로 설치한 줄눈

⑵ **외장용 및 한랭지의 노출된 부분**: 자기질, 석기질(바닥용: 유약을 바르지 않고 재질은 자기질 또는 석기질)

⑶ 타일은 사용직전까지 외기와 습기로부터 영향을 받지 않도록 보관하고 포장이 뜯기지 않도록 함

(4) 특수타일

① **테라코타** : 장식용 점토 소성제품으로 석재보다 경량이며, 흡수성이 거의 없고 화강암보다 내화력이 크고 대리석보다 풍화에 강하여 외장에 적당함(단, 강도는 화강암의 1/2 정도)

② **클링커타일** : 고온으로 소성한 타일로 표면에 요철이 있고 외부바닥에 사용됨

③ **모자이크타일** : 5cm 각 이하의 소형타일로 30cm 각 대지에 미리 나누어 붙인 상태로 모자이크처럼 만든 타일

④ **폴리싱타일** : 자기질 무유타일을 연마하여 대리석 질감과 흡사하게 만든 타일

⑤ **파스텔타일** : 소지에 안료를 혼합하여 고온소성한 색소지 자기질 무유타일로 흡수율이 거의 0%임

2 시공 시 주의사항

(1) 타일붙임 바탕

① **바탕고르기 모르타르** : 2회에 나누어서 바름

② **바름두께가 10mm 이상** : 1회에 10mm 이하로 하여 나무흙손으로 눌러 바름

③ 바탕 모르타르를 바른 후 타일을 붙일 때까지는 여름철(외기온도 25℃ 이상)은 3~4일, 봄, 가을(외기온도 10~20℃)은 1주일 이상 기간을 둠

④ **바닥면** : 물고임이 없도록 1/100 미만의 구배 유지

⑤ **여름에 외장타일을 붙일 경우** : 하루 전에 미리 물축임

⑥ **타일붙임 바탕** : 건조상태에 따라 물을 골고루 뿌림

(2) 모르타르

① **비빔** : 건비빔한 후 3시간 이내, 물비빔 후 1시간 이내에 사용

② **시멘트 모르타르 배합비** : 경질타일은 1:2, 연질타일은 1:3 정도

③ **줄눈 너비의 표준**

타일 구분	대형벽돌형(외부)	대형(내부일반)	소형	모자이크
줄눈나비	9mm	5~6mm	3mm	2mm

④ **바닥타일의 바탕모르타르** : 얇게 10mm 정도의 두께로 바름

⑤ **치장줄눈** : 타일을 붙인 후 3시간 정도 경과 후에 줄눈파기 하고 벽타일을 붙인 후 24시간 경과 후에 치장줄눈(배합비 1:1)을 하며 가로치장줄눈 마무리는 위에서 아래로 함

⑥ 타일을 붙이는 모르타르에 시멘트 가루를 뿌리지 않음

(3) 시공상 주의사항

① 벽타일 붙이기에서 타일 측면이 노출되는 모서리 부위는 코너 타일을 사용하거나, 모서리를 가공하여 측면이 직접 보이지 않도록 함

② 일반 타일 붙임 및 외벽타일은 위에서 밑으로 붙이고 내부벽 타일은 밑에서 위로 붙여 올라감

③ 벽체 타일이 시공되는 경우 바닥타일은 벽체타일을 먼저 붙인 후 시공함

④ 흡수율이 높은 타일의 경우 타일 공사 전에 충분히 물적심을 한 후 시공하며 붙임용 모르타르의 배합비를 좋게 함

⑤ 외기의 기온이 2℃ 이하일 때에는 타일 작업장 내의 온도가 10℃ 이상이 되도록 임시로 가설난방 보온 등을 실시

⑥ 신축줄눈은 수축균열이 생기기 쉬운부분이나 붙임면이 넓은 부분에 약 3m 간격으로 설치하며 내장타일 크기가 큰 타일의 옆면 모서리 등에는 신축조절줄눈을 설치하여 방지함(벽체 코너안쪽, 창틀주변 및 설비기구와 접촉부에 신축줄눈)

⑦ 하루 붙이는 높이는 1.2~1.5m 이내

⑧ 타일을 붙인 후 3일간은 진동이나 보행 금지

⑨ 청소는 물로 세척하는 것이 원칙이고 모르타르 자국이나 얼룩이 진 경우는 30배 희석시킨 묽은 염산으로 세척한 후 곧바로 산성분을 완전히 씻어냄

3 벽타일붙이기

(1) 떠붙이기(직접붙임)

타일 뒷면에 붙임 모르타르를 바르고 모르타르가 충분히 채워져 타일이 밀착되도록 바탕에 눌러 붙이는 방법으로 모르타르 두께가 가장 두꺼우며(12~24mm) 외장용으로는 사용하지 않음

(2) 압착 붙이기

① 붙임 모르타르의 두께는 타일두께의 1/2 이상으로 5~7mm 정도를 표준으로 하여 붙임 바탕에 바름

② 타일의 1회 붙임면적은 $1.2m^2$ 이하로 하고 붙임시간은 모르타르 배합 후 15분 이내

③ 벽면의 위에서 아래로 붙여나가며, 붙임 시간은 모르타르 배합 후 15분 이내

④ 한 장씩 붙이고 나무망치 등으로 두들겨 타일의 줄눈 부위에 모르타르가 타일 두께의 1/3 이상 올라오도록 함

(3) 개량압착 붙이기

① 붙임 모르타르를 바탕면에 4~6mm로 바르고 자막대로 눌러 평탄하게 고름

② 바탕면 붙임 모르타르의 1회 바름면적은 $1.5m^2$ 이하로 하고, 붙임 시간은 모르타르 배합 후 30분 이내로 한다.

③ 타일 뒷면에 붙임 모르타르를 3~4mm로 평탄하게 바르고, 즉시 타일을 붙이며 나무망치 등으로 충분히 두들겨 타일의 줄눈 부위에 모르타르가 타일 두께의 1/2 이상이 올라오도록 한다.

④ 벽면의 위에서 아래로 향해 붙여나가며 줄눈에서 넘쳐 나온 모르타르는 경화되기 전에 제거한다.

(4) 판형 붙이기

① 날장붙이기와 같은 방식으로 타일 뒷면에 압착시멘트를 사용한 모르타르를 얹혀서 1장씩 붙여나가며 모르타르가 줄눈에 스며 나오도록 표본누름판을 사용하여 압축하는 방식

② 줄눈 고치기는 타일을 붙인 후 15분 이내에 실시

(5) 접착 붙이기

① 내장공사에 한하여 적용하며 붙임바탕면은 여름에는 1주 이상, 기타 계절에는 2주 이상 건조시킴

② 접착제 1회 바름면적은 $2m^2$ 이하

(6) 동시줄눈붙이기(밀착붙임공법)

① 타일은 한 장식 붙이고 반드시 타일면에 수직하여 충격공구로 좌우, 중앙의 3점에 충격을 가하여 붙임 모르타르 안에 타일이 박히도록 하며 타일의 줄눈부위에 붙임 모르타르가 타일두께의 2/3 이상 올라오게 함

② 1회 붙임 면적은 $1.5m^2$ 이하로 하고 붙임 시간은 20분 이내

③ 줄눈의 수정은 타일 붙임 후 15분 이내에 실시하고, 붙임 후 30분 이상이 경과했을 때에는 그 부분의 모르타르를 제거하여 다시 붙임

(7) 모자이크 타일 붙이기

① 붙임 모르타르를 바탕면에 초벌과 재벌로 두 번 바르고, 총 두께는 4~6mm를 표준으로 한다.

② 붙임 모르타르의 1회 바름 면적은 $2.0m^2$ 이하로 하고, 붙임 시간은 모르타르 배합 후 30분 이내로 한다.

③ 타일 뒷면의 표시와 모양에 따라 그 위치를 맞추어 순서대로 붙이고 모르타르가 줄눈 사이로 스며 나오도록 표본 누름판을 사용하여 압착한다.

④ 줄눈 고치기는 타일을 붙인 후 15분 이내에 실시한다.

심화학습

▶ **시방서상 정의**

1. **떠붙임공법**: 타일 뒤쪽에 붙임모르타르를 올려놓고 평평하게 고른 다음 바탕모르타르에 붙이는 공법

2. **개량 떠붙임공법**: 바탕 모르타르를 초벌과 재벌로 두 번 발라 바탕을 고르게 마감 후 타일 뒷면의 모르타르를 얇게 하여 붙임

3. **압착공법**: 바탕콘크리트 위에 바탕모르타르를 30~40mm 실시하여 그 위에 붙이는 붙임 모르타르를 5~7mm 바르고, 다시 비벼 넣는 것처럼 나무망치로 고르는 공법

4. **개량 압착 붙임**: 먼저 시공된 모르타르 바탕면에 붙임 모르타르를 도포하고, 모르타르가 부드러운 경우에 타일 속면에도 같은 모르타르를 도포하여 벽 또는 바닥 타일을 붙이는 공법

5. **모자이크 타일 붙임**: 붙임 모르타르를 바탕면에 도포하여 직접 표면 붙임의 유닛화된 모자이크 타일을 시멘트 바닥면에 누름하여 벽 또는 바닥에 붙이는 공법

6. **밀착 붙임**: 붙임 모르타르를 바탕면에 도포하여 모르타르가 부드러운 경우에 타일 붙임용 진동공구를 이용하여 타일에 진동을 주어 매입에 의해 벽타일을 붙이는 공법

7. **접착공법**: 붙임모르타르 대신 유기질 접착제를 사용하는 공법

---

05 기타사항

(1) **인조석 바름**: 모르타르로 바름 바탕을 한 위에 종석과 시멘트, 안료 등을 배합하여 반죽한 후 씻어내기, 갈기 또는 잔다듬 등으로 마무리함

① 정벌바름은 재벌바름의 경화 정도를 살펴서 미리 시멘트페이스트 또는 배합비 1:1 인 모르타르를 3mm 정도 바르고 실시한다.

② 바닥일 때는 시멘트 페이스트를 문질러 바른 후 이어서 배합비 1:3 모르타르로 정벌바름 두께가 남도록 초벌바름을 하고 충분히 경화된 후 정벌바름을 실시한다.

③ 인조석 씻어내기 마감일 때는 정벌바름 후 솔로 2회 이상 씻어내고, 돌의 배열을 조정하여 흙손으로 누른다. 그 후 물걷기의 정도를 보아 맑은 물로 씻어내고 마감한다.

④ 인조석 갈아내기 마감일 때에는 정벌바름 후 시멘트 경화 정도를 보아 초벌갈기, 재벌갈기를 하고 눈먹임을 한 후 경화되면 마감갈기를 한다. 광내기 마감할 때는 220번 금강석 숫돌로 갈고 마감 숫돌로 마감한 후 왁스 등으로 광을 낸다.

⑤ 인조석 잔다듬, 기타 이에 준하는 모조석 마감일 때는 경화 정도를 보아 양날 망치로 두들겨 마감한다.

(2) **현장 테라조 바름** : 백시멘트, 내알칼리성 안료, 대리석, 쇄석을 섞어서 정벌바름하고 경화한 후 연마기로 평활하게 한 후 왁스 등을 발라 광택이 있는 표면을 만든 것

① 테라조 바르기의 줄눈 나누기는 $1.2m^2$ 이내로 하며, 최대 줄눈 간격은 2m 이하로 한다.

② 테라조 바름 재료는 초벌바름이나 정벌바름 모두 된비빔으로 잘 혼합한다. 바닥일 때는 쌓아 놓아도 흘러내리지 않을 정도로 한다.

③ 바닥 테라조의 줄눈마감을 달리 할 때의 경계 문양 등에는 황동(놋쇠)제의 앵커가 붙은 줄눈대를 사용하고, 줄눈대의 앵커에는 미리 전 길이에 대하여 졸대 등을 끼워 줄눈나누기에 따라 초벌바름 전에 앵커고정 모르타르로 고정시킨다.

④ **초벌바름**

접착공법	바탕을 미리 청소하고, 실러바름 또는 물축이기를 한 후 시멘트페이스트를 문질러 바르고 이어서 초벌바름 모르타르를 바른다. 바닥일 때는 되도록 된비빔의 것을 쇠흙손으로 힘껏 눌러 바르고 긁어 놓는다.
절연공법(바닥)	테라조 바름의 마감두께가 일정하게 되도록 바탕 고르기를 하고, 줄눈 나누기에 따라 줄눈대를 고정시킨다.

⑤ **정벌바름** : 초벌바름의 경화상태를 확인 후 정벌바르기를 한다. 정벌바름은 갈아내기 마감 후 돌의 배열이 균등하게 되도록 갈아내기 두께를 고려하여 평활하게 마감한다. 바닥일 때는 된비빔의 것을 전용 롤러 또는 진동기를 사용하여 다지고 쇠흙손으로 고른다. 단, 진동기를 사용하는 경우 종석과 시멘트 페이스의 분리가 발생하지 않도록 주의한다.

⑥ 테라조를 바른 후 5~7일 이상 경과한 후 경화 정도를 보아 갈아내기를 한다. 벽면 이외의 갈아내기는 기계갈기로 하고, 돌의 배열이 균등하게 될 때까지 갈아 낮춘다.

(3) **리신 바름**: 일종의 인조석 바름으로 돌로마이트에 화강석 부스러기, 색모래, 안료 등을 섞어 정벌바름하고 충분히 굳지 않은 때에 표면에 거친 솔 등으로 긁어 거친 면으로 마무리

(4) **리그노이드**: 마그네시아 시멘트[㈜ 간수($MgCl_2$)로 경화함] 모르타르에 탄성재료인 코르크 분말, 안료 등을 혼합한 미장재료로서 바닥포장재에 주로 사용됨

(5) **타일의 접착력 시험**: 일반건축물의 경우 타일면적 $200m^2$당, 공동주택은 10호당 1호에 한 장씩 시험
  ① 시험할 타일은 먼저 줄눈 부분을 콘크리트 면까지 절단하여 주위의 타일과 분리시킨다.
  ② 시험은 타일 시공 후 4주 이상일 때 실시한다.
  ③ 시험결과의 판정은 타일 인장 부착강도가 $0.39N/mm^2$ 이상이어야 한다.

1 창호공사 일반

(1) 용 어

박배	창문을 문틀에 다는 작업
마름질	창문의 크기에 따라 각 부재의 소요길이로 자르는 일
바심질	마름질한 부재를 대패질하고 구멍내고 홈파기 등으로 다듬는 일
풍소란	마중대와 여밈대가 서로 접하는 부분의 틈새에 댄 바람막이로 방풍목적

(2) 철재창호는 철사클립을 사용하여 유리를 고정한 후 퍼티먹임을 한다.

(3) 창문틀 설치

① **조적조의 목재창호** : 먼저세우기(ㅎ 새시 주위의 누수 우려가 거의 없음)

② **철근콘크리트의 알루미늄 창호** : 먼저세우기를 하는 경우는 강도상 무리가 있으므로 나중세우기로 함

(4) 유리 끼우기 공사의 시기 : 내부유리는 내부 마감공사 직전에, 외부에 접한 유리는 미장공사 직전에 설치한다.

(5) 창호의 주문치수는 마무리 치수 : 도면치수보다 3mm 정도 크게 한다.

(6) 유리는 먼지가 끼지 않게 무늬가 돋은 면 또는 흐림갈기면은 각각 실내에 두고 끼운다.

(7) 강재창호 : 재벌칠은 벽마감 전(재벌칠 후 철물 설치) + 문틀 정벌칠은 바닥마감 전 + 문짝 정벌칠은 바닥마감 후

2 알루미늄 새시(aluminium sash)

장 점	단 점
① 경량(⊜ 비중은 철의 1/3 정도) ② 내산성 및 내구성이 우수 ③ 기밀성과 수밀성이 우수함 ④ 여닫음이 경쾌하고 광택이 있음	① 열에 의한 팽창·수축으로 내화성이 작아 방화문으로는 부적당함 ② 용접은 가능하나 철재보다 용접부위가 약함 ③ 알칼리성(모르타르면, 콘크리트면, 회반죽면, 해안지방)에 약함 ④ 알루미늄재가 모르타르 등 알칼리성 재료와 접하는 곳에는 내알칼리성 도장 ⑤ 알루미늄 표면에 부식을 일으키는 다른 금속과 직접 접촉하는 것은 피한다. ⑥ 습윤상태가 되는 접합부는 징크로메이트로 녹막이칠함 ⑦ 강재의 골조, 보강재, 앵커 등은 아연도금 처리한 것을 사용한다. 특히, 빗물 또는 결로수 등의 물기와 접할 위험이 있는 경우에는 반드시 녹막이칠을 한다. 단, 앵커 등은 도장하지 않는다.

3 문(Door)

(1) **플러시문**(Flush door) : 문의 뒤틀림 변형을 감소시키기 위해 중간살을 30cm 마다 대고 양면에 합판을 교착한 문

(2) **회전문** : 옥내와 옥외의 공기유출을 방지하여 통풍과 기류를 조절하여 방풍 및 출입 인원 통제 목적으로 기밀한 원통 속에 너비 0.8~1m 정도의 문 네짝을 직교하는 십자 (＋)형으로 짜서 중심을 회전 지도리에 걸어 회전하도록 한 문

(3) **에어도어**(Air door) : 에어커튼이라 하며 시선의 차단없이 개구부 상부에서 압축공기를 분출하고 밑에서 흡입하는 장치가 있어 먼지 등의 침입을 차단하는 효과를 가짐

(4) **아코디언 도어** : 넓은 방을 필요에 따라 나누어 막기 위하여 만든 커튼이나 병풍모양의 문으로 신축이 자유로움

(5) **홀딩 도어** : 실의 크기조절이 필요한 경우 칸막이 기능을 하기 위해 만든 병풍모양의 문으로 신축이 자유로움

4 창호철물

(1) **피봇힌지** : 가장 무거운 여닫이문에 사용하는 힌지

(2) **레버토리 힌지** : 공중전화 박스나 공중화장실 등의 문에 사용되는 철물로 문이 자동으로 닫히지만 약간 열려 있게 한 경첩

(3) **플로어힌지**(바닥지도리) : 바닥에 힌지 장치를 한 철틀함을 설치하고 상부는 돌저기식으로 하여 자동적으로 닫히게 하는 것(㈜ 현관출입문에 사용하며 중량자재문이나 여닫이문에 사용)

(4) **스프링힌지**(자유경첩) : 출입이 많은 문에 사용하는 철물로 안과 밖으로 모두 여닫을 수 있으며 스프링에 의해 열려진 문이 자동으로 닫혀지는 철물

(5) **도어체크, 도어클로저** : 여닫이문이 자동으로 닫혀지게 하는 장치로 피스톤장치가 있어 개폐속도를 조정 가능

(6) **도어스톱** : 열려진 문을 받쳐서 벽과 문의 충돌을 막아 보호하는 장치

(7) **도어행거** : 접문의 상부에 부착되어 있는 이동장치

(8) **나이트래치** : 외부에서는 열쇠, 내부에서는 작은 손잡이를 틀어 열 수 있는 자물쇠

(9) **크레센트**(Crecent) : 미서기창 또는 오르내리창의 잠금용 철물

(10) **멀리온** : 창면적이 클 때 기존 창의 프레임을 보강하는 중간 선대로 커튼월 구조에서 버팀대, 수직지지재를 말함

(11) **미서기 및 미닫이 창문용 철물** : 레일, 문바퀴(호차), 꽂이쇠, 오목손걸이, 크레센트 등

(12) **오르내리기창** : 달끈(로프), 도르래, 크레센트, 추, 손걸이 등

5 유 리

(1) **보통 판유리**(Crown glass, 소다석회유리)**의 성질**

① **유리의 주성분** : 규산(SiO_2)

② **창유리의 강도** : 휨강도

③ **열전도율** : 콘크리트의 1/2 정도로 작음

④ 열에 약하고 열팽창률이 크다(㈜ 60℃ 이상 온도차이 시 파손된다).

⑤ 산화철분성분이 있어 적외선은 잘 투과되나 자외선을 흡수하여 투과되지 않음

⑥ 산에는 강하나 알칼리에 약함

(2) 특수(안전)유리

강화유리	① 충격에 강함(到 휨강도가 보통 유리보다 6배 정도) ② 열처리유리(연화점 이상으로 재가열한 후 공기 중에 급속냉각)로 내열성이 큼(到 200℃ 이상) ③ 공장주문제작하며 파손 시 잘게 부수어지며 현장절단가공 안됨
배강도 유리	판유리를 연화점 부근까지 가열한 후 양 표면에 냉각공기를 흡착시켜 유리표면에 큰 압축응력을 갖도록 하여 내충압강도, 열깨짐 강도가 2배 이상으로 건축물의 외벽, 개구부 등에 사용되나 제품의 절단가공은 불가함
망입유리	① 방화, 방재용 및 지붕유리로 사용 ② 현장가공이 가능하여 유리칼로 철망까지 절단
접합유리	2장 이상의 판유리 사이에 합성수지 막을 삽입하여 가열압착하여 충격 흡수력이 강하고 파편이 비산되지 않음
복층유리 (Pair glass)	① 단열, 방음, 결로 방지용으로 우수 ② 현장가공이 안 되고 공장주문 제작함(제작 후의 절단 및 가공은 불가능) ③ 부정형 실링재 공법으로 하고 그레이징 개스킷 공법은 피한다. ④ 쇼윈도나 돌출창 등 실온이 고온으로 되기 쉬운 장소에서는 휨변형이 예상되므로 가능한 사용을 피한다. ⑤ 20매 이상 겹쳐서 적치하여서는 안 되며, 각각의 판유리 사이는 완충재를 두어 보관한다.
열선흡수유리	단열유리라고도 하며 철, 니켈 크롬 등이 함유되어 담청색의 착색효과와 함께 가시광선은 투과하지만 열선인 적외선이 투과되지 않음
열선반사유리	플라스틱의 그물에 알루미늄을 증착한 것을 중간에 넣고 특수한 방법으로 코팅하여 합친 유리로서 옥외에서의 열선을 반사하므로 태양의 열선차단용으로 냉방부하를 경감함
로이유리	열절약 유리로 한쪽면에 얇은 막을 코팅하여 에너지를 절약할 수 있는 유리로 열선을 실내로 재반사시켜 실내보온성능이 우수하며 자연채광을 극대화함 ① 하드로이: 유리 제조과정 중 열분해 코팅법으로 금속이온을 함유한 유기화합물을 스프레이 코팅한 것 ② 소프트로이: 진공상태에서 이온 스파터링 공법으로 은막과 이 은막을 보호하기 위한 보호막으로 구성된 다층구조의 금속코팅한 것
포도유리 (Prism glass)	지하실에 설치하여 굴절 채광용으로 사용
유리섬유 (Glass wool)	암면과 같은 단열, 흡음재로 사용하기 위해 용융된 유리

스팬드럴 유리	세라믹질 도료를 코팅한 불투명 배강도 유리로 온도변화에 강하여 단열기능 향상 ① 반강화 처리된 불투명 스팬드럴 유리 뒤에 어둡고 균일한 색상의 백업단열재를 설치한다. ② 스팬드럴 유리와 백업단열재 사이에 최소 12mm 이상의 공기층 ③ 스팬드럴 유리의 세라믹도료 코팅면이 실내쪽으로 향하도록 설치 ④ 백판사이에 팽창압력 조절을 위한 백판에 구멍을 뚫어 놓아야 한다.
에칭(샌드블라스트) 유리	유리의 표면에 다양한 디자인으로 도안 특수가공처리하여 입체감있게 사용가능 함
유리블록	① 벽의 채광겸용 구조용 블록으로 장식재료로 우수 ② 열전도율이 보통벽돌의 1/4 정도로 적음 ③ 모르타르의 접촉면에 합성수지도료를 1회 칠한 후 모래를 뿌려 부착시킴 ④ 줄눈 모르타르가 굳기 전에 줄눈용 흙손으로 눌러주고, 유리블록 표면에서 깊이 8mm 내외의 줄눈파기를 한 다음 치장줄눈으로 마무리 ⑤ 유리블록의 열팽창을 고려해 6m 이하마다 신축줄눈을 설치한다.

(3) 용어의 정의

① 유리고정법

구조 개스킷	Y형(콘크리트, 돌) 및 H형(금속프레임)이 있으며 고무를 압출성형하여 제조되어 유리의 보호 및 지지 및 수밀기능을 지님
그레이징 개스킷	J형 비드(누름고정용 홈에 유리를 끼움)와 U형 채널이 있으며 염화비닐을 압출성형하여 제조된 유리끼움용 부자재
부정형 실링재	탄성실링재를 사용하여 고정

② **단열간봉**: 복층유리의 간격을 유지하여 열전달을 차단하는 자재로서 고단열 및 창호에서의 결로방지를 위한 목적으로 적용

③ **샌드블라스트 가공**: 유리면에 기계적으로 모래를 뿌려 미세한 흠집을 만들어 빛을 산란시키기 위한 가공

④ **태피스트리 가공**: 샌드 블라스트 가공을 시행한 것에 화학물질 코팅 가공

⑤ **스페이서**: 유리 끼우기 홈의 측면과 유리면 사이의 면 클리어런스를 주며 유리의 위치를 고정하는 블록

⑥ **에칭**: 화학약품에 의한 부식현상으로 응용한 가공으로서 유리에는 주로 산을 사용함

⑦ **열깨짐(열파손)**: 태양의 복사열에 의해 열받는 부분과 받지 않는 부분의 팽창성 차이로 발생하는 응력으로 유리가 파손되는 현상으로 유리의 중앙부와 주변부의 온도차이로 파손이 발생함

⑧ **EPDM(Ethylene Propylene Diene Monomer)**: 에틸렌과 폴리필렌을 화학적으로 중합시켜서 고무재질의 중합체를 만든 후에 디엔계열의 화학성분을 첨가하여 성형성이나 탄성 등의 성능을 부여한 고무 제품으로 커튼월 및 외부 창호의 틈을 밀실하게 막는 재료

⑨ **면 클리어런스**: 유리를 프레임에 고정할 때 유리와 프레임 사이에 여유를 주는 것

⑩ **세팅블록**: 새시 하단부의 유리끼움용 부자재로서 유리의 자중을 지지하는 고임재

⑷ 유리 시공 시 주의사항

① **시공온도**: 항상 4℃ 이상

② **절단각도**: 45° 이상 135° 이하

③ **배수구멍**: 일반적으로 5mm 이상의 직경으로 2개 이상

④ 나사, 볼트, 리벳, 용접 시의 요철 등으로 유리의 면 클리어런스 및 단부 클리어런스는 최솟값 이하가 되지 않도록 함

⑤ 시공 도중에 환기를 해야 하며 실란트 작업의 경우 상대습도 90% 이상이면 작업을 중지함

⑥ 세팅 블록은 유리폭의 1/4 지점에 각각 1개씩 설치하여 유리의 하단부가 하부 프레임에 닿지 않도록 해야 한다.

⑦ 백업재는 줄눈폭에 비해 약간 큰 것을 사용하고 뒤틀리지 않도록 하여야 한다.

⑧ 개스킷을 끼운 상태는 외관상 균일성이 유지되도록 하며 절대 모서리로부터 끼워 나가서는 안 된다.

⑨ 8mm 이상의 접합 유리 및 이를 사용한 복층 유리에는 그레이징 비드 및 채널을 사용하지 않는다.

⑩ **나사고정의 유리의 면적**: 1매당 $1m^2$ 이내, 유리의 판두께는 5mm 정도

⑪ **유리의 보관**: 건조하며 그늘진 곳에 통풍이 잘되게 하고 직사광선이나 비에 직접 노출되지 않도록 함

⑫ **유리 이동**: 압축기를 사용하여야 하며 지렛대로 유리를 들어 올리거나 옮기지 않음

⑬ **유리 끼우기 공사**: 내부유리는 내부 마감공사 직전에, 외부에 접한 유리는 미장공사 직전에 설치

⑭ 강화유리, 복층유리, 스테인드글라스, 유리블록 등은 절단이 불가능하므로 공장주문 제작

도장공사

1 도료

1. 가연성 도료의 보관전용 창고

① 독립된 단층건물로 주위 건물과 1.5m 이상 이격
② 방폭 전등 및 밀폐스위치를 사용하고, 지붕은 불연재료를 사용하고 천장이나 반자틀을 설치하지 않음
③ 환기는 필수이며 직사광선을 피함
④ 도료 보관 시 바닥은 내화재료를 사용하고 침투성이 없는 재료를 깔음
⑤ 화기엄금 표지부착 및 소방기구를 반드시 설치
⑥ 건물 내의 일부를 도료의 저장장소로 이용할 때는 내화구조 또는 방화구조로 된 구획된 장소 선택
⑦ 도료가 묻은 헝겊 등 자연발화의 우려가 있는 것을 도료보관 창고 안에 두어서는 안되며, 반드시 소각
⑧ 희석제(시너)를 보관할 때에는 위험물 취급에 관한 법규에 준하고, 소화기 및 소화용 모래 등 비치
⑨ 사용하는 도료는 될 수 있는 대로 밀봉하여 새거나 엎지르지 않게 다루고, 샌 것 또는 엎지른 것은 발화의 위험이 없도록 닦아냄

2. 도료 관련 용어

① **하도**(프라이머) : 물체의 바탕에 직접 칠하는 것, 바탕의 빠른 흡수나 녹의 발생을 방지하고, 바탕에 대한 도막층의 부착성을 증가시키기 위해서 사용하는 도료
② **가사시간** : 다액형 이상의 도료에서 사용하기 위해 혼합했을 때 겔화, 경화 등이 일어나지 않고 작업이 가능한 시간
③ **건조시간** : 도료가 건조하는 때에 따라 필요한 시간, 가열 건조에서는 가열 장치에 넣고부터 건조 상태로 될 때까지의 시간[건조시간(도막양생시간)은 온도 약 20℃, 습도 약 75%일 때, 다음 공정까지의 최소 시간]
④ **퍼티** : 바탕의 파임, 균열, 구멍 등의 결함을 메워 바탕의 평평함을 향상시키기 위해 사용하는 살붙임용의 도료, 안료분을 많이 함유하고 대부분은 페이스트 상태임

⑤ **눈먹임** : 목부 바탕재의 도관 등을 메우는 작업

⑥ **도막두께** : 건조 경화한 후의 도막의 두께

⑦ **조색** : 몇 가지 색의 도료를 혼합해서 얻어지는 도막의 색이 희망하는 색이 되도록 하는 작업

⑧ **착색** : 바탕면을 각종 착색제로 착색하는 작업

⑨ **지촉건조** : 도막을 손가락으로 가볍게 대었을 때 접착성은 있으나 도료가 손가락에 묻지 않는 상태

⑩ **블리딩** : 하나의 도막에 다른 색의 도료를 겹칠 했을 때, 밑층의 도막 성분의 일부가 위층의 도료에 옮겨져서 위층 도막 본래의 색과 다른 색이 되는 것

⑪ **색분리** : 도료가 건조하는 과정에서 안료 상호간의 분포가 상층과 하층이 불균등해져서 생긴 도막의 색이 상층에서 조밀해진 안료의 색으로 강화되는 현상

⑫ **핀홀** : 도막에 생기는 극히 작은 구멍

⑬ **황변** : 도막의 색이 변하여 노란 빛을 띄는 것. 일광의 직사, 고온 또는 어둠, 고습의 환경 등에 있을 때에 나타나기 쉬움

⑭ **에나멜 페인트** : 평활하고 광택이 있는 도막이 될 수 있도록 만든 안료 착색 도료

⑮ **에멀젼 페인트** : 보일유, 기름 바니쉬, 수지 등을 수중에 유화시켜서 만든 액상물을 전색제로 사용한 도료

3. 도료의 원료

(1) **안료** : 물, 기름, 기타 용제에 녹지 않는 착색분말로서 색채를 내고 도막은 불투명하게 하여 표면을 은폐하고 도막의 두께를 더해서 철재의 방청용이나 발광재로 사용

(2) **전색제** : 도료가 액체상태에 있을 때 안료를 분산, 현탁시키고 이어 주는 매질의 부분

기 름	① 건성유 : 아마인유, 동유 등으로 건조가 늦고 시일이 지남에 따라 연화한다. ② 보일드유(Boiled oil) : 기름에 건조제를 넣어 공기를 흡입하여 100℃로 가열한 것으로 강한 도막이 형성된다.
수 지	니스, 에나멜의 주원료로 용제에 녹이면 투명한 점성이 있는 액체로 되고 건조하면 굳은 막을 만든다.

(3) **용 제**

용 제	도막의 구성요소(수지, 유지 및 도료)를 녹여서 적당한 도료상태의 유동성을 만드는가 하면 동식물성 기름을 화학적으로 처리하여 건조성, 내수성 개선
희석제	휘발성 용제라고도 하며 도료 자체를 희석, 솔질이 잘되게 하고 적당한 휘발성 및 건조속도 유지

(4) **건조제**: 건성유의 건조를 촉진시키는 작용을 하는 것으로 연단, 이산화망간, 수산화 망간 등을 사용

4. 도료의 특징

(1) **유성 페인트**: 건성유 + 안료 + 희석제 + 건조제

성 분	① 건성유(또는 Boiled유): 광택과 내구성을 증가시키기 위하여 사용 ② 건조제: 지나치게 많이 넣으면 도막의 균열이 발생하며 건조재의 양은 저온 시 건조가 느리므로 여름보다는 겨울철에 증가시킴
특 징	① 경도가 크고, 내후성, 내마모성, 내수성 우수 ② 건조속도가 늦고 내약품성이 떨어짐 ③ 내열성 및 내알칼리성이 작음 ④ 화학변화가 없는 옥내, 옥외용, 금속면에 사용
주의사항	① 도장할 바탕은 기름, 먼지, 녹, 기타 오염물을 완전히 제거한 후 도장 ② 희석은 해당 신너로 10~20% 정도 희석하여 사용 ③ 도료는 사용 후 완전히 밀폐하여 화기로부터 멀리함 ④ 재도장 간격을 준수하여 얇게 도장

(2) **수용성페인트**: 안료(카세인) + 아교 또는 전분 + 물

특 징	① 취급이 간편하고 작업성이 좋으며 내알칼리성 우수 ② 알칼리에 침해되지 않아 모르타르면, 회반죽면에 적당 ③ 내구성, 내수성이 작아 옥외에는 사용할 수 없음
종 류	① 카세인 수성페인트: 칠면은 윤기가 없어 부드러우나 내수성이 없으므로 외부용에 사용은 안되며 주로 내부용으로 사용 ② 에멀션 수성페인트: 수성페인트에 합성수지와 유화제를 섞은 것으로 수성과 유성페인트 성질 겸비하여 옥내, 옥외의 도장, 모르타르면, 회반죽면 등 광범위하게 사용
주의사항	① 5℃ 이하의 온도에서 도장 시 균열 및 도막형성이 되지 않으므로 도장을 피한다. ② 부착성을 고려하여 과다한 희석은 피한다. ③ 저장이나 수송 중 얼지 않도록 하여야 한다(0℃ 이하일 때). ④ 모서리 등에 붓으로 새김질한 면과 로울러 도장면의 색이 차이날 수 있으므로 새김질 시 동일 규격번호로 작업하여야 하며 가능한 희석하지 않고 새김질을 먼저 하여야 색깔 차이를 줄일 수 있다. ⑤ 시멘트 모르타르면의 양생을 충분히(PH 9 이하) 해야 한다.

🔖 **시방서상 수성 도료 도장**: 바탕의 종류, 도장의 종별, 사용부분 및 도장횟수에 따라 내부용, 외부용 1급, 2급으로 한다. 외부용 도장의 경우 내구성 확보를 위해 사용가능한 1급을 사용

(3) 바니시(varnish)

① 종 류

유성(기름) 바니시	㉠ 유용성수지 + 건성유 + 희석재를 혼합한 것 ㉡ 건조가 느리며 내후성 작아서 옥외에 부적당함
휘발성 바니시	㉠ 랙(Lake): 천연수지에 휘발성 용제를 첨가한 것으로 건조가 빠르나 내후성이 작으며, 목재, 내부용, 기구용에 사용 ㉡ 래커(Lacker): 합성수지에 휘발성 용제를 첨가한 것으로 내후성, 내산성, 내알칼리성, 내화성 우수하고 건조속도가 너무 빨라 뿜칠용에 사용하며 목재면, 금속면 등의 외부용에 사용 　ⓐ 클리어 래커: 내수성 및 내후성이 작은 편이나 목재의 무늬를 아름답게 낼 수 있음 　ⓑ 래커 에나멜: 클리어 래커에 안료를 첨가한 것으로 유성 에나멜 페인트보다 도막이 얇으나 견고하고 기계적 성질도 우수하며 광택이 남

② 바니시 도장 주의사항

㉠ 도장할 때에는 바니시 솔을 써서 나뭇결에 따라 평행이동하여야 하고 될 수 있는 대로 한 붓으로 도장

㉡ 바니시 도장은 특히 습기에 주의하고 습도 85% 이상일 때에는 도장하여서는 안됨

㉢ 환기를 충분히 시키고 밀폐된 공간에서 도장할 경우에는 보호장구 착용

㉣ 도막의 노화가 심할 때는 그 전의 도막에 생긴 부풀음, 더러움 등을 리무버 등으로 전부 제거하며 리무버에 용제성의 것을 사용하였을 때에는 휘발유로 충분히 청소하고, 알칼리성의 것을 사용하였을 때에는 산 등의 중화제로 씻음

③ 래커 도장 주의사항

㉠ 바탕퍼티는 뿜도장 또는 주걱도장으로 하지만 목부일 때에는 뿜도장으로, 철부 및 동합금일 때에는 주걱도장을 원칙으로 함

㉡ 상도 시 습도가 높을 경우 도장면이 백화할 우려가 있을 때는 래커 희석제를 30% 이내를 줄이고 리타다 희석제로 바꾸어 넣어도 좋음(습도 85% 이상일 때에는 도장하여서는 안됨)

㉢ 상도 시 어두운 색이라도 광택이 필요할 때에는 래커 유색도료의 20% 이내를 줄이고, 투명래커로 바꾸어 넣어도 좋음

(4) **에나멜 페인트**: 안료 + 유바니시 + 건조제(유성페인트와 유성바니시의 중간)

① 건조가 조금 느린 편이나 도막이 유성페인트보다 강인하고 탄성 및 광택이 있으며 변색이 적음

② 내약품성, 내열성, 내수성 및 내후성이 우수하여 외장용으로 사용

> 도료의 건조속도 순서: 수성페인트 < 유성페인트 < 바니시 < 래커

(5) **방청도료(녹막이칠)의 종류**

광명단(연)칠	보일드유를 유성페인트에 녹인 것으로 철재에 사용하나 내수성이 작음
징크로메이트칠	크롬산 아연 + 알키드수지로 알루미늄이나 아연철판의 녹막이칠
규산염 도료	내화도료로 사용
크레오소오트 오일	목재의 방부제

2 도장공사 시 주의사항

① 도료의 표준량은 평평한 면의 단위면적에 도장하는 도료의 양이고, 실제의 사용량은 도장하는 바탕면의 상태 및 도료의 손실 등을 참작하여 여분을 두어야 한다.

② **어린이 활동공간에 사용되는 도료**: 중금속(납, 카드뮴, 수은 및 6가크로뮴)의 합이 질량분율로 0.1% 이하

③ 마감 도금된 표면, 스테인레스강, 크롬판, 동, 주석 또는 이와 같은 금속으로 마감된 재료는 도장하지 않음

④ 움직이는 품목 및 라벨의 움직이는 운전부품, 기계 및 전기부품으로 밸브, 댐퍼 동작기, 감지기 모터 및 송풍기 샤프트는 특별한 지시가 없으면 도장하지 않는다. 단, 라벨에는 도장하지 않는다.

⑤ **건축물의 콘크리트나 시멘트 모르타르면**: 도장하기 전에 충분히 건조시킴(최소 8% 이하의 함수율)

⑥ 바탕자체 및 바탕표면이 건조하지 않을 때에는 충분한 양생기간을 두어, 충분히 건조시킨 후 그 다음 공정의 작업을 진행

⑦ **도장하는 장소**: 주위의 기온이 5℃ 미만이거나 상대습도가 85%를 초과할 때 도장하지 않음

⑧ 처음 1회째의 녹막이도장은 가공장에서 조립 전에 도장함을 원칙으로 하고, 화학처리를 하지 않은 것은 녹제거 직후에 도장한다.

⑨ 퍼티가 완전히 건조하기 전에 연마지 갈기를 해서는 안 된다.

⑩ 흡수방지는 방지제를 붓으로 고르게 도장하거나 스프레이 건으로 고르게 1~2회 스프레이 도장한다.

⑪ 착색제의 도장방법은 붓도장으로 하고, 대강 건조되면 붓과 부드러운 헝겊으로 여분의 착색제를 닦아내고 색깔 얼룩을 없앤다.

⑫ 갈기에는 마른 연마와 물 연마가 있으나 일반적으로 건축도장에서는 마른 연마를 주로 사용한다.

⑬ 경금속이나 비철금속은 표면에 도장 전에 기계적, 화학적 처리를 하며, 금속바탕용 도료칠 등을 행함

⑭ **바탕재**: 온도 20℃ 기준으로 약 28일 이상 건조시키며 알칼리도는 pH 9 이하

⑮ 롤러도장은 붓도장보다 도장속도가 빠르다. 그러나 붓도장 같이 일정한 도막두께를 유지하기가 매우 어려우므로 표면이 거칠거나 불규칙한 부분에는 특히 주의를 요한다.

⑯ 도장면의 각 층은 얇게 여러 번 충분히 바르고 매회 도막이 충분히 건조·경화된 다음 칠하고 도막의 균열을 방지하기 위해 서서히 건조

⑰ 칠한 횟수를 구분하기 위해 연한 색에서 진한 색으로 바꿈. 단, 야간작업은 색판별이 어려우므로 칠하지 않음

3 도장균열의 원인

① 배합이 부적절할 때
② 안료에 유성분(油性分)의 비율이 적을 때
③ 건조제를 과다하게 사용할 경우
④ 초벌 건조가 불충분할 경우
⑤ 초벌이 연약하고, 재벌 피막이 강인할 때
⑥ 금속면에 탄력성이 적은 도료를 사용할 때

4 도장의 결함에 대한 용어

색분리	혼입 불충분, 용제의 과다 첨가로 도료가 건조하는 과정에서 안료 상호간의 분포가 상층과 하층이 불균등해져서 생긴 도막의 색이 상층에서 조밀해진 안료의 색으로 강화되는 현상
주 름	유성도료를 두껍게 도장 시 발생하며 급격한 건조 시, 초벌바름의 건조불량 후 재벌 바름 시 발생
리프팅	재벌바름 도료의 용제가 초벌바름 도료에 침투함으로서 도막이 수축되거나 박리됨
번짐(브리트)	초벌바름에 염료가 들어 있을 때, 바탕재 표면에 기름이 묻어 있을 때, 역청질 도료를 초벌 바름한 위에 도장할 때

5 뿜칠(Spray gun)

① **래커타입의 도료**: 노즐구경 1.0~1.5mm, 뿜도장의 공기압은 0.2~0.4N/mm^2 표준이고 사용재료의 묽기 정도에 따라 적절히 조절(에어리스 스프레이 노즐팁은 0.02~0.1mm의 것이 사용되며, 수치가 커짐에 따라 도막두께도 두껍게 할 수 있음)

② **뿜도장 거리**: 뿜도장면에서 300mm를 표준으로 하고 압력에 따라 가감

③ **뿜도장 시공**: 항상 평행이동하면서 운행의 한 줄마다 뿜도장 너비의 1/3 정도를 겹쳐 뿜음

④ **각 회의 뿜도장 방향**: 전회의 방향에 직각으로 교차함

⑤ 매 회의 에어스프레이는 붓도장과 동등한 정도의 두께로 하고, 2회분의 도막 두께를 한 번에 도장하지 않음

⑥ **에어리스 스프레이 도장**: 1회 도장에 두꺼운 도막을 얻을 수 있고 짧은 시간에 넓은 면적을 도장할 수 있음

⑦ **무용제 초속경화형 도장**: 고온 고압의 충돌혼합 스프레이를 사용하면 빠른 시간에 도장 및 건조 작업을 완료할 수 있음

수장 및 기타공사

1 천 장

(1) 종 류

① 널반자

치받이널 반자	반자틀 밑에 널 두께 6~9mm, 너비 9~15cm 정도의 널을 반턱쪽매나 제혀쪽매 등으로 끼우고 반자틀 밑에 치켜 올려 못박아 댄 반자이다.
살대반자	통맞춤으로 넓은 널, 합판 등을 댄 방식으로 반자틀을 붙여 댄 널 밑 반자돌림 사이에 45cm 간격으로 살대를 박아 대는 반자
우물반자	격자반자라고도 하며 반자틀을 격자로 짜고 널은 틀 위에 덮어 대거나 틀에 턱솔을 파서 끼워 넣어 마무리한 것으로 형상이 바둑판처럼 우물 정(井)자

② (건축)판반자

합판이나 석고보드 등의 건축판을 사용한 반자로 표면이 치장된 건축판을 사용했을 경우 그대로 마감면이 됨

③ 구성반자

반자를 장식 및 음향효과를 주기 위해 응접실이나 거실 등의 구석이나 중앙의 일부를 약간 높이거나 낮게 하여 충단으로 또는 주위 벽에서 떼어 내어 구성하는 반자로써 전기조명장치도 반자에 은폐하여 간접조명으로 할 수 있음

(2) 목조 반자틀 구성요소

> 달대받이 ⇨ 달대 ⇨ 반자틀받이 ⇨ 반자틀 ⇨ 반자돌림대

2 벽

1. 판벽공사

판벽이란 벽면 보호, 장식 등을 목적으로 널을 못박아 맞대 붙인 벽으로 공동주택에서는 화재위험성으로 사용하지 않음

⑴ **가로판벽**: 널을 기둥 또는 샛기둥에 가로로 못을 박아 댄 판벽

영식 비늘 판벽	널의 너비가 18~24cm 정도인 것을 가지고 위는 1cm, 아래로 2cm 정도 비켜서 반턱쪽매로 된 윗널밑을 밑널과 겹쳐서 물리도록 하고 기둥과 샛기둥에 수평으로 못을 박아 댐
턱솔(독일식) 비늘 판벽	너비 18~24cm, 두께 2cm 정도의 널을 위와 아래 그리고 옆을 반턱으로 하고 줄눈을 6~12mm 정도로 하여 기둥이나 샛기둥에 가로쪽매로 하여 붙임
누름대 비늘 판벽	널 너비 15~20cm 정도, 두께 9~18mm의 널을 상하 1.5cm 정도 겹쳐 물리고 누름대를 수직으로 댄 판벽

⑵ **세로판벽**: 띠장을 가로로 배치하고 세로로 널을 반턱이나 제혀쪽매로 하여 못박아 댄 판벽으로서 우수가 침입하기 쉬우므로 외벽에는 피하는 것이 좋음

⑶ **징두리 판벽**: 내부벽 하부를 징두리라 하며 징두리판벽은 내벽 하부를 보호하기 위해 내벽 하부에서 높이 1~1.5m 부분 아래까지의 판벽으로 널은 띠장에 못박아 대고 밑은 걸레받이에, 위는 두겁대에 홈을 파서 넣음

2. 석고보드 공사

주원료인 소석고에 톱밥, 섬유, 펄라이트 등을 혼합시켜 물로 반죽하여 풀상태로 만든 것으로 내열성이 우수한 두꺼운 종이를 밀착시켜 판상으로 압축시킨 것으로 준불연재료이다.

⑴ **저장방법**

습기가 많은 지하실, 외기가 직접 접하는 장소에는 저장하지 않으며, 세워놓거나 비스듬히 놓으면 석고보드가 휘므로 주의함

⑵ **시 공**

① 절단은 전동식 절단기나 칼 등을 사용하며 줄칼질은 피한다.
② 물과 접할 가능성이 있는 절단면 및 다른 작은 구멍을 방수처리 한다.
③ 천장에의 고정을 위한 작업은 천장공사와 병행되어야 하고 또한 고정용 철물은 팽창조절줄눈 부위에 연결시키지 않아야 한다.
④ 천장은 중앙부분에서 시작하여 사방으로 향하여 붙여나간다.
⑤ 벽은 세로줄눈이 일치하도록 붙인다.

⑶ **장점**: 내화성, 단열성, 차음성, 내부식성이 우수하고 경제성 측면에서도 유리

⑷ **단점**: 탄력성이 부족하고 충격에 약하며 습기가 침투할 경우 강도가 급격히 저하되므로 외부용의 사용 곤란

3. 기타 벽공사

걸레받이	① 내벽의 굽도리와 바닥이 맞닿은 곳에 가로로 댄 것, 즉 벽밑과 마루 부분이 접하는 부분의 경우 오염이 되기 쉬워 벽면을 보호하고 청소 시 벽면의 더러워짐을 방지하는 역할 ② 높이는 바닥에서 10~20cm 정도로 하고 벽면보다 1~2cm 정도 내밀 거나 들이민다.
고막이	① 외벽 하부 지면에 닿는 부분을 약 1~3cm 정도 내밀고, 지면에서 높이 약 50cm 정도의 폭으로 처리한 것 ② 외부벽의 더러워지기 쉬운 밑부분과 윗부분을 구분하고 의장적인 안정감을 주기 위해 설치
코펜하겐 리브 (목재루버 또는 나무루버)	① 코펜하겐 방송국에서 음향효과를 내기위해 오림목을 특수한 단면으로 쇠시리(moulding)한 것이 시초 ② 면적이 넓은 강당, 극장의 안벽에 음향조절 및 장식효과를 목적으로 두꺼운 판에다 표면을 자유곡면으로 깎아 수직, 수평선이 되게 리브 (rip)로 만든 목재 제품 ③ 리브의 너비는 약 10cm 이하이므로 요철부분이나 벽면 전체의 곡면 처리에도 용이

3 주거용 건물의 바닥재 공사

장판비닐시트	① 시공 1~2주전부터 난방을 실시하여 바닥의 습기를 제거함 ② 시공 후 습기로 인한 비닐시트의 들뜸현상을 방지해야 함 ③ 접착재는 재단후 1~2일 방치하여 비닐시트의 긴장이 완화된 후 시공함 ④ 경보행용의 경우 부분접착하고, 중보행용인 경우 전면부착공사 함 ⑤ 표면이 접착제로 오염된 경우 건조 전에는 물로, 경화 후에는 알코올 로 제거함
온돌마루판	① 주거용에 많이 사용하며 시공 후 접착제가 완전히 경화된 후에 통행함 ② 난방은 시공 전날 가동을 중지시키고 공사 완료 후 접착제가 완전히 경화된 후 난방을 가동시킴
이중바닥 (엑세스 플로어)	① 의의: 바닥을 이중으로 설치하여 사무실 공간 내부의 자리배치 변경, 경량칸막이벽의 변경 등 사무실 내 업무공간의 변경에 효율적으로 대처하기 위함 ② 바닥과 바닥사이의 공간에 각 종 전기 및 통신배선 배관 가능 ③ 교환실, 설비제어실, 스튜디오, 연구실 바닥 등에 많이 사용함

4 도배공사

벽도배	바탕처리 ⇨ 초배지 바름 ⇨ 재배지 바름 ⇨ 정배지 바름
풀칠방법	① 온통붙임(온통풀칠) : 종이에 온통 풀칠하여 바르는 것 ② 봉투붙임(갓둘레붙임) : 종이 주위에 풀칠하여 바름 ③ 비늘바름(한쪽붙임) : 종이의 한쪽면만 바르는 것
주의사항	① 종이, 천 붙임용 풀은 밀가루 풀 또는 쌀가루 풀로 한다. 풀은 된풀로 한 다음 물을 섞어 적당한 묽기로 하여 체에 걸러 쓴다. ② 정벌붙임, 정벌 밑붙임 또는 창호지에 쓰는 풀은 백색의 맑은 풀로 한다. 풀은 필요할 때 방부제를 넣어 썩지 않게 하고, 얼은 풀은 쓰지 않음 ③ 도배지의 보관장소의 온도 : 항상 5℃ 이상으로 유지 ④ 시공장소 : 도배공사를 시작하기 72시간 전부터 시공 후 48시간이 경과할 때까지 적정온도 유지 ⑤ 도배지는 일사광선을 피하고 습기가 많은 장소나 콘크리트 위에 직접 놓지 않으며 두루마리 종, 천은 세워서 보관한다. ⑥ 도배지를 완전하게 접착시키기 위하여 접착과 동시에 롤링을 하거나 솔질을 해야 한다. ⑦ 접착제를 이용하는 경우에 시공 도중 또는 접착제 경화 전에 실온이 5℃ 이하가 될 경우에는 난방 등의 장치를 준비한다. ⑧ 창호지의 중간 이음은 창살에 오게 하고 풀칠하여 늘어남을 고려하여 5mm 내외 짧게 마름질 ⑨ 창호지를 여러 장 이어 붙일 때에는 밑에서부터 위의 순서로 붙이기 ⑩ 초배지가 완전히 건조된 후 정배지 바름 ⑪ 정배지 바름 : 천장 ⇨ 벽 ⇨ 바닥순서로 시공 ⑫ 도배 후 완전히 건조될 때까지는 창문을 열지 않음(⊒ 창문을 열 경우 급격한 건조로 터짐현상 가능)

5 금속철물의 종류

논슬립	계단 디딤판 끝에 금속재 판을 대어 계단을 오르내릴 때 미끄러지는 것을 저감시키기위해 설치하는 철물
줄눈대	① 균열 방지, 보수용이, 바닥 바름 구획의 조정 등으로 사용하며 황동제 품 많음 ② 테라조 등의 현장갈기에 사용하거나, 바닥용, 천장 및 벽에 사용하는 철물
와이어 라스	철선을 꼬아서 만든 것으로, 벽, 천장의 미장공사에 사용
메탈 라스	벽, 천장의 미장바름에 사용하여 균열방지 및 시공성 향상
와이어 매쉬	① 연강 철선을 전기용접하여 격자형으로 만든 것 ② 콘크리트 바닥판, 콘크리트 포장 등의 균열방지에 사용
인서트	콘크리트 구조물 등을 달아매기 위하여 콘크리트 바닥판에 미리 묻어 놓는 철물
익스팬션 볼트	콘크리트에 천공하여 볼트를 박으면 그 끝이 벌어지게 되어 있는 철물
펀칭 메탈	얇은 강판에 각종 무늬를 천공한 장식용의 철물
코너비드	기둥과 벽 등의 모서리에 설치하여 미장면을 보호하기 위해 설치하는 보호철물
레지스터	공기환기구에 사용되는 기성제 통풍 금속물
롤 플러그	벽에 못을 박을 때 사용하는 플라스틱 못집
앵커볼트	닻과 같이 생긴 것으로, 기계류를 콘크리트 바닥이나 그 밖의 기초에 고정 시키기 위해 사용하는 볼트로서 기초 볼트의 일종
앵커 스크루	콘크리트에 드릴로 구멍을 뚫고 거기에 꽂아서 앵커로 사용하는 철물
조이너	팽창 줄눈 보호물 공사에 사용하는 기성제 철물
메탈 스터드	경량철골 칸막이 시공 시 뼈대를 구성하는 금속제로 수직부재로서 자중을 지지하거나 수평하중을 전달
런너	벽체의 상하부에 설치되어 스터드를 지지하는 수평부재
스트랩	일정폭으로 절단된 금속 띠로서 벽체 또는 바닥 등에서 사용되는 수평가새

6 합성수지 공사

(1) 플라스틱(합성수지)의 장·단점

장 점	단 점
① 착색이 자유롭고 내수성, 내식성 및 내충격성이 큼 ② 접착성이 크고 전기절연성이 풍부 ③ 내산성 및 내알칼리성이 우수함	① 열에 의한 신축, 팽창이 큼 ② 내열성 및 내후성이 약하고 습도에 의한 변형이 큼 ③ 압축강도 및 탄성계수가 작음 ④ 내마모성 및 표면강도가 작음

(2) 종 류

열가소성 수지(2차 성형 가능)	열경화성 수지(2차 성형 불가능)
① 염화비닐: 수지 시멘트에 사용 ② 폴리스틸렌: 천장재나 블라인드로 사용 ③ 메틸아크릴: 유리 대용으로 사용	① 페놀수지: 전기절연재료로 사용 ② 폴리에스테르: 항공기나 차량구조재 ③ 에폭시수지: 구조용 접착제로 사용 ④ 우레탄수지: 단열 방음재로 사용

(3) 합성수지계 접착제

① **에폭시수지**: 접착제 중 가장 우수하고 내수성, 내습성, 내약품성, 전기절연성이 우수함

② **실리콘수지**: 내수성 및 내열성이 우수하고 모든 접착이 가능함

(4) 습기가 많은 바닥: 합성수지계의 접착제를 사용하며, 아스팔트계통의 접착제는 접착성이 떨어져 사용하지 않음

Chapter 12 적 산

1 적산의 개요

1. 적산과 견적

(I) 적 산

① 의의 : 물량(공사량 : 개수, 장수, 체적, 면적 등)을 산출하는 작업

② 순서 : 시공순서대로 적산한다.

  ㉠ 수평방향에서 수직방향으로

  ㉡ 내부에서 외부로

  ㉢ 큰 곳에서 작은 곳으로

  ㉣ 단위세대에서 전체로

  ㉤ 구조체공사 : 기초부, 밑층에서 순차적으로

  ㉥ 마무리 수장공사 : 옥내의 지하층부터 상부층의 순으로 한 후 외벽으로

③ 기본원칙

  ㉠ 주관적 판단이 개입되지 않을 것

  ㉡ 시공기술 기준은 가능한 낮게 반영

  ㉢ 직접비용과 간접비용, 변동비용과 고정비용 구분

  ㉣ 불확실성에 대비하여 예비비를 포함

  ㉤ 모든 비용요소 포함하며 가변성 있는 서류를 작성

(2) 견 적

① 의의 : 적산에 의한 공사량에 단가를 적용하여 공사비를 산출

② 견적의 종류

  ㉠ 명세견적 : 완비된 설계도서, 현장설명, 질의응답 등을 통하여 정밀하게 적산과 견적하고 정확한 공사비를 산출

  ㉡ 개산견적 : 과거의 유사한 건물의 통계실적을 토대로 개략적인 공사비를 산출하는 것으로 산출근거를 명확히 하여야 하며 보통 개념견적, 기본견적이라고 함

단위기준에 의한 방법	단위설비, 단위면적, 단위체적에 의한 견적
비례기준에 의한 방법	가격비율, 수량비율에 의한 견적
기타방법	비용지수법, 비용용량법, 계수견적법, 변수견적법, 기본단가법 등

견적 순서

수량조사 ⇨ 단가산정 ⇨ 가격(수량×단가) ⇨ 순공사비 집계 ⇨

현장경비 ⇨ 일반관리비 부담금 ⇨ 이윤 ⇨ 총공사비 산출

공사가격의 구성요소

총공사비 (견적가격)	총원가	부가이윤			
		일반관리비 부담금 (현장경비)			
		공사원가 (순공사비)	간접공사비(공통경비)		
			직접공사비	재료비	
				노무비	
				외주비	
				경 비	

1. 경비에 포함되는 계정 : 전력비, 기계경비, 보험료, 공통가설비, 운반비, 안전관리비, 품질관리비, 환경보전비, 특허사용료 등

2. 예정가격 계산방법

(1) 재료비 = 재료량 × 단위당가격

(2) 노무비 = 노무량 × 단위당가격

(3) 경비 = 소요량 × 단위당가격

① 공사의 시공을 위해 소요되는 공사원가 중 재료비와 노무비를 제외한 원가

② 항목 : 전력비, 수도광열비, 운반비, 기계경비, 특허권사용료, 기술료, 연구개발비, 품질관리비, 가설비, 지급임차료, 보험료, 복리후생비, 보관비, 외주가공비, 산업안전보건관리비, 소모품비, 여비교통비, 통신비, 세금과 공과, 폐기물처리비, 환경보전비, 안전관리비 등

(4) 이윤 = (노무비 + 경비 + 일반관리비) × 이윤율(%)

(5) 일반관리비 = 공사원가 × 일반관리비율(공사규모별로 규정한 비율을 초과할 수 없음)

① 기업의 유지를 위한 관리활동부분에서 발생하는 제비용으로 제조원가에 속하지 아니하는 모든 영업비용 중 판매비 등을 제외한 비용

② 항목 : 임원급료, 사무실 직원의 [급료, 제수당, 퇴직급여충당금, 복리후생비, 여비, 교통ㆍ통신비, 수도광열비, 세금과 공과, 지급임차료, 감가상각비, 운반비, 차량비, 경상시험 연구개발비 등]

2. 표준품셈

인력 또는 기계로 어떤 물체를 창조하기 위하여 소요되는 단위당 노력과 능률 및 재료를 수량으로 표시한 것

(1) 기준의 적용

① 공사의 예정가격 산정은 본 표준품셈에 따름
② 표준품셈에서 제시된 품은 일일 작업시간 8시간을 기준한 것
③ 본 표준품셈은 건설공사중 대표적이고 보편적이며 일반화된 공종, 공법을 기준한 것이며 현장여건, 기후의 특성 및 기타 조건에 따라 조정 적용
④ 건설공사의 예정가격 산정시 공사규모, 공사기간 및 현장조건 등을 감안하여 가장 합리적인 공법을 채택 적용
⑤ 재료 및 자재단가에 운반비가 포함되어 있지 않은 경우 구입 장소로부터 현장까지의 운반비를 계상할 수 있음
⑥ 품에서 포함된 것으로 규정된 소운반 거리는 20m 이내의 거리를 말하므로 소운반이 포함된 품에 있어서 소운반 거리가 20m를 초과할 경우에는 초과분에 대하여 이를 별도 계상
⑦ 지하지반은 토질조사시험에 따라 설계하는 것이 원칙
⑧ 콘크리트량이 많거나 소량이라 할지라도 그 품질상 필요한 경우에는 반드시 배합설계를 하여야 함

(2) 수 량

① **정미량과 소요량**
  ㉠ 정미량 : 설계도서에 의한 이론적인 값으로 할증률을 고려하지 않음
  ㉡ 소요량 : 산출된 정미량에 시공 시 발생되는 손실량, 망실량 등을 고려하여 할증률을 고려하여 산출된 수량
② **할증률**(파손율, 손율)
  ㉠ 1% : 유리, 철근콘크리트
  ㉡ 2% : 도료, 위생기구, 시멘트
  ㉢ 3% : 붉은벽돌, 내화벽돌, 타일(모자이크, 도기, 자기), 테라코타, 슬레이트, 이형철근, 고장력볼트 등
  ㉣ 4% : 블록
  ㉤ 5% : 시멘트벽돌, 시멘트기와, 석고보드, 강관, 동관, 원형철근, 파이프, 봉강, 일반볼트, 리벳제품, 수장용합판 등

ⓗ 7%: 대형 형강

ⓢ 10%: 단열재, 강판, 석재판붙임용재 중 정형물

ⓞ 30%: 석재판붙임용재 중 부정형물(원석)

> ⓘ 할증율(%)은 요소별 일반적인 작업조건을 기준으로 제시하였으며, 일부의 작업에 영향을 미치는 경우 할증율의 범위내에서 보완하여 적용한다.

③ **수량계산의 일반**

ㄱ 수량의 단위 및 소수자리는 표준품셈 단위표준에 의함

ㄴ 수량의 계산은 지정 소수자리 아래 1자리까지 산출하여 반올림

ㄷ 계산에 쓰이는 분도(分度)는 분까지, 원둘레율(圓周率), 삼각함수(三角函數) 및 호도(弧度)의 유효숫자는 3자리

ㄹ 곱하거나 나눗셈에 있어서는 기재된 순서에 따라 계산

ㅁ 면적 및 체적의 계산은 측량 결과 또는 설계도서를 바탕으로 수학적 공식에 의해 산출함

ㅂ 본 표에 제시하지 않은 품의 경우 유사 품의 규격과 단위수량을 참고하여 적용하며, C.G.S 단위로 하는 것을 원칙

④ 다음의 열거한 체적과 면적은 구조물의 수량에서 공제하지 않는다.

ㄱ 콘크리트 구조물중의 말뚝머리

ㄴ 볼트의 구멍

ㄷ 모따기 또는 물구멍

ㄹ 이음줄눈의 간격

ㅁ 포장공종의 1개소당 $0.1m^2$ 이하의 구조물 자리

ㅂ 강구조물의 리벳 구멍

ㅅ 철근 콘크리트 중의 철근

(3) 기 타

① 철근콘크리트에서 기둥높이는 바닥판 두께를 뺀 것으로 하고 벽면적은 기둥과 보의 면적을 뺀 것으로 한다.

② 조적조에서 인방보 설치 시 벽체면적에서 인방보의 면적은 공제한다.

③ 기둥에 접한 보의 면적은 미장바름 면적에서 공제함을 원칙으로 한다.

④ 바닥타일면적은 구조체의 안목치수를 기준으로 산정하며 변기 등 위생기구의 면적은 공제하지 않는다.

⑤ 유리는 생산품치수 중 정미면적에 가장 가깝거나 또는 그 배수되는 것을 매수로 계산한 양을 소요량으로 한다.

⑥ 유리의 사용량이 다량인 경우 주문 생산품과 기성품의 경제성을 비교하여 결정한다.

⑦ 알루미늄 창호의 수량산출은 중량으로 계산한다.

⑧ 강재창호설치는 새시공이, 유리블록은 유리공이 시공하는 것으로 계산한다.

⑨ 대리석 등 석재 마감면적은 표면적과 접합면(모서리, 맞댄면, 꺾인면 등)을 모두 산출한다.

⑩ 성토 및 사석공의 준공토량은 성토 및 사석공 설계도의 량으로 한다. 단, 지반침 하량은 지반성질에 따라 가산가능

⑪ 절토량은 자연상태의 설계도의 량으로 한다.

2 벽 돌

(1) 벽면적 산정(가로 × 세로)

(2) $1m^2$에 필요한 기준량 적용

구 분	0.5B	1.0B	1.5B	2.0B
표준형(장려형)	75	149	224	298
기본형(일반형)	65	130	195	260
내화벽돌	59	118	177	236

(3) 정미량 및 소요량에 대한 파악(⊡ 소요량 산정 시에만 할증률 적용)

(4) 벽돌양의 단위는 절상시킨 정수이다.

3 벽돌쌓기용 모르타르

(1) **산출식**

> 모르타르량(m^3) = 벽돌의 정미량/1,000장 × 단위수량

(2) 실제 들어가는 모르타르량은 구입량이 아닌 정미량에만 적용

구 분	0.5B	1.0B	1.5B	2.0B
표준형	0.25	0.33	0.35	0.36

4 타일의 정미수량

$$\text{장수} = \frac{\text{벽면적}}{(\text{세로길이} + \text{세로줄눈}) \times (\text{가로길이} + \text{가로줄눈})}$$

5 도장공사

(1) 칠면적은 도료의 종별, 장소별(바탕종별, 내부, 외부)로 구분하여 산출하며, 도면정미 면적을 소요면적으로 한다.

(2) 고급, 고가인 도료를 제외하고는 다음의 칠면적 배수표에 의하여 소요면적을 산정한다.

(3) 도료는 정미량에 할증률 2% 이내를 가산하여 소요량으로 한다.

⊞ **칠면적 배수표**

구 분		소요면적 계산	비 고
목재면	양판문(양면칠)	(안목면적) × (3.0~4.0)	문틀, 문선 포함
	유리양판문(양면칠)	(안목면적) × (2.5~3.0)	문틀, 문선 포함
	플러쉬문(양면칠)	(안목면적) × (2.7~3.0)	문틀, 문선 포함
	오르내리창(양면칠)	(안목면적) × (2.5~3.0)	문틀, 문선 창선반 포함
	미서기창(양면칠)	(안목면적) × (1.1~1.7)	문틀, 문선 창선반 포함
철재면	철문(양면칠)	(안목면적) × (2.4~2.6)	문틀, 문선 포함
	새시(양면칠)	(안목면적) × (1.6~2.0)	문틀, 문선 창선반 포함
	셔터(양면칠)	(안목면적) × 2.6	박스포함
철제계단(양면칠)		(경사면적) × (3.0~5.0)	

6 블록 소요량(할증률 포함)

벽면적 $1m^2$당 기본형 블록 13장/m^2, 장려형 블록 17장/m^2

7 시멘트 기와

도면상의 정미량 14장/m^2

박문각
주택관리사

PART 2

건축설비

01 기초 역학

1 물의 물성

1. 물의 중량

1기압 하에서 4℃일 때를 기준으로 최소부피, 최대무게(밀도)로 가장 응축된 상태

2. 물의 체적과 변화

(1) 동일 체적이라도 4℃보다 물의 온도가 낮거나 높아질 때 무게가 감소함

(2) 동일 무게의 물이라도 4℃보다 물의 온도가 낮거나 높아질 때 체적이 팽창함

　① 0℃ 물 ⇨ 0℃ 얼음: 약 9% 체적 증가

　② 4℃ 물 ⇨ 100℃ 물: 약 4.3% 체적 증가

　③ 100℃ 물 ⇨ 100℃ 증기: 약 1,700배 체적 증가

$$\text{체적팽창률(\%)} = \left(\frac{1}{p_2} - \frac{1}{p_1}\right) \times 100$$

단, p_2: 온도변화 후의 물의 밀도, p_1: 온도변화 전의 물의 밀도

(3) **온수와 물을 혼합했을 경우의 온도**(t_m)

$$t_m = \frac{Q \cdot t_c + q \cdot t_h}{Q + q}$$

단, Q: 급수량(l), d: 급탕량(l), t_h: 급탕온도(℃), t_c: 급수온도(℃)

3. 물의 상태변화

(1) 상태변화

응 축	기체가 냉각되어 액체로 되는 것
응 고	액체가 냉각되어 고체로 변하는 것
융 해	고체가 액체로 변하는 것
증 발	액체 표면에서만 기화하는 현상
비 등	액체가 가열되어 모든 부분이 기체로 바뀌는 상태
승 화	액체를 거치치 않고 고체가 기체로 되거나 기체가 고체로 되는 현상

(2) 응축, 융해, 응고, 액화, 기화, 승화의 작용이 일어나는 동안 온도는 일정함

2 압력(= 단위면적 당 작용하는 힘 = N/m^2)

(1) 표준대기압 = $1atm$ = $760mmHg$ = $1.0332kgf/cm^2$ = $10.332mAq(H_2O)$ = $1.01325bar$
   = $1,013mbar$ = $101,325Pa$

(2) 절대압력(완전 진공상태 기준 압력) = 대기압 + 게이지압력 = 대기압 - 진공계 압력

(3) **수압**(Aq)**과 수두**(H)**의 관계**: $1MPa$ = $1N/mm^2$ = $100m$수두 = $100mH_2O$ = $100mAq$
   = $10kg/cm^2$

(4) **파스칼의 원리**: 액체의 압력은 임의의 면에 대해 수직으로 작용하며 압력은 어느
   방향에서나 동일함

(5) **보일샤를의 법칙**: 일정량의 기체 체적과 압력의 곱은 기체의 절대온도에 비례

3 유체 역학

(1) 연속의 법칙

① $Q = A_1 \times V_1 = A_2 \times V_2$ [Q: 유량(m^3/s), A: 단면적(m^2), V: 유속(m/s)]

② 관경(d) = $\sqrt{\dfrac{4Q}{\pi v}}$ = $1.13\sqrt{\dfrac{Q}{v}}$

(2) 마찰손실수두(H)

$$H = f \cdot \frac{l}{d} \cdot \frac{V^2}{2g}$$

단, f: 마찰계수, l: 관의 길이, d: 관경, g: 중력가속도, V: 유속

(3) 베르누이의 정리

관 속의 유체가 정상흐름을 하여 유선운동을 하고 있다고 가정할 경우 압력수두, 속도수두, 위치수두의 합, 즉 에너지의 합은 일정하다.

02 인체를 위한 쾌적한 실내 요건

1 온 도

(1) 난방을 위한 온도 측정

① **실내**: 외벽의 실내측 표면으로부터 1m 안쪽에서 바닥 위 1.5m 높이

② **실외**: 외벽의 실외측 표면으로부터 1.5m 바깥쪽에서 바닥 위 1.5m 높이

③ 섭씨온도(℃) = $(°F - 32) \times \dfrac{5}{9}$

④ 절대온도(K) = 273 + ℃ 또는 459.7 + °F

(2) 유효온도(ET)

의 의	기온, 습도, 기류를 조합한 감각지표로서 온도, 습도, 기류를 바꿀 수 있는 A실험실과 기류가 없고 습도 100%이며 온도를 임의로 바꿀 수 있는 B실험실을 왕복하며 같은 감각을 느끼는 B실험실의 온도
문제점	① 습도에 대한 영향을 과대평가함 ② 복사열이 고려되지 않음

(3) 수정유효온도 4요소

① **온도**: 18~26℃(웹 **여름**: 26 ± 2℃, **겨울**: 20 ± 2℃)

② **습도**: 40~70%(웹 **여름**: 50%, **겨울**: 50%)

③ **기류의 이동 속도**(풍속): 0.5m/sec 이내

④ **복사열 고려**

⑷ **작용온도**

① **의의**: 온도, 기류, 복사열 등을 고려한 감각온도로 실내기후의 체감에 따른 관계를 종합적으로 나타낸 것

② 습도에 대한 영향을 고려하지 못함

⑸ **인체의 열쾌적에 영향을 미치는 변수**(요인): 건구온도(DBT)가 가장 큰 영향을 미침

① **물리적 변수**(실내 쾌적요소): 온도, 습도, 기류, 복사열

② **개인적**(주관적) **변수**: 착의상태(Clo), 활동량, 나이, 성별, 신체형상, 건강상태 등

📢 **심화학습**

1. **인체의 열손실**
   ① 신체부위에 따라 실제온도는 다르며 복사, 대류, 증발(땀)로 외부에 열을 발산(복사에 의한 손실열량이 가장 큼)
   ② 온도차에 의한 현열손실과 땀·수증기 배출에 의한 잠열손실이 있음

2. **불쾌지수**(UI) = (건구온도 + 습구온도) × 0.72 + 40.6
   단, 불쾌지수 값은 온도와 습도의 영향을 종합한 것으로 개인적 특성에 따라 다름

3. **공기조화의 4요소**: 온도, 습도, 기류분포도, 청결도(단, 공기청정도는 열적쾌감도와는 무관함)

4. **카타온도계**: 온도계의 눈금이 기류에 대한 반응에 민감하여 그 냉각력이 풍속과 일정관계가 있어 미소기류 측정에 사용

5. **글로브온도계**: 기온과 기류, 복사의 종합효과를 측정하기위해 평균 복사온도를 측정함

6. **평균복사온도**(MRT): 인체가 실내의 어느 위치에서 느끼는 균일한 주위온도 또는 어떤 실을 둘러싸고 있는 표면들의 평균표면온도로 MRT가 기온보다 2℃ 정도 높은 상태가 가장 쾌적한 상태

7. **clo**: 착의상태에서 열적 쾌적감을 객관적으로 나타내는 지표로 무차원단위임

⑹ **도일**(Degree day)

① **산정식**

$$도일 = \Sigma(실내평균기온 - 외기의\ 평균기온) \times 일수(℃ \cdot day)$$

② **종 류**

구 분	평 가		주의사항
난방도일 (HD)	추운 정도	연료 소비량 추정	① 정확한 연료사용량 및 난방설비용량 또는 장치부하를 계산할 수는 없음
냉방도일 (CD)	더운 정도		② 한계온도를 낮추면 도일 값은 작아짐

③ **변화**: 실내온도, 실외온도 및 난방일수에 의해 도일은 동일하거나 차이가 발생함

2 습 도

(1) 절대습도[kg/kg(DA), g/m³]

정 의	온도와 관계없이 1m³의 공기 중에 포함되어 있는 수증기의 중량 또는 습공기를 구성하고 있는 건조공기 1kg당 수증기의 양
특 징	가습이나 감습없이 공기를 가열하거나 냉각하여도 절대습도는 변함이 없다.

(2) 상대습도(%)

정 의	공기 중 수증기량을 그 공기온도에서 포화될 수 있는 수증기량에 대한 비율
특 징	공기 온도가 높아지면 포화수증기량이 증대되므로 상대습도는 낮아지며 공기를 냉각할 경우 상대습도는 높아짐

(3) 포화도

정 의	절대습도와 그 온도에 대한 포화절대습도의 비
특 징	상대습도가 100%인 포화상태에서는 건구온도 = 습구온도 = 노점온도가 동일

🔁 일반적으로 건구온도 > 습구온도 > 노점온도이며 습구온도가 건구온도보다 높을 수는 없음
🔁 노점온도 : 습공기가 냉각될 때 공기속의 수분이 수증기의 형태로만 존재할 수 없어 이슬로 맺히는 온도. 즉, 습공기가 포화상태일 때의 결로온도로 습도가 높을수록 노점온도는 높아진다.

3 열(Heat)

1. 열 량

1kcal	표준대기압(1atm)상태에서 순수한 물 1kg을 14.5℃에서 15.5℃로 올리는 데 필요한 열량
비 열	① 어떤 물질 1kg을 1℃ 올리는 데 필요한 단위 질량당 열량 ② 모든 물체마다 다름(🔁 비열 크기 : 고체 > 액체 > 기체) ③ 물(4.2kJ/kg · K) > 공기(1kJ/kg · K)
열용량	① 어떤 재료 1m³를 1℃ 올리는 데 필요한 열 에너지량 ② 열용량 = 질량 × 비열 ③ 열용량이 크다는 것 : 온도변화에 많은 열량이 필요하다는 의미로 축열하는 시간과 방열하는 시간이 길다는 것임(🔁 증기 < 온수)
열 량	산정 = 질량 × 비열 × 온도차

2. 엔탈피

정 의	건조공기 1kg 당의 습공기가 지니고 있는 현열 및 잠열의 형태로 포함되는 열량[kcal/kg, kcla/kg(DA)]
현 열	물질의 온도변화 과정에서 상태의 변화 없이 열을 흡수하거나 방출된 열에너지로 온수난방에 이용되며 현열량 = 질량×비열×온도차로 산정
잠 열	물질의 상태변화에 과정에서 온도의 변화없이 열을 흡수하거나 방출된 열에너지 ① 기화(증발)잠열(응축열) : 100℃ 물을 증기로 만들기 위해 가한 열(2,257kJ/kg)로 증기난방에 이용 ② 응해잠열(융해열) : 0℃ 물을 얼음으로 만들기 위한 열(336kJ/kg)
현열비	엔탈피를 100%로 보고 그 중 현열이 차지하는 부분 [현열비 = $\frac{현열}{(현열＋잠열)}$]

3. 전열이론

(1) **열의 이동** : 열은 항상 고온에서 저온으로 이동하여 온도평형을 이룸
   ① **종류** : 전도, 대류, 복사가 있으며 전도와 대류는 반드시 열의 이동매체(열매)가 있어야 열이 전달되지만 복사의 경우는 진공생태에서도 열전달이 가능함
   ② **복사** : 고온의 물체 표면에서 저온의 물체표면으로 공간을 통해 전자파에 의해 열이 전달되는 형태로 직접 전달되는 열이기 때문에 주위에 있는 공기의 온도에 의한 영향을 받지 않음

(2) **열전도**

정 의	분자의 진동에 의한 에너지 전달로 고온부로부터 저온부로의 열의 이동
단 위	W/m · K
특 징	① 다공질(회 비중작음, 밀도 작음)일수록 열전도율이 작음 ② 같은 재료일 경우 두꺼울수록 열전도율이 작아짐 ③ 재료가 건조상태를 유지할수록 열전도율은 작아짐 ④ 단열재나 보온재는 열전도율이 적은 재료 사용 ⑤ 열전도율 크기순서 : 동판 > 모르타르 > 콘크리트 > 유리 > 벽돌 > 경량 콘크리트 > 공기

(3) **열전달**
   ① **정의** : 고체 표면과 이에 접촉하는 유체사이의 대류에 의한 열의 이동(회 **열전달율**의 단위 : W/m^2 · K)
   ② 풍속이 커지면 대류 열전달율은 커진다.

(4) 열관류

정 의	① 고체벽을 사이에 두고 있는 공간의 한쪽에서 다른 한쪽으로의 열의 이동 ② 벽체와 같은 고체를 통하여 공기에서 공기로 열이 전해지는 정도 ③ 열전도와 열전달의 총합
단 위	$W/m^2 \cdot K$
특 징	① 공기층의 두께가 증가한다고 단열효과가 항상 증가하는 것은 아니나 공기 층의 기밀성이나 두께에 큰 관계가 있음 ② 열관류율이 작을수록 단열성능이 우수 ③ 열관류저항값이 큰 재료가 단열성능이 우수하므로 결로방지에 효과적임
공 식	$$열관류율(K) = \frac{1}{(1/\alpha i + \Sigma d/\lambda + \gamma + 1/\alpha 0)}$$ 단, α: 열전달률, λ: 열전도율, d: 재료의 두께, γ: 공기층이 있을 경우 공기 층의 열저항

4. 단열: 건물외피와 주위환경 간의 열류를 차단하는 역할

(1) 단열재 시공부위

> ① 거실의 외벽   ② 최하층 거실의 바닥
> ③ 공동주택의 측벽   ④ 최상층 거실의 반자 및 지붕

(2) 단열재를 시공하지 않는 부위: 공동주택의 경계벽과 최하층을 제외한 거실의 바닥 등

⤷ 단열재의 최소두께: 지역에 따른 최대 허용 열관류율(K-값)에 의해 결정되며, 열관류율을 가장 작게
해야 하는 중부지방 최상층의 거실 반자, 지붕이 단열재의 두께가 가장 두꺼움

(3) 열교(냉교, Heat bridge)부위

정 의	단열재가 시공되지 않은 열적취약부분
열교현상	① 표면온도가 쉽게 낮아져 결로가 많이 발생 ② 높은 열전도율로 인하여 구조체 전체의 단열값을 낮춤 ③ 건물의 내구력에는 영향이 작음
방지대책	반드시 외단열을 시공

(4) 단열재 부착에 의한 단열공법

구 분	단열재 시공법	특 징
외단열	구조체의 외벽	① 외기에 의한 영향을 직접 차단하여 단열 및 결로 방지에 매우 효과적임 ② 열교부위에서 열손실의 최소화 가능(🔑 단열보호처리 용이) ③ 난방정지 시 실온변동이 작아 한랭지역에 적합 ④ 축열효과가 있어 난방정지 시 온도강하가 작아 지속(연속)난방에 유리 ⑤ 건조상태의 유지 및 외부충격에 견디기 위해 보호층 시공 필수
중단열	–	외단열에 비해 유지관리측면에서는 유리하나 단열 및 결로에 대한 성능은 불량함
내단열	구조체의 내벽	① 공사비 측면에서는 저렴하나 단열성능이 약함 ② 국부적인 내부결로의 발생으로 구조체의 손상 가능 ③ 난방정지 시 실온변동이 크므로 온난지역에 적합 ④ 사용시간이 짧은 단시간의 간헐난방에 유리 ⑤ 온도구배를 고려하여 반드시 실내 고온측에 방습층 필요

(5) 단열메카니즘

① **저항형단열**: 열관류에 대한 저항치를 크게 하는 방법으로 공기를 정지시키는 효과를 위해 다공질이며 밀도가 낮은 재료(🔑 경량콘크리트, 현장 발포재, 기포성단열재 등)로서 무수한 기포로 이루어져 열전도율을 작게 함

② **반사형단열**: 열방사에 대해 낮은 방사율을 가지는 재료로써 복사열 에너지를 반사하는 형태로 반사율이 좋은 금속박판(알루미늄 박판)을 사용함

③ **용량형단열**: 시간의 단위로써 작용하는 단열로 열전달을 지연시키는 유형임

> 🔑 건축물에서 실내외의 온도차로 인해 한쪽 면은 저온, 다른 한쪽 면은 고온이 되어 벽체에는 점진적인 온도변화가 발생하는데 이를 "온도구배"라 하며 최상의 단열재는 그 재료의 양측 표면 간에 최대의 온도차를 갖게 된다.

 심화학습

▶ **단열재 시공**

1. 단열재료의 저장
① 직사광선을 피하며 습기가 적고 통기가 잘되는 곳에 보관
② 유리면을 압축 포장한 것은 2개월 이상 방치하지 않음
③ 판형 단열재는 노출면을 공장에서 표기해야 하며, 적재높이 1,500mm 이하
④ 단열모르타르는 바닥과 벽에서 150mm 이상 이격시켜서 오염되지 않도록 저장하며 수분에 젖지 않도록 함
⑤ 두루마리 제품은 항상 지면과 직접 닿지 않도록 세워서 보관

2. 벽체의 단열공사
(1) 내단열공법
　① 방습층을 두는 경우: 벽 바탕면에 설치
　② 단열모르타르: 접착력을 증가위해 프라이머를 바른 후 6~8mm 두께로 초벌 바르기를 하고 1~2시간 건조 후 정벌 바르기
(2) 중단열공법
　① 단열재는 내측 벽체에 밀착시켜 설치하되 방습층을 설치함
　② 충전된 단열재의 건조가 완료될 때까지 3~4일간 충분히 환기
(3) 외단열공법
　① 단열재 붙이기: 시공벽면의 아래에서 위로 붙여 나가되 수직방향의 이음은 통줄눈이 생기지 않도록 함
　② 단열재 시공 후 양생 시간은 외기 기온 및 표면의 온도 20℃, 습도 65%일 경우 24시간 후 후속 공정 진행
　③ 마감재 시공 시 외기 기온이 5℃ 이상이며 습도가 75% 미만일 경우에만 시공

3. 천장의 단열공사
① 달대가 있는 반자틀에 판형 단열재 설치: 천장 마감재를 설치하면서 단열시공
② 두루마리형 단열재: 천장 바탕 또는 천장 마감재를 설치한 다음 단열재를 그 위에 시공
③ 포말형 단열재를 분사하여 시공: 반자틀에 천장바탕 또는 천장마감재를 설치한 다음 방습필름을 그 위에 설치하고 분사기로 구석진 곳과 벽면과의 접합부 및 모서리 부분을 먼저 분사하고 먼 위치에서부터 점차 가까운 곳으로 이동·분사

4 결로현상

원 인	① 실내외온도차가 클 경우 ② 외기에 의한 습도가 높고 실내 수증기 발생이 많을 경우 ③ 통풍 및 환기의 부족 ④ 단열재를 시공하지 않아 열관류율이 높은 구조체 ⑤ 노점온도 이하인 실내표면이나 구조체의 내부 ⑥ 시공직후 미건조상태에 따른 결로
종 류	① 표면결로: 벽, 유리창, 천장 및 바닥의 표면에서 발생하는 것으로 실내의 벽체 표면온도가 노점온도보다 낮아 수증기가 벽의 저온부위에 접촉되어 응결되는 것 ② 내부결로: 벽체 등의 구조체 내부온도가 노점온도보다 낮아 내부의 수증기가 응결되는 것
방지 및 제거	① 벽체표면이나 내부온도를 노점온도보다 높게 설계할 것 ② 단열재를 빠짐없이 시공하여 열교부위를 줄이고 열관류 저항을 키울 것 ③ 실내를 적정한 온도로 유지하고 결로발생 시 낮은 온도로 난방을 지속 ④ 실내의 습기 발생을 억제하고 자연 및 강제 환기를 적절하게 할 것 ⑤ 벽근처의 공기층을 유동시킬 것 ⑥ 실내 고온 측에 방습층을 설치할 것

03 실내 쾌적을 위한 환경적인 요소

1 실내 소음방지(방음) 대책

방음재료	설치위치	특 징
차음재	구조체(외벽)	① 소리 투과율은 작게 투과손실은 크게 함 ② 흡음률이 낮은 재료(반사재)로 밀실하고 비중이 큰 것 ③ 공기누출 및 통기성이 적은 재료를 사용 ④ 이중 벽체를 사용 ⑤ 발생 소음의 격리 위한 장벽은 소음원 가까이에 설치
흡음재	내부마감재료	① 흡음률이 높은 재료 ② 다공질재료: 중·고음의 흡음효과 큼 ③ 판진동(판상)재료: 저음에서 흡음효과 큼 ④ 공명성재료: 구멍을 통과하는 사이 진동과 마찰로 흡음
방진재	바닥충격음 감소	뜬바닥 구조 및 슬래브의 중량화

소음 및 차음 기준	① 공동주택의 소음기준 : 65dB 미만 ② 아파트 각 세대간 차음성능 : 50dB 이상
공동주택 층간소음 (욕실, 화장실 등의 급배수 소음은 제외)	① 직접충격 소음 : 1분간 등가소음도(주간 39dB, 야간 34dB) 와 최고소음도(주간 57dB, 야간 52dB) ② 공기전달 소음 : 5분간 등가소음도(주간 46dB, 야간 40dB) ③ 1분간 등가소음도(Leq) 및 5분간 등가소음도(Leq)는 측정한 값 중 가장 높은 값 ④ 최고소음도(Lmax)는 1시간에 3회 이상 초과할 경우 그 기준을 초과한 것으로 봄

2 실내 공기 환경을 위한 환기

(1) 실내 환기용 공기 성분 기준

① **온도** : 17~28℃

② **습도** : 40~70%

③ **기류분포도** : 0.5m/s 이내

④ **일산화탄소(CO)의 함유량** : 10ppm 이내

⑤ **이산화탄소(CO_2)의 함유량** : 1,000ppm 이내

⑥ **부유 분진량**(TSP, 먼지량 : 석면, 암면, 면진 등) : 공기 $1m^3$당 0.15mg 이내

(2) 환기계획

① **환기횟수** : 한시간 동안의 환기량(m^3/h)을 실의 용적으로 나눈 값(회/h)

환기횟수의 결정	일반적으로 CO_2의 농도에 따라 실내오염농도가 증가하여 CO_2의 농도로 결정함
환 기	어떤 오염물질(CO_2, 열, 수분, 가스 등)의 실내농도를 허용치 이하로 유지하기 위해 필요함
1회/h	실의 체적만큼 공기가 1시간에 1회 교체된다는 의미

1. 환기량(m^3/h) = $\dfrac{\text{실내의 } CO_2 \text{ 배출량}}{\text{실내 } CO_2 \text{ 허용농도} - \text{외기 } CO_2 \text{ 농도}}$

2. 환기횟수(회/h) = $\dfrac{\text{환기량}}{\text{실의 용적}}$ (단, 실의 용적 = 바닥면적 × 층높이)

② 환기방식

자연환기	1. 풍력환기: 풍속이 클수록 환기량 많음 2. 온도에 의한 중력환기: 온도차 클수록 환기량 많음	
강제환기	제1종환기(흡입흡출식, 정압 + 부압)	1. 강제급기 + 강제배기(급기팬, 배기팬 모두 사용) 2. 병원의 수술실, 보일러실, 지하주차장, 무창층 등
	제2종환기(흡입식, 정압)	1. 강제급기 + 자연배기(급기팬만 사용) 2. 반도체공장, 병원무균실 등
	제3종환기(흡출식, 부압)	1. 자연급기 + 강제배기(배기팬만 사용) 2. 변소, 욕실, 주방 등 취기, 열기, 수증기 등이 집중적으로 발생하는 장소로 국소환기에 많이 사용

🔁 **굴뚝효과**(연돌효과): 폭에 비해 실내가 높은 실내공간에서 실내·외 온도차가 높은 경우 실내공기는 위로 나가고 실외공기는 아래로 유입되는 현상으로 고층건물의 엘리베이터실과 계단실에서는 천장이 높아 큰 압력차가 발생하여 강한 바람이 부는 경우

🔁 **중성대**: 실내·외 압력이 같아지는 지점으로 일반적으로 실의 중앙부에 위치하나 실의 하부나 틈이 있으면 중성대가 틈이 많은 쪽으로 이동

📢 **심화학습**

➤ **신축공동주택 등의 자연환기설비 설치 기준**

1. 세대에 설치되는 자연환기설비는 세대 내의 모든 실에 바깥공기를 최대한 균일하게 공급할 수 있도록 설치되어야 한다.

2. 자연환기설비는 순간적인 외부 바람 및 실내외 압력차의 증가로 인하여 발생할 수 있는 과도한 바깥공기의 유입 등 바깥공기의 변동에 의한 영향을 최소화할 수 있는 구조와 형태를 갖추어야 한다.

3. 공기여과기는 입자 포집률이 질량법으로 측정하여 70퍼센트 이상일 것

4. 자연환기설비는 설치되는 실의 바닥부터 수직으로 1.2미터 이상의 높이에 설치하여야 하며, 2개 이상의 자연환기설비를 상하로 설치하는 경우 1미터 이상의 수직 간격을 확보하여야 한다.

   🔁 **환기구의 안전기준**(설비기준 등 규칙): 환기구[건축물의 환기설비에 부속된 급기 및 배기를 위한 건축구조물의 개구부를 말한다]는 보행자 및 건축물 이용자의 안전이 확보되도록 바닥으로부터 2미터 이상의 높이에 설치해야 한다.

➤ **신축공동주택 등의 기계환기설비의 설치기준**

1. 기계환기설비의 환기기준은 시간당 실내공기 교환횟수(환기설비에 의한 최종 공기흡입구에서 세대의 실내로 공급되는 시간당 총 체적 풍량을 실내 총 체적으로 나눈 환기횟수를 말한다)로 표시하여야 한다.

2. 하나의 기계환기설비로 세대 내 2 이상의 실에 바깥공기를 공급할 경우의 필요 환기량은 각 실에 필요한 환기량의 합계 이상이 되도록 하여야 한다.

3. 세대의 환기량 조절을 위하여 환기설비의 정격풍량을 최소·적정·최대의 3단계 또는 그 이상으로 조절할 수 있는 체계를 갖추어야 하고, 적정 단계의 필요 환기량은 신축공동주택등의 세대를 시간당 0.5회로 환기할 수 있는 풍량을 확보하여야 한다.

4. 기계환기설비는 신축공동주택 등의 모든 세대가 환기횟수를 만족시킬 수 있도록 24시간 가동할 수 있어야 한다.

5. 기계환기설비는 다음 각 목의 어느 하나에 해당되는 체계를 갖추어야 한다.
   ① 바깥공기를 공급하는 송풍기와 실내공기를 배출하는 송풍기가 결합된 환기체계
   ② 바깥공기를 공급하는 송풍기와 실내공기가 배출되는 배기구가 결합된 환기체계
   ③ 바깥공기가 도입되는 공기흡입구와 실내공기를 배출하는 송풍기가 결합된 환기체계

6. 바깥공기를 공급하는 공기공급체계 또는 바깥공기가 도입되는 공기흡입구는 공기여과기 또는 집진기 등을 갖춰야 한다. 단, 공기여과기의 경우 입자 포집률이 계수법으로 측정하여 60퍼센트 이상일 것

7. 기계환기설비에서 발생하는 소음의 측정 위치는 대표길이 1미터(수직 또는 수평하단)에서 측정하여 소음이 40dB이하가 되어야 한다.

8. 기계환기설비의 에너지 절약을 위하여 열회수형 환기장치를 설치하는 경우에는 열회수형 환기장치의 유효 환기량이 표시용량의 90퍼센트 이상이어야 하고, 열회수형 환기장치의 안과 밖은 물 맺힘이 발생하는 것을 최소화 할 수 있는 구조와 성능을 확보하도록 하여야 한다.
   🔖 **공동주택 및 다중이용시설의 환기설비기준**(설비기준등에 관한 규칙) : 신축 또는 리모델링하는 주택 또는 건축물(30세대 이상의 공동주택 또는 주택을 주택 외의 시설과 동일건축물로 건축하는 경우로서 주택이 30세대 이상인 건축물)은 시간당 0.5회 이상의 환기가 이루어질 수 있도록 자연환기설비 또는 기계환기설비를 설치해야 한다.

04 각종 배관 및 밸브 관련 사항

1 배관의 부식

부식의 원인	① 물과 접촉에 의한 부식 ② 이종의 재료가 이온화 경향이 커서 부식 ③ 누설된 전류에 의한 부식 ④ 화학작용에 의한 부식
부식방지 대책	① 배관 표면의 물기 제거 및 탈기 처리 ② 방청 도료칠 ③ 이종금속 접합 시 이온화 경향의 차이가 적은 관끼리 연결 ④ 누설된 전류를 방지하고자 절연층 설치 ⑤ 인산이나 규산 등의 방청제 사용 ⑥ 수소이온농도(pH) 적당히 유지 ⑦ 볼트 등의 결합 시 배관재질이 음전기성 금속으로 함

🔖 수온이 10℃ 상승할 때마다 2배 정도의 부식성 증가로 급수관보다 급탕관 부식이 빨라 수명 짧음
🔖 **이온화경향 순서** : 칼륨 > 나트륨 > 칼슘 > 마그네슘 > 알루미늄 > 아연 > 철 > 납 > 구리

2 배관의 색채

종 류	물	증 기	공 기	가 스	기 름	산알칼리	전 기
약 자	W	S	A	G	O	–	–
식별색	청색	진한적색	백색	황색	진한 황적색	회색	엷은 황적색

3 배관의 종류

(1) 주철관

① 내구성, 내식성, 내압성이 우수하여 위생설비, 가스배관, 지중배관에 많이 사용함
② 충격 및 인장강도가 약하여 저압용에 사용함
③ 소음 흡수가 잘되어 옥내 배수용에 적합
④ **접합방법**: 소켓, 플랜지, 메커니컬(기계적)(소켓과 플랜지 접합 장점 채용), 빅토릭, 타이튼, 노허브접합 등

(2) 강 관

① 경량이고 내충격, 내인장이 뛰어나고 굴곡성도 우수하고 접합도 용이
② 스케일에 의한 부식성이 크고 내용연수가 짧음
③ 사용압력이 낮은 증기, 물, 기름 등의 배관용으로 SPP(배관용 탄소강관)을 많이 사용
④ **관의 두께**: 스케줄번호로 나타내며 번호가 클수록 관의 두께가 두껍다.
⑤ **접합방법**: 나사접합(DN50 이하), 플랜지접합(고압파이프라인, 밸브, 펌프 등), 용접접합(일반 및 특수 배관용)
⑥ **이음류**

배관을 휠 때	엘보, 벤드
분기관을 뽑을 때	티, 크로스, 와이(🔁 오수, 배수관)
직관접합 시	소켓, 유니온, 니플, 커플링, 플랜지
구경이 다른 관을 접속할 때	이경소켓, 리듀서, 부싱, 편심이경티
배관의 말단부	플러그, 캡

🔁 **수리교체 용이한 직관접합**: DN65 이상은 플랜지나 기계적인 접합방법, DN50 이하의 배관에는 플랜지나 유니온 사용

⑶ **동 관**

① 유연성이 좋아 시공이 용이하고 내식성이 우수

② 저온취성이 없어 저온장치에 많이 사용함

③ 마찰저항손실이 작아 스케일이 적고 전기 및 열전도율이 좋아 열교환용으로 사용

④ **접합방법**: 납땜(연납땜, 경납땜)접합, 플레어 접합, 용접이음, 압축접합, 플랜지이음, 유니언이음 등

⑤ **KS동관의 표준규격 두께 순서**: K(의료 및 고압배관) > L(의료, 급배수, 급탕, 냉난방, 가스배관) > M(의료, 급배수, 급탕, 냉난방, 가스배관) 순서로 K타입의 관경이 가장 두껍다.

⑷ **연 관**

① 신축성이 크고 절연성이 좋아 대소변기의 연결부, 수도 인입관, 가스관 등에 많이 사용함

② 산에는 강하나 알칼리에 약해 콘크리트에 매설 시 방식피복 필요

③ 중량으로 무겁고 초산, 증류수, 극연수 등에 침식되며 내열성이 작아 급탕용과 난방용으로는 부적합

④ **관의 접합**: 플라스틴 접합(주로 사용), 납땜접합, 용접접합 등

⑸ **경질염화비닐관**(PVC, 플라스틱관)

① 표면이 매끄러워 마찰저항손실이 작고 스케일이 끼지 않아 급수관, 배수관, 통기관 등에 주로 사용

② 내산·내알칼리성, 내식성이 크고 전기절연성이 우수

③ 충격 및 내열성이 작고 열팽창률이 커서 급탕, 난방, 소화배관 등의 사용에는 곤란함

④ 유기용매에 쉽게 침식되고 저온취성이 큼

⑤ **관두께**: VG1(두꺼운 관으로 배수관용), VG2(얇은 관으로 저압 수도배관용)으로 나뉨

⑥ **이음방법**: 냉간이음, 열간이음(지름이 작은 관의 보수), 플랜지이음, 용접이음, 나사이음 등

⑹ **콘크리트관**

① 내식성이 강해서 하수도관, 해수수송관, 배수관 등에 사용되며 가격이 저렴함

② **종류**: 원심력 철근콘크리트관(흄관), 석면 시멘트관, 철근콘크리트관

③ **관의 접합**: 칼라 조인트(흄관), 기볼트 조인트(플랜지와 고무링, 슬리브 사용), 심플레스 조인트(칼라와 고무링 사용), 모르타르 조인트(철근콘크리트) 등

4 배관의 보온 및 방진(소음과 진동)

(1) 보온재

조 건	① 열전도율 및 열관류율이 작을 것 ② 내식성 및 내열성이 클 것 ③ 비중이 작고 흡수성이 작을 것 ④ 온도변화에 따른 균열 및 신축이 작을 것
종 류	① 온도에 따라: 내화단열재(1,300℃ 이상), 단열재(850~1,200℃), 보온재(200~800℃), 보냉재(100℃ 이하 냉온 유지) ② 유기질 보온재: 보온능력이 우수하고 저렴함(펠트, 기포성 수지, 탄화코르크 등) ③ 무기질 보온재: 불연성, 내열성이며 기계적 강도가 큼(탄산마그넷면), 유리섬유(glass wool), 석면, 암면, 규조토(안전사용온도 가장 높음), 세라믹화이버 등)

(2) 배관계통의 방진

① 진동원의 기기를 지지함
② 바닥, 벽 등을 관통하는 곳에서는 직접 건물에 닿지 않게 함
③ 플렉시블 조인트, 플렉시블 호스, 고무호스 등을 사용

5 밸브류

(1) 슬루스(게이트)밸브

① 유체의 저항손실이 가장 작고 스케일이 작아 급수, 급탕, 난방배관에 많이 사용
② 밸브를 반 정도 열고 사용하면 와류가 발생하여 유체저항이 커져서 유량조절용은 안됨

(2) 스톱(구형, 글로브)밸브

① 유체의 저항손실이 가장 크고 스케일이 많아 급탕, 난방배관에는 부적합하며 유로의 폐쇄나 유량조절용으로 적합
② 슬루스밸브에 비해 양정이 작아 개방시간이 짧고 누설이 작음
③ **앵글밸브**: 스톱밸브의 한 종류로 유체의 흐름을 직각으로 바꾸어주는 밸브

(3) 체크밸브

① 유체를 한 방향으로만 흐르게 하고 유체의 배압에 의해 역류를 방지하는 밸브
② 지수전의 역할 즉, 유량조절용으로는 사용하지 못함
③ 스윙형은 수직, 수평배관용, 리프트형은 수평배관용으로 사용하며 스모렌스키형
은 리프트형에 스프링과 안내깃을 내장하여 펌프의 토출측과 수직배관에 사용되
며 수격작용 방지에 효과가 있음

(4) 콕(Cock)

원통 또는 원뿔에 구멍을 축을 중심으로 90° 회전시켜 전개 또는 전폐되는 구조로
급속히 개폐하는 경우에 사용

(5) 버터플라이밸브

① 원통형 몸체 속에서 밸브봉을 축으로 원형판이 회전하여 90° 개폐되며 저압유체
의 유량조절용을 사용됨
② 구조가 단순하고 크기가 작으나 완전폐쇄 곤란함

(6) 볼밸브

① 통로가 연결된 파이프와 같은 모양과 단면으로 되어 있는 중간에 둥근 볼을 회전
하여 유체의 흐름을 조절함
② 밸브가 크고 90° 회전에 의해 완전개폐가 가능하며 유체저항이 작음

(7) 스트레이너

펌프, 밸브, 열교환기 등의 앞에 설치하여 배관 도중에 먼지, 모래, 쇠부스러기 등을
제거하여 밸브 보호위해 사용하는 일종의 여과장치로 종류는 T형, U형, V형, Y형 등

(8) 볼 탭

고가수조 등에서 일정수위를 유지하기 위해 부자(플로트)의 부력에 의해 밸브가
작동함

(9) 감압밸브

고압배관과 저압배관 사이에 감압밸브를 달고 압력을 제어하여 압력을 일정하게
유지할 때 사용되는 밸브로 입구측에 유입된 고압을 출구측에서는 저압으로 낮추며
입구측의 압력변동에도 불구하고 저압측의 압력을 일정하게 유지시키는 자동밸브

01 정수처리법

처리방법	특 징
침전법	① 수중의 입자가 큰 불용해성의 부유불순물을 가라 앉히는 방법 ② 중력침전법 : 수중의 부유 불순물을 중력에 의해 침전 ③ 약품침전법 : 황산반토나 명반 등을 사용하여 침전속도를 증가
폭기법	① 물속에 용해되어 있는 제1철을 공기와 접촉시켜 불용해성의 수산화제이철로 만들고 여과로 제거 ② 암모니아, 황화가스 등의 유해가스 제거 가능
여과법	① 수중의 불용해성의 작은 입자를 제거하기 위해 모래를 통과시킴 ② 완속여과법과 급속여과법(🔁 100~150m/day, 탁도나 색도가 높은 물의 처리)이 있음
멸균법	잔존세균을 제거하기 위해 염소, 표백분, 자외선 등을 사용하여 멸균시킴

1. 원수를 정수하는 과정

  취수 ⇨ 침사지 ⇨ 응집조 ⇨ 침전지 ⇨ 여과조 ⇨ 소독조 ⇨ 공급

2. 수원에서 건물로 공급되는 상수의 흐름 단계

  취수 ⇨ 도수 ⇨ 정수 ⇨ 송수 ⇨ 배수 ⇨ 건물

3. 주택, 사무소, 학교는 잡용수의 비율이 높고, 호텔, 병원, 백화점은 음용수의 비율이 높음

  🔁 잡용수 사용비율 순서 : 주택, 사무실 > 학교 > 백화점 > 호텔, 병원

02 수 질

1 먹는 물의 수질 기준

1. 미생물에 관한 기준	① 일반세균은 1mL 중 100CFU(Colony Forming Unit)를 넘지 아니할 것 ② 총 대장균군은 100mL(샘물·먹는샘물의 경우에는 250mL)에서 검출되지 아니할 것
2. 건강상 유해영향 무기물질에 관한 기준	① 납은 0.01mg/L를 넘지 아니할 것 ② 불소는 1.5mg/L를 넘지 아니할 것 ③ 수은은 0.001mg/L를 넘지 아니할 것 ④ 시안은 0.01mg/L를 넘지 아니할 것
3. 건강상 유해영향 유기물질에 관한 기준	① 페놀은 0.005mg/L를 넘지 아니할 것 ② 벤젠은 0.01mg/L를 넘지 아니할 것 ③ 톨루엔은 0.7mg/L를 넘지 아니할 것 ④ 에틸벤젠은 0.3mg/L를 넘지 아니할 것
4. 소독제 및 소독부산물질에 관한 기준	① 잔류염소는 4.0mg/L를 넘지 아니할 것 ② 총트리할로메탄은 0.1mg/L를 넘지 아니할 것 ③ 클로로포름은 0.08mg/L를 넘지 아니할 것 ④ 포름알데히드는 0.5mg/L를 넘지 아니할 것
5. 심미적 영향물질에 관한 기준	① 경도(硬度)는 1,000mg/L(수돗물의 경우 300mg/L)를 넘지 아니할 것 ② 과망간산칼륨 소비량은 10mg/L를 넘지 아니할 것 ③ 동은 1mg/L를 넘지 아니할 것 ④ 색도는 5도를 넘지 아니할 것 ⑤ 세제(음이온 계면활성제)는 0.5mg/L를 넘지 아니할 것 ⑥ 수소이온 농도는 pH 5.8 이상 pH 8.5 이하이어야 할 것. 다만, 샘물, 먹는샘물 및 먹는물공동시설의 물의 경우에는 pH 4.5 이상 pH 9.5 이하이어야 한다. ⑦ 아연은 3mg/L를 넘지 아니할 것 ⑧ 염소이온은 250mg/L를 넘지 아니할 것 ⑨ 증발잔류물은 수돗물의 경우에는 500mg/L ⑩ 철은 0.3mg/L를 넘지 아니할 것 ⑪ 망간은 0.3mg/L(수돗물의 경우 0.05mg/L)를 넘지 아니할 것 ⑫ 탁도는 1NTU(Nephelometric Turbidity Unit)를 넘지 아니할 것. 다만, 지하수를 원수로 사용하는 마을상수도, 소규모급수시설 및 전용상수도를 제외한 수돗물의 경우에는 0.5NTU를 넘지 아니하여야 한다.

🔁 pH(수소이온농도): 물속에 용해된 화학성분에 의해 산성, 중성, 알칼리성 반응을 나타내며 일반 자연수의 pH는 그 속에 함유되어 있는 CO_2와 CO_3의 비율에 의하여 결정되고 CO_2가 많으면 산성(pH < 7)이고 CO_3가 많으면 알칼리성(pH > 7)임

🔁 색도: 백금 1mg를 포함하는 염화백금가루의 표준액을 증류수 1ℓ 속에 용해했을 때의 색상을 1도라 함

🔁 탁도: 식물성 플랑크톤이나 부유점토입자 등에 의한 물의 혼탁정도를 나타내는 지표로서 백조토 1mg이 증류수 1ℓ 속에 용해될 때의 혼탁도를 1도라 함

2 물의 경도

(1) 의 의

물속에 용해된 2가양이온의 광물질을 탄산칼슘($CaCO_3$)의 양으로 환산하여 백만분율 (ppm, g/m^3)로 환산 표시한 것

(2) 경도 계산식

$$경도(ppm) = \frac{Ca^{++}}{20} \times 50 + \frac{Mg^{++}}{12} \times 50$$

(3) 경도 1ppm

물 $1m^3$ 속에 탄산칼슘이 1g이 함유된 상태(또는 1L 물속에 탄산칼슘이 10mg)

(4) 탄산칼슘의 함유량에 따른 분류

분 류	경도 범위	특 징
극연수	0~15ppm 정도	증류수 또는 멸균수로 연관이나 놋쇠관(황동관)을 부식시킴
연 수	90ppm 이하	세탁 및 보일러 용수에 적합
적 수	90~110ppm	음용수에 적합
경수 (센물)	110ppm 이상	① 보일러에 사용 시 스케일(scale) 형성, 전열효율 저하, 과열의 원인, 수명단축, 보일러의 콕 및 구멍을 막히게 하고, 철판이나 관 등을 부식시킴 ② 음료용, 세탁 및 염색, 제지 공업 등에도 사용 곤란 ③ 경수연화법: 일시적 경도는 끓여서, 영구적 경수는 생석회를 첨가하여 연수로 만들어 사용

③ 절수설비와 절수기기의 종류 및 기준

(1) 용어의 정의

절수설비	별도의 부속이나 기기를 추가로 장착하지 아니하고도 일반 제품에 비하여 물을 적게 사용하도록 생산된 수도꼭지 및 변기
절수기기	물사용량을 줄이기 위하여 수도꼭지나 변기에 추가로 장착하는 부속이나 기기. 절수형 샤워헤드를 포함한다.

(2) 수도꼭지

① 공급수압 98kPa에서 최대토수유량이 1분당 6.0리터 이하인 것. 다만, 공중용 화장실에 설치하는 수도꼭지는 1분당 5리터 이하인 것

② 샤워용은 공급수압 98kPa에서 해당 수도꼭지에 샤워호스(hose)를 부착한 상태로 측정한 최대토수유량이 1분당 7.5리터 이하인 것

(3) 변 기

① 대변기는 공급수압 98kPa에서 사용수량이 6리터 이하인 것

② 대·소변 구분형 대변기는 공급수압 98kPa에서 평균사용수량이 6리터 이하인 것

③ 소변기는 물을 사용하지 않는 것이거나, 공급수압 98kPa에서 사용수량이 2리터 이하인 것

④ 대변기는 물탱크의 내부 벽면 또는 세척밸브의 수량조절용 나사 부분에 사용수량을 표시한 것

⑤ 대변기의 사용수량을 조절하는 부속품은 사용수량이 6리터를 초과할 수 없는 구조로 제작한 것

03 급수량과 필요압력

① 급수량 산정

(1) 의 의

급수설비의 용량산정이나 관경을 결정할 경우 최우선순위는 필요한 예상 급수량을 추정하는 것으로 수수조나 고가수조 등의 설비용량은 시간최대급수량(사용수량)에 근거하여 산출함

(2) 급수대상 인원이 불분명한 경우

① **방법**: 건물의 유효면적에 의해 산정함

② **유효면적**: 사람이 거주하지 않는 부분을 제외한 순수한 건물의 용도에 사용되는 부분으로 복도, 계단 화장실, 창고 등의 면적은 포함되지 않음

③ **유효면적 1m² 당 건물별 사용수량**: 병원(고급) > 호텔 > 아파트, 주택 > 사무소 > 학교 > 극장 > 백화점(손님)

④ **산출식**

$$Qd = A \cdot k \cdot n \cdot q(\ell/d)$$

단, A: 건물의 연면적, k: 1m² 당 유효면적비율, n: 유효면적당 거주인원,
　 q: 1일 1인당 사용수량

(3) 위생기구 수에 의한 산정

① **방법**: 건물 내의 기구 수와 동시사용률을 고려하여 산정

② 1일 급수량 = 기구당 사용수량 × 기구수 × 동시사용수량(%)

③ **동시사용률**: 전체 위생기구 중 실제로 동시에 사용되는 기구의 비율로 기구 수가 많아질수록 동시사용률은 낮아짐

2 급수압력

(1) 기구별 최저필요압력: 기구별 기능 유지

기구명	최저 필요 압력(MPa)
블로우아웃식 대변기	0.17
세정밸브(플러시 밸브)	0.1
샤워기, 자동밸브	0.07
세정탱크 대변기	0.055
세면기, 욕조, 씽크	0.055
순간온수기	대: 0.05, 중: 0.03, 소: 0.01

(2) 최고필요압력

이유	워터해머링 방지에 따른 소음·진동 및 부속품 파손 방지
최고 수압	① 주택, 호텔, 병원: 0.3~0.4MPa 이내 ② 일반건물: 0.4~0.5MPa 이내

04 급수방식

1 급수방식의 비교

구 분	배관방식	장 점	단 점
수도직결	상향식	① 수질오염 가능성이 적음 ② 정전 시 급수 가능 ③ 양수펌프가 필요 없어 설비비가 싸고 동력이 필요 없음 ④ 경제적이며 에너지 절약적 ⑤ 기계실이나 옥상탱크의 면적이 필요 없음	① 급수압 변동으로 급수높이 제한 ② 단수 시 급수가 불가능 ③ 주택과 같은 중소규모 건물에 한정적으로 사용
고가탱크	하향식	① 각 층별 균등 수압 작용(단, 모든 수전 균등수압 아님) ② 단수 및 정전 시 급수 가능 ③ 화재 시 소화용수로 사용 가능 ④ 4층 이상 대규모 건물에 사용	① 저수조에서의 정체시간이 길어 수질오염가능성 큼 ② 보강계획을 세워야 함 ③ 수위차에 의한 하향식 급수로 설치위치 제한 ④ 미관 불리
압력탱크	상향식	① 보강계획이 없어 미관 깨끗 ② 특정부위 고압필요 시 사용 ③ 탱크의 설치위치 제한없음 ④ 체육관 및 경기장에 사용	① 급수압변동이 가장 큼 ② 급수 불안정으로 부속품 파손 ③ 수조를 정밀 제작하여야 함 ④ 저수량이 적으므로 정전이나 펌프 고장 시 급수가 즉시 중단됨 ⑤ 설비비 및 관리비 고가
부스터 방식 (펌프 직송식)	상향식	① 대규모 지역 및 주택단지 급수 ② 자동제어시스템 ③ 압력제어정도에 따라 비교적 급수압력이 일정함 ④ 급수펌프만으로 급수하여 수질오염이 적음	① 설비비 고가 ② 전력소비 많음(단, 변속방식에 의해 에너지 절약 가능) ③ 고장 시 수리 곤란

(1) 고가탱크방식의 특징

① **급수순서**: 상수도 ⇨ 지하저수조(수수조) ⇨ 양수펌프 ⇨ 옥상탱크 ⇨ 위생기구 (각 수전)

② **옥상탱크 설치 높이**(m) = 기구별 최저필요압력(MPa)×100 + 마찰손실수두 + 최고층 높이

③ **피크로드**(peak load): 피크아워(peak hour)의 사용량으로 1일급수량(사용수량)의 10~15%(1/7) 정도

④ **옥상탱크 용량** = 1시간 최대 사용수량을 1~3시간 동안 지속가능 해야 함

⑤ **양수펌프의 양수량**(m^3/min): 시간최대 예상급수량(= 옥상탱크의 용량)×2

⑥ **양수펌프 용량**: 옥상탱크용량을 30분 이내에 양수할 수 있는 능력이 필요함

⑦ **고가탱크 주변 배관**

넘침관(월류관)	양수관 관경의 2배 이상으로 옥상탱크의 안전수위확보
플로트스위치 (전극봉 스위치)	옥상탱크의 수위감지 경보 및 수위 조절
볼탭	유량을 조절하기 위해 지하 저수탱크와 옥상탱크에 설치
마그넷스위치	전동기 제어용

⑧ **저수조 설치기준**
 ㉠ 맨홀부분은 건축물로부터 100cm 이상 떨어질 것
 ㉡ 물의 유출구는 유입구의 반대편 밑에 설치하되 저수조 바닥에에서 띄우고 물칸막이를 설치할 것
 ㉢ 침전찌꺼기의 배출구를 저수조의 맨 밑부분에 설치하고 바닥은 배출구를 향해 1/100 이상의 경사를 둘 것
 ㉣ $5m^3$를 초과하는 저수조는 유지관리를 위해 1개의 저수조를 둘 이상의 부분으로 구획 또는 저수조 2개 이상 설치
 ㉤ 건축물 또는 시설의 땅밑에 저수조 설치 시 유해물질로부터 5m 이상 띄워서 설치할 것
 ㉥ 저수조의 공기정화를 위한 통기관과 물의 수위조절을 위한 월류관 및 관에 오염물질이 들어가지 않도록 스크린을 설치할 것
 ㉦ 소화용수가 저수조에 역류되는 것을 방지하기 위한 역류방지장치 설치할 것

(2) 압력탱크방식의 특징

① 최근 에어컴프레서가 필요없는 격막(다이어프램) 압력탱크 증가

② 관련기기

압력탱크	원통형으로 수밀하게 제작해야 하므로 용접이음 함
압력계	탱크 속의 수압 및 공기압을 측정함
수면계	탱크 속의 수면 높이를 측정함
안전밸브	물 또는 공기의 압력이 과대할 경우 조절하여 탱크의 파열 등 사고를 방지

(3) 부스터 펌프의 제어

① **대수제어방식(정속방식)** : 여러 대의 펌프를 병렬로 설치하여 압력탱크나 압력스위치에 의한 ON/OFF 제어에 의해 펌프를 시동 및 정지시키는 방식으로 저렴하지만 압력편차 큼

② **속도제어방식(변속방식)** : 정속변동기와 변속장치를 조합하거나 또는 변속전동기(VVVF ; 인버터)를 사용하여 토출관의 압력변화를 감지하고 펌프의 회전수를 변화시킴으로써 양수량을 조절하는 방식으로 압력편차가 작고 동력전력비가 절감되나 고가임

2 고층건물의 급수방식

(1) 목 적(급수압력의 평등화)

저층부의 적절한 수압 유지로 수격작용을 완화하여 소음, 진동 및 부속품 파손방지

(2) 방 식

① 중간탱크에 의한 조닝

층별식 (세퍼레이트 방식)	건물을 몇 개의 존(zone)으로 나누어 각 존마다 수조를 설치하고 최하층에 양수펌프를 설치해서 각 존의 수조에 각각 양수하는 방식으로 가장 많이 사용됨
중계식 (부스터 방식)	각 존마다 수조를 설치하여 양수펌프가 각 존의 수조의 수위를 조절 다음 윗 존으로 중계해서 양수하는 방식
스필백 방식	저수탱크에서 최상층의 고가탱크로 양수하고 밑의 존의 탱크에 자연중력으로 급수하여 고가탱크가 커져 구조적 문제 발생

② **감압밸브에 의한 조닝**: 건물의 상층존은 그대로 급수하고 하층존은 감압밸브에 의해 감압시켜 급수하는 방식

③ **펌프직송방식(압력조정 펌프식)**: 양수펌프를 건물의 최하층에 존의 수만큼 설치하고 각 존마다 사용수량의 변동에 따라 수량을 자동적으로 조절하여 급수관 속의 수압을 항상 일정하도록 자동으로 제어하는 방식

④ **옥상탱크와 펌프직송방식의 겸용**: 상층존은 옥상탱크방식으로, 하층존은 펌프직송식으로 급수하는 방식

(3) 조닝압력

① **아파트, 호텔, 병원**: 0.3~0.4MPa(🔑 30~40m 이내)

② **사무소 건물**: 0.4~0.5MPa(🔑 40~50m 이내)

---

05 급수배관

1 급수관경 결정

(1) 관균등표에 의한 약산법

① 소규모 건물의 기구수가 작거나 수평지관 관경의 대략적 계산 시 사용

② 위생기구 접속관경의 DN15의 상단관수의 환산과 위생기구의 상단관수의 누계 값에 동시사용률을 곱하고 균등표에서 관경 결정함

(2) 마찰저항선도에 의한 방법

① 대규모 건물 수직주관의 급수관경을 정확하게 결정하기 위해 순간최대유량으로 관경 구함

② **관경 결정 순서**

> ㉠ 기구급수부하 단위 계산
> ㉡ 동시사용 유수량 계산
> ㉢ 허용마찰 손실수두 계산
> ㉣ 마찰저항 선도에 의한 관경 결정

🔑 **기구급수부하단위**: 공중용과 개인용의 위생기구별 물소비량을 기준으로 1~10까지 숫자로 표시하며 숫자가 클수록 토수량이 많은 기구임(순서: 공중용이 주거용보다 크며 아파트 기구별로는 대변기 > 세탁 > 욕조, 샤워, 주방 > 세면기)

2 배관방식

방 식	종 류	특 징
상향 급수배관법	수도직결 방식, 압력탱크 방식, 부스터 방식 등	① 노출배관으로 보수가 유리함 ② 상향 수직관이 상층으로 올라갈수록 관경을 크게 해야 상층의 수압이 떨어지지 않아 물이 잘 나옴
하향 급수배관법	고가(옥상)탱크방식	① 각 층 급수가 합리적이고 급수압이 일정 ② 은폐배관으로 점검, 보수 등이 불편함
상·하향 혼용 급수배관법	저층부는 상향식으로 하고 상층부는 옥상탱크에서 하향식으로 배관하는 방식	

3 급수배관 시 주의사항

(1) 주택에 설치하는 급수·배수용 배관은 콘크리트 구조체 안에 매설하여서는 아니된다. 다만, 그 배관이 주택의 바닥면 또는 벽면 등을 직각으로 관통하는 경우와 주택의 구조안전에 지장이 없는 범위 안에서 구조체 안에 덧관을 미리 매설하는 등 배관의 부식을 방지하고 그 수선 및 교체가 쉽도록 하여 배관을 설치하는 경우에는 그러하지 아니하다.

(2) **횡주관의 구배**: 급수, 배수, 가스 등의 모든 배관에는 일정한 구배를 두어 흐름을 원활히 함

(3) **옥상탱크식 급수하향배관**: 횡주주관은 앞내림구배(선하향), 각 층의 횡주관은 앞올림구배(선상향)

(4) **슬리브**(Sleeve): 바닥이나 벽을 관통하는 배관의 경우 콘크리트 타설 전에 미리 원통형 철관을 넣어 관의 교체수리를 편리하게 함

(5) **밸브**

① **공기빼기 밸브**(Air vent valve): 배관은 최단거리로 시공하고 마찰손실이 최소가 되도록 하며 굴곡을 적게 하나 불가피하게 굴곡 배관이 되어 공기가 모이게 되는 부분에 설치(단, 물이 고일 수 있는 부분에는 배수밸브 설치)

② **배니밸브**: 배관의 말단부분의 물이 고이는 장소에 찌꺼기 제거를 위해 설치

③ **지수밸브**(Stop valve) : 국부적 단수를 처리하고 수량 및 수압 조절

> ㉠ 수평주관에서의 각 수직관의 분기점
> ㉡ 급수관의 분기점
> ㉢ 집단기구의 분기점
> ㉣ 각층 수평주관의 분기점
> ㉤ 위생기구에 개별로 설치

(6) **수평관**(구배 : 1/250)

① 상향식 급수는 진행방향에 따라 올라가는 기울기, 하향식 급수는 진행방향에 따라 내려가는 기울기
② 역류가 가능한 배관에는 25m 마다 체크밸브(역류방지) 설치
③ 급수관과 배수관이 평행으로 매설될 경우에는 간격을 500mm 이상으로 하되 급수관을 배수관 위에 매설함

(7) **수직관** : 상단부에 수격방지기를 부착하여 소음 및 진동 방지

06 급수설비 계획 주의사항

1 수격작용(워터해머)

원 인	방지책
① 기구류의 급조작으로 인한 급정지, 수전류의 급개·폐 조작	① 밸브 및 수전류를 서서히 작동
② 관경이 작고 유속의 증대로 인한 수압 증대	② 관경을 크게 하고 유속(2m/s 이하)을 줄여 수압을 줄임
③ 배관의 굴곡이 많아 배관길이가 긴 경우	③ 굴곡배관을 억제하고 가능한 직선배관으로 함
④ 감압밸브, 플러시밸브, 콕(Cock) 등 순간적으로 개폐되는 수전이나 밸브의 사용	④ 기구류 가까이에 공기실(Air chamber)을 설치한다.
⑤ 수주분리가 일어나기 쉬운 배관	⑤ 밸브는 펌프 송출구 가까이 설치하고 밸브를 통하여 적절히 조절
	⑥ 체크밸브는 스윙형보다는 충격흡수식으로 교체함

🔁 **수주분리** : 관로에 관성력과 중력으로 물 흐름이 끊기는 현상으로 수격이 발생하므로 옥상에서의 수평연장이 길면 수주분리가 일어나기 쉬우므로 수평관을 되도록 낮은 곳에 설치함

2 급수오염 현상 및 방지

1. 원 인

(1) 저수탱크에 유해물질 침입

(2) 배수의 급수설비로의 역류(단수 시 일시적 부압의 역사이펀으로 상수에 배수가 역류)

(3) 크로스 커넥션(급수계통에 오수가 역류하여 오염되도록 배관된 것)

(4) **배관의 부식**

① 부식(산화)은 수온이 높을수록, 수소이온농도가 낮을수록 큼

② 금속의 이온화경향차이가 큰 배관을 연결하면 부식이 되며 이온화경향이 큰 금속이 부식됨

③ 외부 전원으로부터 누설된 전류에 의해 부식됨

④ 금속재료에 응력이 가해질 경우 부식이 빠름

2. 방 지

저수탱크에 유해물질 침입방지	① 수조로의 유입구와 유출구의 거리는 가능한 길게 대각선 방향으로 설치 ② 수수탱크 등에는 필요 이상 다량의 물이 저장되지 않도록 하며 물은 장기간 저장하면 잔류염소가 소비되어 부패하기 쉬움 ③ 저수탱크는 완전히 밀폐하고 맨홀뚜껑을 통하여 다른 물이나 먼지 등의 침입을 막음 ④ 수조는 수리나 청소에 대비하여 2조 이상으로 나누어 설치 ⑤ 저수탱크에는 다른 목적의 배관은 금지 ⑥ 음료수 탱크에는 다른 목적의 물을 공급하지 않음 ⑦ 음료수탱크는 별도의 용기를 사용하며 건축구조체를 이용하지 않음
배수의 급수설비로의 역류방지	① 위생기구의 넘침선과 수전류 사이에 충분한 토수구(물받이) 공간 확보 ② 진공방지기(Vacuum breaker) 설치하여 부압(진공)에 대해 공기를 보충하여 방지 ③ 배관이 어느 계통인가 알 수 있도록 각 계통마다의 배관을 색깔로 구분할 수 있게 함 ④ 준공검사 시의 통수시험을 통해 배관의 오접합을 방지
크로스 커넥션 방지	음료용 급수관과 다른 용도의 배관 연결하지 말 것

3 기타사항

(1) 시공불량 여부 시험

배관공사 후 피복 전에 공공수도관은 1MPa, 탱크 및 급수관은 0.75MPa 이상으로 최소 60분 수압시험

(2) 피 복

방로피복	관로 주변에 온도가 높을 경우(④ 천장 속의 횡주관)
방동피복	동절기에 관내의 물이 동결로 인한 동파방지하기 위해 보온재(④ 단열재 ; 열전도율이 작은 재료)로 피복
방식피복	연관이나 납땜 이음부는 콘크리트 내에 매설할 경우 내알칼리성 도장을 함

4 시방서상 주의사항

(1) 음료나 목욕, 조리, 음식가공공정, 의료 또는 제약공정의 용도에 급수하는 위생기구와 물이 인체에 접촉할 수 있는 위생기구에는 음용수만을 공급할 것

(2) 상수도 이용 불가 지역은 자가급수설비를 사용하여 급수할 것

(3) 장치의 냉각이나 가열 또는 이와 유사한 용도로 사용된 물을 음용수의 급수계통에 재사용해서는 안 되며, 간접 배수시키거나 비음용 용도에 사용할 것

(4) 각 위생기구의 급수관과 급탕관 연결점에서 각 관의 물이 상호 배관으로 흐르게 해서는 안됨

(5) 고가수조용 양수펌프는 양수펌프의 유량은 시간최대 예상급수량으로 함

(6) 위생기구에 수압이 550kPa 이상 걸릴 경우에는 감압밸브를 설치하거나 급수 조닝을 하여 최대압력을 550kPa 이하로 제한함

(7) 모든 음용수 개방구와 토출구는 토수구공간이나 역류방지기 또는 진공브레이커로 역류되지 않게 할 것

(8) 급수관과 관 이음쇠(밸브와 수도꼭지 포함)는 납 함유율이 8% 이하일 것

(9) 위생기구에 연결된 기구급수관, 급수관련 기구나 장치에 연결된 급수관, 수직관에 연결된 각 층 급수관에는 차단밸브를 설치할 것

07 | 펌프(Pump)

1 원심(와권, 회전)펌프

(1) 특 징

① 회전수에 따라 양수량, 양정, 축동력 등을 변동시킬 수 있음

② 전체의 진동이 작아 고속운전에 적합함

③ 양수량 조절이 용이하며 고양정에 쓰임

(2) 종 류

볼류트 펌프	20m 이하의 저양정용
터빈 펌프	20m 이상의 고양정용
보어홀 펌프	지상의 모터와 물속의 임펠러를 긴 중공축으로 연결하여 작동하며 깊은 우물의 양수용으로 입형 다단터빈 펌프
수중모터 펌프	모터와 펌프가 일체로 된 특수 절연구조체를 물속에 내려놓고 펌프에서 지상까지 저수위의 물을 양수하기에 적합하며 흡입양정의 제한이 없어 깊은 우물 양수 가능
논클러그 펌프	오수의 고형물 및 천조각 등의 제거용

2 왕복펌프

(1) 특 징

① 왕복운동에 의한 방식으로 구조가 간단하고 취급이 용이

② 송수압의 변동이 심하여 수량조절이 어려움

③ 양수량은 작으나 고압용에 사용함

(2) 종 류

피스톤 펌프	용량이 많고 압력이 낮은 것에 사용
플런저 펌프	용량이 적고 압력이 높은 곳에 사용
워싱턴 펌프	증기보일러의 보급수용 펌프

(3) **왕복펌프의 양수량**(m³/min)

$$Q = A \cdot L \cdot N \cdot Ev$$

단, A: 피스톤 또는 플런저의 유효단면적, L: 왕복거리, N: 매분 당 크랭크의 회전수,
Ev: 용적 효율

③ 특수펌프

(1) **제트펌프**: 소화용

(2) **기어펌프**: 기름반송용

(3) **급탕 및 난방 온수 순환용 펌프**: 다단볼류트 펌프(대규모), 라인 축류형 펌프(소규모)

작동원리 및 구조에 의한 분류
① 터보형: 와권(볼류트, 터빈), 축류, 사류펌프 등
② 용적형: 왕복(피스톤, 플런저, 워싱턴, 버킷), 회전펌프(기어, 나사)

④ 소요동력

① 축동력(kW) $= \dfrac{Q \cdot \gamma \cdot H}{6120 \cdot E}$ ② 축마력(ps) $= \dfrac{Q \cdot \gamma \cdot H}{4500 \cdot E}$

단, Q: 양수량(ℓ/min), γ: 비중량(1t/m³), H: 전양정(m), E: 효율(%)

보충학습

▶ **펌프의 양정**

1. **실양정**: 흡입양정 + 토출양정으로 수수조 수면에서 양수하고자 하는 최고층 높이(또는 옥상탱크 수면까지의 높이)

2. **전양정**: 실양정 + 마찰손실수두($= f \cdot \dfrac{l}{d} \cdot \dfrac{V^2}{2g}$)

5 펌프의 흡입 양정

(1) **정의**: 펌프의 이론상 흡입양정은 대기압에 상당하는 수두로서 10.33m이나 대기압의 상태에 따라 다르다.

(2) 해발고도가 낮을수록 대기압이 높아져서 펌프의 흡입양정은 높아진다.

(3) 수온이 낮을수록 펌프의 흡입양정은 높아진다.

(4) 수온이 0℃일 경우 흡입높이는 실제 7m, 이론상 10.33m이고 수온이 100℃일 경우는 실제 및 이론상 모두 0m이다.

6 펌프 설치 시 주의사항

(1) **흡입구는 수면에서 관경의 2배 이상 담금**

🔂 푸트밸브: 흡입배관 끝에 설치하여 펌프 정지 시 항상 물이 차 있도록 함

(2) **양정이 높을경우**: 펌프 토출측에 게이트밸브나 체크밸브 설치

(3) **공동현상**(캐비테이션)

① **정의**: 흡입양정이 너무 높거나 수온의 상승 시 물속에 포함되어 있는 기체(증기)가 물에서 빠져나와 저압부에 기포가 발생되어 흡입이 곤란하게 되는 현상

② **원인 및 대책**

원 인	대 책
① 펌프의 흡입측 수두가 클 경우 ② 펌프의 마찰손실이 과대할 경우 ③ 펌프의 임펠러 속도가 클 경우 ④ 펌프의 흡입관경이 작을 경우	① 펌프의 구경보다 흡입관 지름을 유량에 맞추어서 크게 설계 ② 회전차를 수중에 잠기게 하고 흡입양정을 낮춤 ③ 펌프의 회전수를 낮추어 흡입 비교회전수를 작게 함 ④ 흡입수온을 낮게 하고 마찰손실을 적게 함 ⑤ 유효흡입양정이 펌프의 필요 흡입양정보다 커야 함

(4) **서징**(맥동)**현상**

① 펌프를 적은 유량상태에서 가동시킬 경우 송출유량과 송출압력의 주기적인 변동으로 소음과 진동이 발생함

② **원인**: 토출배관 긴 경우, 관로에 불필요한 잔류공기 존재, 유량조절밸브가 탱크의 출구쪽에 있는 경우 등

(5) **프라이밍**(priming) : 원심펌프의 케이싱 속에 공기가 있으면 물을 흡입할 수 없으므로 펌프 속에 물을 채우는 것을 말하거나 보일러에서 증발이 격렬할 때 작은 물방울들이 증기에 섞여 오르는 현상

(6) **펌프의 2대 연결**

직렬연결	마찰저항이 없다면 유량은 불변, 양정이 2배 증가
병렬연결	① 마찰저항이 없는 경우 : 유량이 2배 증가 ② 배관의 마찰저항으로 유량과 양정이 모두 증가하며 증가폭은 저항조건에 따라 달라짐

(7) **펌프의 특성**

상사의 법칙	유량은 회전수에 비례, 양정은 회전수의 제곱에 비례, 축동력은 회전수의 3제곱에 비례
비교회전도	① 그 펌프와 유사한 펌프가 $1m^3/min$의 양수량에 대하여 1m의 양정을 가질 때의 회전수(rpm) ② 크기순서 : 축류펌프 > 사류펌프 > 볼류트펌프 > 터빈펌프 ③ 특 징 　㉠ 비교회전수가 낮을수록 : 저유량, 고양정 　㉡ 비교회전수가 높을수록 : 고유량, 저양정

1 급탕 일반

(1) **급탕온도**: 60℃ 정도로 급탕부하는 250kJ/kg(🔁 접시 세정시 헹굼용 온도가 제일 높음)

(2) **급탕부하**

$$급탕부하 = \frac{급탕량(kg/h) \times 물의\ 비열(kJ/kg \cdot K) \times 온도차\ \Delta t(K)}{3,600(s/h)}$$

$$단,\ 물의\ 비열 = 4.2kJ/kg \cdot K$$

(3) **주택, 아파트, 호텔의 1일 사용급탕량**: $75 \sim 150\,\ell/d$ 정도

(4) **주택, 아파트, 호텔 등에서 1일 사용에 대해 필요한 최대치 비율**: 1/7

(5) **급탕기구별 시간당 급탕량**

① 급탕량 산정은 인원수에 의한 방법이 기구수에 의할 경우보다 정확함

② **크기순서**: 샤워 > 욕조 > 싱크대 > 세면기

2 급탕방식의 분류

(1) **급탕방식 비교**

구 분	개별식	중앙식
종 류	순간온수기, 저탕형탕비기, 기수혼합식 등	직접 및 간접가열식 등
장 점	① 수시로 필요한 온도의 온수 가능 ② 배관길이가 짧아 배관에 의한 열손실 작음 ③ 설비비가 작고 유지·관리 용이 ④ 급탕개소의 증설 용이	① 기구의 동시사용률을 고려할 경우 가열장치의 총용량 감소 가능 ② 열원장치와 공조설비의 겸용으로 열원단가 저렴 ③ 배관에 의해 필요개소에 급탕 가능
단 점	① 급탕개소마다 가열기의 설치공간 필요 ② 급탕개소가 많아질 경우 가열기설치에 따른 유지·관리 불편 ③ 소형 온수보일러의 경우 수압의 변동으로 사용 불편	① 설비규모의 증대로 초기 설비비 고가 ② 배관 중 열손실이 큼 ③ 시공 후 기구증설에 따른 변경공사 곤란

(2) 개별식 급탕

구 분		특 징	필요기기
개별식	순간(즉시) 온수기	① 처음에 찬물 나옴 ② 비등점 온수는 불가능 ③ 팽창탱크 필요 없음	① 벤츄리관 : 가스 공급 장치 ② 파일럿 프레임(다이아프램) : 자동점화장치
	저탕형 탕비기	① 일시에 다량 온수 가능 ② 비등점 온수 가능 ③ 공장 및 기숙사에 사용	① 열손실이 많은 편임 ② 써모스탯 : 자동온도 조절장치
	기수혼합식	열효율 100%	스팀사일런서 : 소음 제거용 장치

① 가스히터를 사용하는 경우 가스소비량(Gg)

$$Gg(m^3/h) = \frac{Q \cdot (th - tw)}{F \cdot E}$$

단, th : 급탕온도, tw : 급수온도, F : 가스의 발열량, E : 보일러의 효율(%)

② 전기히터를 사용하는 경우 소요전력량(He)

$$He(kWh) = \frac{Q \cdot (th - tw)}{K \cdot E}$$

단, K : 전력 1kW의 발열량으로 860kcal/h

(3) 중앙식 급탕

구 분	가열장소	온수 및 난방보일러	스케일	보일러 압력	규 모	열효율 측면	가열코일 유무
직접 가열식	온수보일러	각각 설치	많음	고압용	소규모	유리	없음
간접 가열식	가열코일 (황동관)	겸용 가능	거의 없음	저압용	대규모	불리	있음

🔋 저탕조의 용량
1. 직접가열식 : 저탕조 용량 = (1시간 최대급탕량 − 보일러의 탕량) × 1.25
2. 간접가열식 : 저탕조 용량 = 1시간 최대급탕량 × 저탕비율(0.6~0.9)

3 급탕배관

(1) 급탕관경 결정

① **급탕관의 최소관경**: DN20 이상

② **반탕관**: 급탕관보다 작은 치수의 것을 사용[⑨ 환탕관(복귀관)은 급탕관의 2/3 정도로 함]

③ 급탕관 > 반탕관 ≥ 급수관(⑨ 급탕관은 급수관보다 한 치수 큰 것을 사용함)

(2) 배관방식

① **단관식**(1관식)

방 법	급탕관만 설치한 방식(⑨ 보일러에서 탕전까지 15m 이내가 되게 함)
특 징	설비비는 저렴하나 보일러에서 멀면 불리하므로 배관길이가 짧은 주택이나 소규모 건물에 적합함

② **복관식**(순환식 또는 2관식)

방 법	급탕관의 길이가 길 때 관내 온수의 냉각을 방지하기 위하여 보일러에서 급탕 전까지의 공급관과 순환관을 배관하는 방식
특 징	시설비는 고가이나 항상 온수의 사용이 가능하고 곧바로 뜨거운 물을 얻을 수 있음

③ **순환방식에 따라**

구 분	순환원리	순환속도	설치위치제한
중력식 (자연식, 대류식)	온도에 의한 밀도차	느림(급경사: 1/150)	있음(급탕전은 보일러보다 높은 위치)
강제식 (기계식)	순환펌프	빠름(완경사: 1/200)	없음(급탕전은 보일러와 동일 면상이나 높은 위치 가능)

$$순환수량\ Q(l/h) = \frac{3,600 \times 총손실열량(kW)}{물의\ 비율 \times (급탕온도 - 반탕온도)}$$

단, 물의 비열 = 4.2kJ/kg · K

(3) 급탕배관 시공상의 주의사항

① 급탕배관의 구배

상향공급방식	급탕 수평주관은 앞올림 구배, 복귀관(환탕관)은 앞내림 구배
하향공급방식	급탕관 및 복귀관 모두 앞내림 구배

> 🔁 **리버스 리턴방식(역환수방식)** : 각 층에서 지관수가 많을 경우에 각 층의 온도차를 줄이기 위하여 각 계통별 급탕, 반탕의 순환거리를 동일하게 하여 각 순환경로의 마찰손실수두를 같게 하도록 환탕관을 역환수시켜 배관하는 것으로 각 층의 온수 순환을 균등하게 하여 공급온도를 일정하게 할 목적으로 사용

② 공기빼기 밸브 : 굴곡배관의 경우 공기를 배제하여 온수의 흐름을 원활하게 하며 배관 도중에 공기의 체류를 막기 위해 스톱밸브, 글로브밸브보다는 슬루스밸브 사용

③ 슬리브배관 : 관의 교체수리 편리 및 온도에 의한 신축팽창을 흡수하기 위해 설치

④ 시공불량 여부 시험 : 배관완성 후 보온피복하기 전에 최고 사용 압력 1.5배 이상으로 60분간 수압시험

⑤ 급탕조닝(Zoning) : 고층건물의 경우는 급수와 마찬가지로 과대한 급탕압력에 의한 워터해머링 방지 위해 계통별로 하는 방법과 감압밸브를 설치하는 방법이 있음

⑥ 배관의 신축이음(Expansion joint)

목 적	온수의 온도차에 따른 배관의 신축·팽창 흡수(🔁 신축이음쇠의 중량을 견뎌내고 수평도를 유지하기 위해 가까이에 행거나 서포트를 설치함)
종 류	스위블 조인트, 슬리브형, 벨로즈형, 신축곡관, 볼조인트 등
간 격	강관은 30m, 동관 20m, 수직배관은 10~20m 이내마다 설치

㉠ 스위블조인트 : 2개 이상의 엘보를 사용하여 나사회전을 이용하나, 신축과 팽창으로 누수의 우려가 있어 저압배관 및 방열기 주변배관에 사용

㉡ 신축곡관(루프관) : 관으로 곡관을 만들어 그 힘을 이용하여 신축량을 흡수하는 방식으로 구조가 간단하고 내구성이 좋으며 고압 및 고온에 사용이 가능하고 천정 수평관 및 옥외배관에 적당하나 넓은 설치 장소가 필요함

㉢ 볼조인트(Ball joint) : 관 끝에 볼부분을 만들고 이것을 케이싱으로 싸되 그 사이를 가스켓으로 밀봉한 것으로 볼부분이 케이싱 내에서 360°회전하면서 회전과 굽힘작용을 하며 고온이나 고압용에 사용

4 급탕설비 주의사항

1. 팽창관 및 팽창탱크

(1) **목적**: 보일러 및 배관의 이상 압력 및 온도에 따른 물의 부피팽창을 흡수하여 도피시키는 안전밸브 역할

(2) **팽창관**(안전관, 도피관)

① 급탕 수직관을 연장하여 팽창탱크에 연결하며 동결을 고려하여 DN25 이상
   ⤷ 관경은 보일러의 전열면적 고려하여 결정함
② 팽창관은 단독배관으로 도중에는 밸브류를 사용하면 안됨
③ 별도의 배수설비가 필요하지 않으며 간접배수로 함

(3) **팽창탱크**(Expansion tank)

개방형	탱크 저면은 최고층 급탕전보다 5m 이상 높은 곳에 설치
밀폐형	탱크의 부식이 적고 설치높이 제한이 없으며 대규모 건물에 사용함

2. 펌프 및 배관 등

(1) 펌프 고장 시 자연순환이 가능하도록 펌프의 환수관에는 바이패스관을 설치함

(2) 배관과 보일러 또는 온수저정탱크와의 접속에는 반드시 역류방기기를 설치함

(3) 보일러 및 온수저장탱크, 안전밸브의 배수는 간접배수로 함

(4) 온수탱크의 보급수관에는 급수관의 압력변화에 의한 환탕의 유입을 방지하도록 체크밸브 설치

3. 시방서상 주의사항

(1) 배관거리가 30m 이상인 중앙식 급탕방식에는 급탕온도 유지를 위해 환탕관과 급탕순환펌프를 설치하거나 급탕관 가열장치를 설치할 것

(2) 급탕배관 내의 급탕온도는 레지오넬라균의 서식을 방지하기 위하여 55~60℃로 유지할 수 있게 할 것

(3) 급탕열원에서 급탕 위생기구까지의 배관길이는 15m 이하로 하여야 한다. 환탕배관과 가열관은 급탕열원으로 간주함

(4) 급탕수도꼭지는 위생기구의 왼쪽에 설치할 것

(5) 환탕관에 수동 밸런싱밸브를 설치하여 급탕배관에 설계환탕유량이 균등하게 분배될 수 있도록 하여야 하며, 유량 균등분배가 가능한 경우에는 역순환배관방식도 가능

(6) 60℃ 이상으로 공급되는 난방겸용 급탕가열기는 온도조절밸브를 설치하여 급탕배관의 급탕온도를 60℃ 이하로 제한할 것

(7) 급탕탱크에는 급탕 온도 하강에 따른 진공에 의한 탱크 손상 방지를 위해 진공 릴리프밸브를 설치할 것

(8) 순환펌프 유량은 환탕배관의 환탕유량으로 하고, 순환펌프의 양정은 마찰손실수두가 가장 큰 순환관로의 마찰손실수두로 할 것

(9) 위생기구에서의 최대허용 급탕온도를 제한하기 위한 수단으로 급탕가열기의 온도조절기를 사용하지 말 것

01   배수 일반

1 옥내배수 설비(개인하수처리설비)

건물 내의 배수 및 건물의 외벽에서 1.0m까지의 배수를 말하며 중력배수와 기계배수가 있다.

(1) 배수방식에 의한 분류

중력배수	건물의 1층 이상이 공공하수관보다 높은 위치에 있는 경우
기계배수	지하실 등 공공하수관보다 낮은 곳의 배수는 일단 최하층 바닥에 설치된 배수 피트에 모아 오수펌프를 이용하여 공공하수관으로 배출

(2) 배수의 성질에 의한 분류

오수계통	인체로부터의 배설물로 대변기, 소변기, 오물싱크 등으로 하수도 처리구역 이외에서는 그 부지 내의 오수 정화조에서 정화처리해야 하며 단독처리의 정화조를 설치하는 경우에는 정화조까지 단독계통으로 유도
잡배수계통	세면기, 싱크류, 욕조 등에서 나오는 일반 구정물의 배수로 단독처리 정화조의 경우는 오수와 구분하고 공공하수도나 합병식 정화조의 경우는 일반적으로 오수와 함께 배수
우수계통	건물 내의 우수는 단독계통으로 하고 옥외에서 합류
특수배수	공업폐수 등과 같은 유독·유해물을 함유한 물이나 방사능을 다량으로 함유한 물의 배수로 직접 배수계통이나 하수도로 방류하지 않으며 반드시 유해성을 확인하여 처리

(3) 배수 접속방식에 의한 분류

직접배수	각 위생기구와 배수관이 직접 연결된 방식으로 세면기, 대변기, 욕조, 싱크대 등
간접배수	각 기구에서의 배수를 위생상 직접 배수계통에 직결하지 않고 토수구(물받이) 공간을 두어 배수하는 것으로 냉장고, 소독기, 세탁기, 넘침관, 공기조화기, 보일러, 수영장, 저수조 등

2 공공하수도(옥외배수)

건물의 외벽으로부터 1m 외부 경계선 밖의 부지내 배수설비 또는 경계선으로부터 공공하수관, 정화조까지의 배수설비

(1) 합류식

기존의 도시 하수관거에서 사용하는 방식으로 우수와 하수를 합류시켜 배수하는 것으로 청전 시에는 오수만 흐르고 강우 시에는 우수와 오수가 합류

(2) 분류식

건물 내의 배수를 오수와 잡배수 그리고 빗물로 나누어 각각 배출하는 방식으로 합류배수방식을 채용할 수 없는 건물에서 오수를 정화조에서 처리한 후 잡배수와 빗물을 합류하여 배출

3 중수도 시스템

의 의	종래 수도에 의한 상수를 1차로 사용한 후 하수로 방출하기 전에 다시 정화하여 사용하는 재생 처리 방식
특 징	① 음용수나 취사용수 및 피부접촉 용수(목욕, 세면, 세탁)에는 사용할 수 없음 ② 생활용수(변소, 청소, 세차, 소방용수 등)에 사용함 ③ 중수급수관은 상수와 분리설치하고 사용 후 배수는 상수배수관과 함께 사용함

02 트랩(Trap)

1 설치목적

배수관 내의 악취, 유독가스 및 벌레 등이 실내로 침투하는 것을 방지

2 트랩의 종류

분 류	종 류	특 징
사이편형 (파이프형)	S트랩	대변기, 소변기에 부착하나 봉수파괴가 잘됨
	P트랩	세면기, 위생기구에서 가장 많이 쓰이는 형식
	U트랩	가옥 또는 메인 트랩으로 배수 횡주관 도중에 설치하여 공공 하수관에서의 하수 가스의 역류 방지용이나 수평배수관에 설치하여 유속이 느려짐
비사이편형 (용적형)	드럼 트랩	주방 싱크의 배수용 트랩으로 다량의 물이 고여 봉수가 안정적이며 청소가 가능하나 자정작용이 없어 침전물이 정체
	벨트랩	화장실 등의 바닥 배수용
포집기	그리스 포집기	주방 등에서 기름기가 많은 배수로부터 기름기를 제거·분리
	샌드 포집기	진흙이나 모래를 다량으로 포함하는 곳(해수욕장, 세차장, 주차장 등)에 설치
	플라스터 포집기	치과의 기공실, 정형외과의 기브스실의 배수
	가솔린 포집기	자동차 정비소, 주유소, 주차장 등의 휘발 성분 제거
	헤어 포집기	미장원에 설치하여 배수관 내에 모발 등이 침투하여 막히는 것을 방지
	개러지 포집기	차고 내의 바닥 배수용 트랩
	런더리 포집기	세탁장의 단추, 끈 등의 세탁 불순물의 제거

보충학습

➤ 오일포집기

차 정비고와 세차시설과, 기름과 인화성 액체 폐기물이 발생하는 공장과 유압식 엘리베이터의 집유정 등에 설치함
1. 경보장치를 설치한 유압식 엘리베이터 집유정에는 필요 없음
2. 자동차점검, 수리, 세차, 주유를 하지 않는 주차장에 필요 없음
3. 차고용도의 상업용 주차장은 포집기가 필요 없음

3 트랩의 봉수파괴 원인과 방지책

구 분	봉수파괴원리	대 책
자기사이펀 작용	만수, 만류된 물이 일시에 흐르게 될 경우 트랩 및 배수관이 사이펀 작용을 일으켜 배수관 쪽으로 흡인되어 배출되며 가장 자주 발생함	통기관 설치
유인사이펀 작용 (흡인작용)	수직관 가까이에 기구를 설치할 경우 수직관 상부에서 일시에 다량의 물이 배수되면 진공(부압)상태가 되어 봉수가 흡인되어 배출	통기관 설치
분출작용 (토출, 역압작용)	일시에 다량의 물이 배수될 경우 일종의 피스톤작용을 일으켜 하류 및 하층 기구의 트랩 봉수가 실내 측으로 역류됨	통기관 설치
모세관 현상	트랩 출구에 천, 모발 및 실 등이 모세관 현상을 일으켜 봉수 파괴	스크린 설치
증발현상	트랩의 사용빈도가 작아 자연스럽게 물이 증발되어 봉수 파괴(봉수 유지용 보급수 장치를 봉수 수위보다 높은 곳에 트랩과 연결하여 방지 가능)	기름 첨가
운동량에 의한 관성작용	강풍, 지진 등의 원인으로 배관 중에 급격한 압력변화로 봉수면이 상하 동요를 일으켜 사이펀 작용이 일어나거나 봉수가 배출됨	격자 석쇠 설치

⊕ 봉수의 깊이 : 트랩의 종류와 관계없이 50~100mm(웨어에서 디프까지의 수직거리)로 봉수깊이가 너무 낮으면 봉수를 손실하기 쉽고, 너무 깊은 경우 유수에 대한 저항이 증대되어 통수능력이 감소되며, 그에 따라 자정작용이 없어지게 된다.
⊕ 순간 봉수파괴 : 기포 등의 공기가 일시적으로 유출 측이나 유입 측을 통과함
⊕ 상시 봉수파괴 : 일반적인 봉수파괴로 각종의 봉수손실 현상으로 봉수가 감소하고, 봉수면이 최저 수위보다 낮아진 경우는 공기가 상시 통과함

4 트랩 설치 시 주의사항

(1) 각 위생기구마다 수봉식 트랩을 설치하며 기구는 2중 트랩이 되지 않도록 함

(2) 오버플로우관은 트랩의 유입구(⊕ 상류측)에 연결

(3) 건물배수트랩은 설치하지 않음

(4) 기구트랩의 관지름은 최소 트랩 구경 이상으로 하되 연결된 배수관보다 크지 않아야 함

(5) 바닥배수트랩은 내열과 내식성을 분리할 수 있는 스트레이너를 설치하며 스트레이너의 개구 유효면적은 유출관 단면적 이상으로 함

(6) 금지트랩

① 봉수유지를 이해 가동 부분이 있는 트랩

② 벨트랩

③ 정부 통기트랩

④ 내식성 재질이 아니고 기구 일체형이 아닌 내부 격판으로 봉수하는 트랩. 단, 고체 포집기용 드럼트랩과 화학배수용 드럼트랩은 가능함

03 통기설비

1 통기관의 설치목적

(1) **주목적**: 사이펀 작용 및 배압으로부터 트랩의 봉수보호

(2) 배수관 내의 원활한 흐름

(3) 신선한 공기의 유통으로 청결 유지

(4) 관내 일정 기압 유지

2 종 류

(1) **각개통기관**

① 각 위생기구마다 통기관을 세우는 것으로 가장 이상적인 통기방식

② 트랩에 접근시켜 기구의 수면보다 15cm 정도 높은 곳에서 통기수평지관에 접속함

(2) **루프통기관**(회로통기관, 환상통기관)

① 2개에서 8개 이내의 트랩을 보호하기 위하여 최상류에 있는 위생기구 기구배수관이 배수수평지관과 연결되는 바로 하류의 수평지관에 접속시켜 통기수직관 또는 신정통기관으로 연결하는 통기관

② 통기수직관과 최상류기구까지의 통기관 연장은 7.5m 이내로 함

(3) **도피통기관**

① 루프통기관에서 8개 이상의 기구를 감당하거나 대변기가 3개 이상 있는 경우 통기능률을 촉진시킴

② 배수횡주관 최하류와 통기수직관을 연결한 통기관

(4) 결합통기관

① 브랜치 간격의 수가 11 이상인 고층건물의 경우 배수수직주관과 통기수직주관을 접속하는 통기관

② 매 10개의 브랜치 간격마다 설치해서 배수수직주관의 통기를 촉진(🔎 브랜치 간격 : 배수수직관에 연결된 수평지관 사이의 수직거리가 2.4m 이상인 간격)

(5) 공용통기관 : 2개의 위생기구가 같은 레벨로 설치되어 있을 때 배수관이 교점에서 접속되어 수직으로 세운 통기관

(6) 신정통기관 : 배수수직관 끝의 관경을 줄이지 않고 대기부로 연장하여 통기관으로 사용하는 부분으로 굴뚝역할을 겸함

(7) 통기헤더 : 통기수직관과 신정통기관을 대기 중에 개구하기 전 두 개의 관을 하나로 관으로 통합한 부분

(8) 습식통기관(습윤통기관) : 루프통기관에 연결된 최상류 기구에 연결된 통기와 배수의 역할을 함께 하는 통기관

(9) 특수통기 방식 : 신정통기관의 변형

소벤트 방식	통기관을 별도로 인입 설치하지 않고 신정통기관만으로 배수와 통기를 겸하는 방식으로 공기혼합이음쇠와 공기분리이음쇠가 필요함
섹스티아 방식	섹스티아 이음쇠를 통해 배수수직관의 유수에 선회력을 주어 공기코어를 유지시켜 하나의 관으로 배수와 통기를 겸하는 방식으로 층수의 제한없이 사용가능하며 소음이 작고 통기 및 배수계통이 간단함

🔎 기구통기관 : 기구배수관에서 수직선과 45도 이내의 각도로 인출하여 세운 통기관으로 이 분기점에서 다른 통기관까지의 관으로 각개통기관과 공용통기관 등이 있음

🔎 모든 통기관은 그와 접속하는 배수관경의 1/2 이상으로 유지해야 하고 신정통기관은 배수수직관의 관경 이상으로 하며 통기관경의 크기는 결합통기관 > 루프통기관 > 각개통기관(D32) 순서임

3 통기관 배관 시 주의사항

> 1. 통기관은 기구의 오버플로우선(150mm) 이상 입상시킨 다음 통기수직관에 연결
> 2. 브랜치 간격의 수가 5개 이상인 모든 배수수직관에는 통기수직관을 설치함
> 3. 통기관의 대기개구부는 직접 외기에 개방하며 개구부의 위쪽에서 0.6m 이상 높게 할 것
> 4. 바닥아래 통기 배관은 금지
> 5. 배수수평관과 통기관의 연결은 배수관 단면의 수직중심선 상부에서 45도 이내의 각도로 접속함
> 6. 통기수직관과 빗물수직관 겸용하지 않음
> 7. 오수피트와 잡배수 피트는 개별 통기관을 각각 설치
> 8. 통기관과 실내 환기용 덕트와 서로 연결하지 않음
> 9. 간접배수계통의 통기관은 단독으로 대기 중에 개구
> 10. 빗물(우수)수직관과 배수관, 분뇨정화조, 통기관과 겸용하거나 연결하여 사용하지 않음
> 11. 오물정화조의 배기관은 일반 통기관과 연결하지 않고 단독으로 대기 중에 개구

04 배수관의 구배와 관경

1 배수관의 구배

(1) 구배는 배수능력이 저하되지 않는 정도의 구배로 하며 가능한한 급구배로 하는 것이 좋다.

(2) 구배정도는 관경(mm)의 역수 이상으로 하며 관경이 작을수록 급구배로 함

(3) 표준구배는 1/50~1/100 정도

(4) 표준 유속은 0.6~2.4m/s 정도(쥐 평균 1.2m/s)

(5) 배수관의 유수면 높이는 관경의 1/2~2/3 정도로 하여 배수능력을 저하시키지 말 것

2 배수관의 관경

(1) 배수관의 관경이 필요이상 크면 배수능력의 저하, 유속 감소로 인한 고형물 침전 등으로 배수관이 막힘

(2) 배수부하단위

① 기준 및 결정

배수관의 관경은 단위시간당 최대유량에 의한 배수부하단위로 산정하며 각 기구의 최대배수유량을 세면기의 최대 배수유량(약 $30\,\ell/\text{min}$ 기준)으로 나눈 값으로 여기에 기구의 동시사용률과 기구종류에 따른 사용빈도수 및 사용자수를 감안하여 결정

② 기구배수부하단위 크기순서(공동주택)

대변기(WC, 8) > 욕조, 샤워(B, 2) > 세면기(Lav, 1)

③ 관경 크기

㉠ 배수관은 최소 30mm(DN32) 이상으로 하되 상류 및 하류방향으로 모두 관경을 축소하지 않고 동일하게 함

㉡ 기구배수관의 관경은 이것과 접속하는 기구의 트랩구경 이상으로 함

㉢ 배수수평지관 관경은 이것과 접속하는 기구배수관의 최대관경 이상으로 함

㉣ 배수수직관의 관경은 이것과 접속하는 배수수평지관의 최대관경 이상으로 함

05 배관설계 및 시공상 주의사항

(1) 배수 및 통기관은 파이프 샤프트 내에 배관하고 변기는 될 수 있는 대로 수직관 가까이에 배치함

(2) 청소구 설치

장 소	① 가옥 배수관과 대지하수관이 접속되는 곳 ② 배수 수직관의 최하단부 ③ 수평지관의 최상단부 ④ 배관이 45° 이상의 각도로 구부러지는 곳 ⑤ 각종 트랩 및 배관상 특히 필요로 하는 곳
간 격	수평관의 관경이 100mm 미만은 직선거리 15m 이내마다, 100mm 이상의 관은 30m 이내마다

(3) 배수용으로 쓰이는 배관설비 기준

① 우수관과 오수관은 분리하여 배관할 것

② 콘크리트구조체에 배관을 매설하거나 배관이 콘크리트구조체를 관통할 경우에는 구조체에 덧관을 미리 매설하는 등 배관의 부식을 방지하고 그 수선 및 교체가 용이하도록 할 것

③ 60℃ 이상의 고온의 배수는 60℃ 이하로 냉각한 후 배수할 것

(4) 발포 존은 배수관의 45° 이상의 꺾임부 상부측으로 발포 존에서는 기구배수관이나 배수 수평지관을 접속하는 것을 피해야 함

(5) 공동주택 등 주거용 건물은 배수 소음 차단을 위해 배수용 배관을 당해층에 설치하지 않고 층하배관구조로 저소음제품을 사용함

(6) 배수지관 등이 합류하는 경우에는 반드시 45° 이내의 예각으로 하고 수평기울기로 합류시킴

(7) 배수수평주관 또는 수평지관에는 T형 이음쇠, ST형 이음쇠, 크로스 이음쇠를 사용하지 않음

(8) 배수계통 배관의 중간에는 유니온 또는 플랜지를 사용하지 않음

(9) 옥내배수관의 방향 변환은 적정한 이형관을 사용함

(10) 배수관에는 구멍을 뚫어 나사를 내거나 용접하지 않음

(11) 동결염려가 있는 장소나 지역에서는 적절한 보호를 하되 건물외측에 노출 또는 중간에 은폐시켜 배관하지 않음

(12) 배관 공사 완료 후 트랩이나 각 접속부분의 수밀 및 기밀상태의 완전여부를 위해 시험

① **시험 시 주의사항**

㉠ 시험 시 모든 수전은 폐쇄하여 밀폐시킴

㉡ 수압, 기압시험 시에는 수전이 설치되기 이전이므로 폐쇄수전으로 밀폐시킴

② **시험방법**

㉠ 배관공사 시공 완료

기압시험	다른 개구부는 밀폐하고 공기 압축기로 한 개구부를 통해 0.035MPa 압력으로 15분간 이상 압력 유지하며 압력이 강하하면 공기가 새는 것임
만수시험	배관공사 만료 뒤 기구 부착 전에 누수 및 통기관의 취기 누설방지 목적으로 배수통기관에 30kPa 수압의 물을 채워 수압시험

ⓒ 위생기구 설치 완료 후 모든 트랩에 물을 채움 : 기밀시험

연기시험	시험수두 250Pa 이상 15분간 유지함
박하시험	시험대상 부분의 모든 트랩부분을 밀폐하고 박하유를 통기구에 주입한 다음 그 통기구를 밀폐하여 박하의 누출여부를 검사하는 것으로 누설 여부를 판단하기는 곤란함

ⓒ 통수(유하)시험 : 배수 및 통기시험 중 기구를 부착한 후 마지막으로 행하는 것으로 배수유하에 따른 지장유무를 검사하고 각 기구의 사용상태에 대응한 수량으로 배수하고 배수의 유하상황이나 트랩의 봉수 등에 이상 소음의 발생 유무를 검사함

> **정확도 순서**
>
> 기압시험(0.035MPa, 15분) > 수압시험(0.03MPa, 30분) > 연기시험 > 통수시험

06 위생설비

1 위생도기

조 건	① 내마모성 및 내식성이 크고 흡수성이 적을 것 ② 제작 및 조립 설치가 용이할 것 ③ 청결 유지가 가능할 것
장·단점	① 산·알칼리에 침식되지 않음 ② 오물의 부착 및 오수나 악취를 흡수하지 않으며 변질되지 않음 ③ 복잡한 형태의 구조 제작이 가능함 ④ 충격에 약하며 파손 시 수리가 곤란하여 교체해야 함 ⑤ 탄력성 및 팽창률이 작아 금속이나 콘크리트와의 접합 시 주의할 것
종 류	용화소지질(④ 가장 우수함), 화장 소지질, 경질도기질
시 험	침투(잉크)시험, 급랭시험, 관입시험, 세정시험, 누수시험, 배수로시험, 누기시험, 외관시험 등
체 결	① 도기를 볼트로 체결하는 경우에는 힘이 균일하게 가해지도록 해야 한다. 또한 도기가 파손되지 않도록 체결강도에 주의 ② 급배수 철물과 도기를 체결할 경우 관의 진동 및 신축에 의해 도기가 파손 되지 않도록 반드시 고무 패킹을 끼우고 나서 체결
일부 매립	콘크리트 또는 모르타르와 도기의 접촉면에는 완충제로서 아스팔트 등을 감아 직접 밀착되지 않도록 함

2 위생 설비의 유닛화

목 적	유의사항
① 공기의 단축(쉿 비용절감) ② 공정 단순화(쉿 계획 및 설계 작업 경감) ③ 방수처리 및 양생 작업 경감 ④ 품질의 향상(쉿 공장에서 제작하기 때문에 시공정밀도 좋고 일정 수준의 품질 유지) ⑤ 보수 및 갱신의 용이성	① 획일적이고 각 개인의 요구조건을 충분히 만족시킬 수 없음 ② 배관이 방수부를 통과하지 않고 바닥 위에서 처리가 가능할 것 ③ 현장조립이 용이하고 유닛 내의 배관이 단순할 것

3 대변기

(1) 세정급수방식의 분류

구 분		급수관경	세정관경	세정량 및 설치면적	소 음	주택사용	수리성
세정탱크식 (시스턴식)	하이탱크	DN15	DN32	작음	큼	곤란	불편
	로우탱크	DN15	DN50	큼	작음	가능	쉬움
세정밸브식	플러시 밸브	DN25	DN25	① 최저 급수압 0.1MPa 이상 필요 ② 연속 사용 가능 ③ 진공방지기(Vacuum breaker) 설치 필요 ④ 소음이 크고 수리 곤란으로 주택사용 곤란			
기압탱크식		DN15	―	―			

(2) 세정방식에 의한 분류

분 류	특 징
세출식	① 동양식 변기로 공공장소 등의 보급형 변기 ② 대변기의 얕은 수면에 물을 받아 가장자리의 여러 곳에서 분출되는 세정수로 오물을 씻어 내림
세락식	① 일반적으로 양식변기에 사용 ② 오물을 직접 유수부에 낙하시켜 물의 낙차에 의하여 오물을 배출하는 방식 ③ 용변시 물이 튀어 오르는 결점이 있다.
사이펀식	① 세정수가 배수로 내를 만수시켜 사이펀작용이 오물을 세정 ② 유수면이 넓어(건조면적이 작아) 악취의 발산도 적고 오물이 부착하기 어렵다.
사이펀제트식	① 사이펀작용과 제트작용으로 오물을 세정한다. ② 사이펀식보다 배출능력이 우수하고 유수면이 넓어 더러움의 부착성이 작다. ③ 성능이 가장 우수하고 이상적인 방식이다(⊃ 봉수의 유효깊이 75mm 이상).
블로우아웃식	① 제트작용을 중점으로 오물을 세정 ② 급수압이 0.17MPa 이상 필요 ③ 세정 시 소음이 커서 주택사용 곤란

1 관련법 용어

하 수	사람의 생활이나 경제활동으로 인하여 액체성 또는 고체성의 물질이 섞이어 오염된 물과 건물·도로 그 밖의 시설물의 부지로부터 하수도로 유입되는 빗물·지하수 포함. 단, 농작물의 경작으로 인한 것은 제외
분 뇨	수거식 화장실에서 수거되는 액체성 또는 고체성의 오염물질(개인하수처리시설의 청소과정에서 발생하는 찌꺼기를 포함)
하수도	하수와 분뇨를 유출 또는 처리하기 위하여 설치되는 하수관거·공공하수처리시설·분뇨처리시설·배수설비·개인하수처리시설 그 밖의 공작물·시설의 총체
공공하수도	지방자치단체가 설치 또는 관리하는 하수도를 말한다. 다만, 개인하수도를 제외한다.
합류식 하수관거	오수와 하수도로 유입되는 빗물·지하수가 함께 흐르도록 하기 위한 하수관거
분류식 하수관거	오수와 하수도로 유입되는 빗물·지하수가 각각 구분되어 흐르도록 하기 위한 하수관거
분뇨처리시설	분뇨를 침전·분해 등의 방법으로 처리하는 시설

2 오염의 지표

구 분	정 의	특 징
BOD	생물 화학적 산소요구량	오수 중의 오염된 물질이 되는 유기물이 오수 중에서 미생물에 의해 분해하여 안정화하는 과정에서 소비되는 수중에 녹아 있는 산소를 20℃에서 5일간 시료를 방치해서 측정한 값을 ppm으로 나타낸 것
COD	화학적 산소요구량	폐수 중에 산화되기 쉬운 용존유기물을 화학적으로 안정된 물질로 변하는 데 필요한 산소요구량으로 공장폐수에서 단시간 내에 측정
DO	물속에 용해되어 있는 용존산소량	

SS	오수 중에 함유되어 있는 부유물질량으로 입경 2mm 이하의 불용성 부유물질을 ppm으로 표시
스컴(scum)	정화조 내의 오수 표면 위에 떠오르는 오물찌꺼기
활성오니	호기성 미생물 덩어리
SV (활성오니 용량)	오니란 직경 2mm 이하의 불용성의 부유하는 물질을 말하며, 정화조의 활성오니 1ℓ를 30분간 가라앉힌 상태의 침전오니량으로 %로 표시한 것

(1) BOD와 COD 농도가 높다는 것은 수질오염이 많다는 의미

(2) 정화조의 성능은 BOD제거율이 높을수록, 방류수의 BOD가 작을수록 우수함

$$\text{BOD 제거율(\%)} = \frac{\text{유입수의 BOD} - \text{유출수의 BOD}}{\text{유입수의 BOD}} \times 100$$

(3) **슬러지**(Sludge): 하수처리 또는 정수과정에서 생긴 침전물을 말하며 폭기조 등에서 물속의 부유물이나 찌꺼기에 있는 수많은 미생물이 활동하고 있으며 이 미생물의 활동에 의해 유기물질이 분해되고 처리

③ 오수처리방법

구 분	종 류	
물리적 처리	① 스크린: 일종의 여과 및 파쇄장치로서 거칠고 입자가 큰 부유물질을 제거함 ② 교반: 폭기조 등에서 오수 중에 산소를 강제로 혼입하여 휘저어서 산화시킴 ③ 침전, 여과, 부상물 처리 등	
화학적 처리	안정화, 연수화, 중화, 산화, 환원처리, 응집 등	
생물학적 처리	혐기성 처리	호기성 처리
종 류	다실형, 2중 탱크형, 변형 2중탱크형(임호프 방식)	회전원판법, 살수여상식, 평면산화형, 활성슬러지식, 지하모래여과식 등
공기(산소)	차단(밀폐)	공급(자연공급 또는 강제공급)
처리공간	큼	작음
처리기간	길다	짧다
악 취	발생	없음(도심지에 적합함)
처리효율	낮음	높음
동력비	작음	큼

4 부패탱크식 오물정화조

세균작용에 의해 오물을 부패·분해시켜 처리하는 방식(정화조는 연 1회 이상 내부 청소할 것)

구 분	용 량	조 건	특 징
부패조	유입 오수량의 2일분 이상	혐기성균으로 침전·소화용	① 제1부 : 제2부 : 예비여과조 = 4 : 2 : 1(2) ② 2실 이상 4실 이하로 직렬연결 ③ 제1실의 유입관은 T 자형관으로 하고 개구부 위치는 수면으로부터 유효수심의 1/3 깊이 ④ 각 실의 유효수심은 1~2.7m 이하
여과조	—	① 부유물이나 잡물제거 ② 산화조의 통기성 향상	① 오수의 흐름은 하부 ⇨ 상부 ② 모래층 두께는 수심의 1/3~1/2 정도
산화조	부패조 용량의 1/2 이상	산소 공급으로 호기성균에 의한 산화 (분해)	① 살수 여상 방식으로 살수홈통에 의해 살수 ② 쇄석층 두께: 0.9~2m ③ 소독조를 향해 선하향구배(1/100) ④ 배기관 및 송기구를 설치하여 통기 설비를 지상 3m 이상으로 설치 ⑤ 정화조 바닥과 쇄석받이는 10cm 이상 이격
소독조	—	염소계의 주입은 액체 및 고체 상태로 함	용량은 25ℓ, 10일 이상

⬌ 부패조 크기의 산정(n : 사용인원수, 제1, 2부패조, 예비여과조의 총합을 의미)

(1) **5인 이하**: 1.5m^3 이상

(2) **5인 초과**: $1.5\text{m}^3 + 5$명당 0.5m^3 이상 가산[$= 1.5 + (n - 5) \times 0.1$]

⬌ 산화조의 크기(쇄석층의 용량) ≥ 부패조 크기 × 1/2

5 오수정화시설의 종류

정화시설	방 식	장 점	단 점
임호프 탱크방법	물리적 및 화학적 처리를 동시에 이용	① 소요면적이 적다. ② 운전이 필요 없다. ③ 동력비가 작다. ④ 기계 설비가 필요 없다.	① 처리 효율이 낮다. ② 작은 용량에만 적합하다.
살수여상법	미생물막으로 덮힌 쇄석층을 통과시키는 과정에서 미생물에 의해 분해함	① 발생 슬러지량이 적다. ② 낮은 BOD의 배수에 알맞다. ③ 자연통풍으로 산소공급하여 동력비가 작다.	① 처리효율이 낮다. ② 처리수의 탁도가 높다. ③ 기온이 낮은 지역에서는 처리효율이 낮다.
장시간 폭기법	산화·침전	① 발생 슬러지량이 적다. ② 처리수질이 임호프 탱크방법보다 좋다. ③ 유입오수의 양과 질의 부하변동에 강하다.	① 폭기조 용적이 크다. ② 폭기량이 많아 동력비가 높다.
표준 활성오니법	8시간 정도 폭기시킨 후 침전조에서 처리수와 오니를 분리하여 처리하는 고급처리방식	① 유기물질 제거능력이 크다. ② 처리수질이 양호하다. ③ 슬러지의 침강성이 좋다. ④ 설계 및 운전재료가 많다.	① 강제폭기방식으로 동력비가 크다. ② 발생 슬러지량이 비교적 많다.

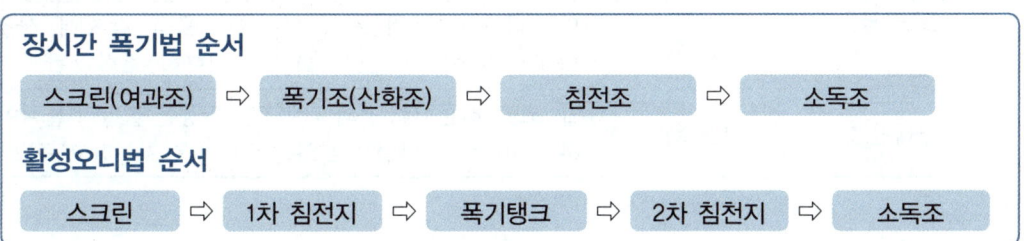

장시간 폭기법 순서

스크린(여과조) ⇨ 폭기조(산화조) ⇨ 침전조 ⇨ 소독조

활성오니법 순서

스크린 ⇨ 1차 침전지 ⇨ 폭기탱크 ⇨ 2차 침천지 ⇨ 소독조

---

01   소화 일반사항

1   연소와 소화의 원리

(1) 의 의

연소는 가연물, 산소, 열의 세 조건이 만족될 때 일어나며 소화는 이들 세 요소 중 하나 이상을 제거 또는 희석 시켜 연소를 정지 및 억제시키는 것

(2) 소화방법

연소 요소	소화의 원리	비 고
가연물질	제거(파괴)소화	화재가 확산하는 것을 방지하기 위해 가연물을 제거·파괴하는 방법
열원(점화원)	냉각소화	액체(물) 또는 고체를 사용하여 열을 내리는 방법으로 가연물을 발화점 온도 이하로 내리는 방법
산소공급원	희석소화	산소농도와 가연물의 조성을 연소한계보다 묽게 하는 방법
	질식소화	포말이나 불연성기체 등으로 연소물을 감싸서 산소를 차단하는 방법으로 모든 화재에 적당한 소화방법
연쇄반응	억제소화	분말, 포말, 하론설비 등과 같이 연쇄반응을 불활성 물질이 억제하여 차단하는 방법으로 화학적 반응을 지연하고 중단시킴

2   화재의 종류

A급 화재	일반화재	백색(🔁 목재, 종이류, 직물류 등 화재 시 재가 남음)
B급 화재	유류화재	황색(🔁 석유류 및 가연성 액체, 유지류 등의 화재)
C급 화재	전기화재	청색(🔁 전기기기에서 발생하는 화재)
D급 화재	금속화재	무색(🔁 나트륨, 마그네슘, 우라늄 등과 같은 활성금속의 화재)
K급 화재	주방화재	가연성 조리재료(동식물성 기름 또는 지방)를 포함한 조리기구

02 소방설비

1 소방시설의 분류

소화설비	경보설비	피난설비	소화용수설비	소화활동설비
1. 수동식 및 자동식 소화기구 2. 옥내소화전 3. 옥외소화전 4. 스프링클러 5. 드렌쳐 6. 기타 소화설비	1. 비상경보설비 2. 비상방송설비 3. 각종 경보기 4. 자동화재탐지·속보설비 5. 누전경보기 6. 자동화재속보설비 7. 통합감시설비	1. 미끄럼대, 완강기 등 2. 인명구조기구 3. 유도등 및 유도표지 4. 비상조명등	1. 상수도소화용수설비 2. 소화수조·저수조 그 밖의 소화용수설비	1. 제연설비 2. 연결송수관설비 3. 연결살수설비 4. 비상콘센트설비 5. 무선통신보조설비 6. 연소방지설비

- 비상조명등의 조도는 설치된 장소의 각 부분의 바닥에서 1lx 이상이 되도록 할 것
- **누전경보기**: 내화구조가 아닌 건축물로서 벽, 바닥 또는 천장의 전부나 일부를 불연재료 또는 준불연 재료가 아닌 재료에 철망을 넣어 만든 건물의 전기설비로부터 누설전류를 탐지하여 경보를 발하는 기기로서, 변류기와 수신부로 구성된 것

2 소화기구

1. 소화기

(1) 종 류

소형소화기	능력단위가 1단위 이상이고 대형소화기의 능력단위 미만인 소화기
대형소화기	화재 시 사람이 운반할 수 있도록 운반대와 바퀴가 설치되어 있고 능력단위가 A급 10단위 이상, B급 20단위 이상인 소화기

- 특정소방대상물 중 공동주택, 업무시설, 근린생활시설 등은 해당용도의 바닥면적 $100m^2$ 마다 소화기구의 능력단위 1단위 이상 필요(단, 내화구조에 실내에 불연재료, 준불연재료 및 난연재료를 사용할 경우 바닥면적의 2배를 기준으로 함)

(2) 설 치

① 각 층마다 설치하되, 각 층이 2 이상의 거실로 구획된 경우에는 각 층마다 설치하는 것 외에 바닥면적이 33m² 이상으로 구획된 각 거실에도 배치할 것

② 각 부분으로부터 1개의 소화기까지의 보행거리가 소형소화기는 20m 이내, 대형소화기는 30m 이내가 되도록 배치할 것

③ 소화기구(자동확산소화기를 제외한다)는 바닥으로부터 높이 1.5m 이하의 곳에 비치

기 기	소화기	투척용 소화용구	마른모래	팽창질석 및 팽창진주암
표지 표시	소화기	투척용 소화용구	소화용모래	소화질석

④ 소형소화기를 설치해야 할 특정소방대상물 또는 그 부분에 옥내소화전설비·스프링클러설비·물분무등소화설비·옥외소화전설비 또는 대형소화기를 설치한 경우에는 소형소화기의 3분의 2(대형소화기를 둔 경우에는 2분의 1) 감소가능

⑤ 대형소화기를 설치해야 할 특정소방대상물 또는 그 부분에 옥내소화전설비·스프링클러설비·물분무등소화설비 또는 옥외소화전설비를 설치한 경우에는 대형소화기를 설치하지 않을 수 있음

⑥ 이산화탄소 또는 할로겐화합물을 방출하는 소화기구(자동확산소화기를 제외한다)는 지하층이나 무창층 또는 밀폐된 거실로서 그 바닥면적이 20m² 미만의 장소에는 설치할 수 없다. 다만, 배기를 위한 유효한 개구부가 있는 장소인 경우에는 그렇지 않다.

2. 자동확산소화기 : 화재를 감지하여 자동으로 소화약제를 방출 확산시켜 국소적으로 소화하는 소화기

일반화재용	보일러실, 건조실, 세탁소, 대량화기취급소 등에 설치
주방화재용	음식점, 다중이용업소, 호텔, 기숙사, 업무시설, 공장 등의 주방에 설치
전기설비용	변전실, 송전실, 변압기실, 배전반실, 제어반, 분전반 등에 설치

3. 자동소화장치 : 소화약제를 자동으로 방사하는 고정된 소화장치

구 분	감지부	방 법
주거용	주거용 주방에 설치된 열발생 조리기구	열원(전기나 가스)을 자동으로 차단하며 소화약제를 방출
상업용	상업용 주방에 설치된 열발생 조리기구	열원(전기나 가스)을 자동으로 차단하며 소화약제를 방출
캐비닛형	열, 연기 또는 불꽃 등을 감지	소화약제를 방사
가 스		가스계 소화약제를 방사
분 말		분말의 소화약제를 방사
고체에어로졸		에어로졸의 소화약제를 방사

🔑 가스용 주방자동소화장치를 사용하는 경우 탐지부는 수신부와 분리하여 설치하되, 공기보다 가벼운 가스를 사용하는 경우에는 천장 면으로부터 30cm 이하의 위치에 설치하고, 공기보다 무거운 가스를 사용하는 장소에는 바닥 면으로부터 30cm 이하의 위치에 설치할 것

3 소방설비 비교

구 분	스프링클러	옥 내	옥 외	연결송수관
방사압력(MPa)	0.1~1.2	0.17~0.7 (호스릴 포함)	0.25~0.7	0.35
설치간격(m)	내화건축물 2.3	25	40	50
방수량(ℓ/min)	80	130 (호스릴 포함)	350	2,400
펌프 토출량 (m^3/min)	$80 \times N$	$130 \times N$ (최대 2개)	$350 \times N$ (최대 2개)	
수원수량(m^3)	$1.6 \times N$ (아파트 기준개수 10개)	$2.6 \times N$ (최대 2개, $5.2m^3$)	$7 \times N$ (최대 2개, $14m^3$)	소화활동설비

🔑 수원의 수량(법정저수량, 유효저수량, m^3) = 소화전 1개 방수량 × 20분 × 동시개수구(N)

4 옥내소화전설비의 화재안전기술기준

(1) 용 어

충압펌프	배관 내 압력손실에 따른 주펌프의 빈번한 기동을 방지하기 위하여 충압 역할을 하는 펌프
정격토출량	펌프의 정격부하운전 시 토출량으로서 정격토출압력에서의 펌프의 토출량
정격토출압력	펌프의 정격부하운전 시 토출압력으로서 정격토출량에서의 펌프의 토출 측 압력
진공계	대기압 이하의 압력을 측정하는 계측기
연성계	대기압 이상의 압력과 대기압 이하의 압력을 측정할 수 있는 계측기
체절운전	펌프의 성능시험을 목적으로 펌프 토출측의 개폐밸브를 닫은 상태에서 펌프를 운전하는 것
기동용 수압개폐장치	소화설비의 배관 내 압력변동을 검지하여 자동적으로 펌프를 기동 및 정지시키는 것으로서 압력챔버 또는 기동용압력스위치 등
급수배관	수원 또는 송수구 등으로부터 소화설비에 급수하는 배관
분기배관	배관 측면에 구멍을 뚫어 둘 이상의 관로가 생기도록 가공한 배관 ① 확관형 분기배관: 배관의 측면에 조그만 구멍을 뚫고 소성가공으로 확관시켜 배관 용접이음자리를 만들거나 배관 용접이음자리에 배관 이음쇠를 용접 이음한 배관 ② 비확관형 분기배관: 배관의 측면에 분기호칭내경 이상의 구멍을 뚫고 배관이음쇠를 용접 이음한 배관
개폐표시형 밸브	밸브의 개폐여부를 외부에서 식별이 가능한 밸브
가압수조	가압원인 압축공기 또는 불연성 기체의 압력으로 소화용수를 가압하여 그 압력으로 급수하는 수조
주펌프	구동장치의 회전 또는 왕복운동으로 소화용수를 가압하여 그 압력으로 급수하는 주된 펌프
예비펌프	주펌프와 동등 이상의 성능이 있는 별도의 펌프

(2) 수 원

① 옥내소화전설비의 수원은 그 저수량이 옥내소화전의 설치개수가 가장 많은 층의 설치개수(2개 이상 설치된 경우에는 2개)에 $2.6m^3$(호스릴옥내소화전설비를 포함한다)를 곱한 양 이상이 되도록 함

② 옥내소화전설비의 수원은 유효수량 외에 유효수량의 3분의 1 이상을 옥상에 설치할 것

③ **옥내소화전설비 수조**
  ㉠ 소화설비의 전용수조로 동결방지조치를 하거나 동결의 우려가 없는 장소에 설치할 것
  ㉡ 수조의 외측에 수위계를 설치할 것
  ㉢ 수조의 상단이 바닥보다 높은 때에는 수조의 외측에 고정식 사다리를 설치할 것
  ㉣ 수조가 실내에 설치된 때에는 그 실내에 조명설비를 설치할 것
  ㉤ 수조의 밑 부분에는 청소용 배수밸브 또는 배수관을 설치할 것

(3) **가압송수장치** : 전동기 또는 내연기관에 따른 펌프를 이용
  ① 특정소방대상물의 어느 층에 있어서도 해당 층의 옥내소화전(2개 이상 설치된 경우에는 2개의 옥내소화전)을 동시에 사용할 경우 각 소화전의 노즐선단에서의 방수압력이 0.17MPa(호스릴옥내소화전설비를 포함한다) 이상이고, 방수량이 130L/min (호스릴옥내소화전설비를 포함한다) 이상이 되는 성능의 것으로 할 것. 다만, 하나의 옥내소화전을 사용하는 노즐선단에서의 방수압력이 0.7MPa을 초과할 경우에는 호스접결구의 인입 측에 감압장치를 설치해야 한다.
  ② 펌프의 토출량은 옥내소화전이 가장 많이 설치된 층의 설치개수(옥내소화전이 2개 이상 설치된 경우에는 2개)에 130L/min를 곱한 양 이상이 되도록 할 것
  ③ 펌프는 전용으로 할 것. 다만, 다른 소화설비와 겸용하는 경우 각각의 소화설비의 성능에 지장이 없을 때에는 그렇지 않다.
  ④ 펌프의 토출 측에는 압력계를 체크밸브 이전에 펌프 토출 측 플랜지에서 가까운 곳에 설치하고, 흡입 측에는 연성계 또는 진공계를 설치할 것. 다만, 수원의 수위가 펌프의 위치보다 높거나 수직회전축펌프의 경우에는 연성계 또는 진공계를 설치하지 않을 수 있다.
  ⑤ 펌프의 성능은 체절운전 시 정격토출압력의 140%를 초과하지 않고, 정격토출량의 150%로 운전 시 정격토출압력의 65% 이상이 되어야 하며, 펌프의 성능을 시험할 수 있는 성능시험배관을 설치할 것. 다만, 충압펌프의 경우에는 그렇지 않다.
  ⑥ 가압송수장치에는 체절운전 시 수온의 상승을 방지하기 위한 순환배관을 설치할 것. 다만, 충압펌프의 경우에는 그렇지 않다.
  ⑦ 기동용수압개폐장치 중 압력챔버를 사용할 경우 그 용적은 100L 이상의 것으로 할 것
  ⑧ 내연기관의 연료량은 펌프를 20분(층수가 30층 이상 49층 이하는 40분, 50층 이상은 60분) 이상 운전할 수 있는 용량일 것
  ⑨ 가압수조의 압력은 방수압 및 방수량을 20분 이상 유지되도록 할 것

⑩ 펌프의 토출 측 주배관의 구경은 유속이 4m/s 이하가 될 수 있는 크기 이상으로 해야 하고, 옥내소화전방수구와 연결되는 가지배관의 구경은 40mm(호스릴옥내소화전설비의 경우에는 25mm) 이상으로 해야 하며, 주배관 중 수직배관의 구경은 50mm(호스릴옥내소화전설비의 경우에는 32mm) 이상으로 해야 한다.

⑪ 연결송수관설비의 배관과 겸용할 경우의 주배관은 구경 100mm 이상, 방수구로 연결되는 배관의 구경은 65mm 이상의 것으로 해야 한다.

⑫ 성능시험배관은 펌프의 토출 측에 설치된 개폐밸브 이전에서 분기하여 직선으로 설치하고, 유량측정장치를 기준으로 전단 직관부에는 개폐밸브를 후단 직관부에는 유량조절밸브를 설치할 것

⑬ 유량측정장치는 펌프의 정격토출량의 175% 이상까지 측정할 수 있는 성능이 있을 것

⑭ 가압송수장치의 체절운전 시 수온의 상승을 방지하기 위하여 체크밸브와 펌프사이에서 분기한 구경 20mm 이상의 배관에 체절압력 미만에서 개방되는 릴리프밸브를 설치할 것

⑮ 급수배관은 전용으로 해야 한다. 다만, 옥내소화전의 기동장치의 조작과 동시에 다른 설비의 용도에 사용하는 배관의 송수를 차단할 수 있거나, 옥내소화전설비의 성능에 지장이 없는 경우에는 다른 설비와 겸용할 수 있다.

⑷ **송수구**

① 송수구로부터 옥내소화전설비의 주배관에 이르는 연결배관에는 개폐밸브를 설치하지 않을 것. 다만, 스프링클러설비ㆍ물분무소화설비ㆍ포소화설비ㆍ또는 연결송수관설비의 배관과 겸용하는 경우에는 그렇지 않다.

② 지면으로부터 높이가 0.5m 이상 1m 이하의 위치에 설치할 것

③ 송수구는 구경 65mm의 쌍구형 또는 단구형으로 할 것

⑸ **방수구**

① 특정소방대상물의 층마다 설치하되, 해당 특정소방대상물의 각 부분으로부터 하나의 옥내소화전 방수구까지의 수평거리가 25m(호스릴옥내소화전설비를 포함한다) 이하가 되도록 할 것. 다만, 복층형 구조의 공동주택의 경우에는 세대의 출입구가 설치된 층에만 설치할 수 있다.

② 바닥으로부터의 높이가 1.5m 이하가 되도록 할 것

③ 호스는 구경 40mm(호스릴옥내소화전설비의 경우에는 25mm) 이상의 것

(6) **비상전원**: 자가발전설비, 축전지설비 또는 전기저장장치
  ① 옥내소화전설비를 유효하게 20분 이상 작동할 수 있어야 할 것
  ② 상용전원으로부터 전력의 공급이 중단된 때에는 자동으로 비상전원으로부터 전력을 공급받을 수 있도록 할 것
  ③ 비상전원을 실내에 설치하는 때에는 그 실내에 비상조명등을 설치할 것
  ④ 소화설비에는 제어반을 설치하되, 감시제어반과 동력제어반으로 구분하여 설치해야 한다.
  ⑤ 감시제어반은 옥내소화전설비의 전용으로 할 것. 다만, 옥내소화전설비의 제어에 지장이 없는 경우에는 다른 설비와 겸용할 수 있다.
  ⑥ 동력제어반 앞면은 적색으로 하고 외함은 두께 1.5mm 이상의 강판 또는 이와 동등 이상의 강도 및 내열성능이 있는 것으로 할 것

5 옥외소화전설비의 화재안전기술기준

(1) 옥외소화전설비의 수원은 그 저수량이 옥외소화전의 설치개수(옥외소화전이 2개 이상 설치된 경우에는 2개)에 $7m^3$를 곱한 양 이상이 되도록 해야 한다.

(2) 특정소방대상물에 설치된 옥외소화전(2개 이상 설치된 경우에는 2개의 옥외소화전)을 동시에 사용할 경우 각 옥외소화전의 노즐선단에서의 방수압력이 0.25MPa 이상이고, 방수량이 350L/min 이상이 되는 성능의 것으로 할 것. 다만, 하나의 옥외소화전을 사용하는 노즐선단에서의 방수압력이 0.7MPa을 초과할 경우에는 호스접결구의 인입측에 감압장치를 설치해야 한다.

(3) 펌프의 토출압력은 그 설비의 최고위 호스 접결구의 자연압보다 적어도 0.2MPa 이상 더 크도록 하거나 가압송수장치의 정격토출압력과 같게 할 것

(4) 호스접결구는 지면으로부터의 높이가 0.5m 이상 1m 이하의 위치에 설치하고 특정소방대상물의 각 부분으로부터 하나의 호스접결구까지의 수평거리가 40m 이하가 되도록 설치해야 하며 호스는 구경 65mm의 것으로 해야 한다.

6 스프링클러 설비

1. 특 징

(1) 소화 및 경보 기능을 겸함으로 초기화재에 필수

(2) 초기설비비가 고가이며 시공이 복잡하나 수명이 반영구적임

(3) 소화 후 복구가 용이하고 소화제가 물이므로 장기적으로 경제적임

(4) 물로 인한 2차 피해 우려

(5) 소화 후 반드시 밸브를 잠금

2. 스프링클러헤드

(1) **스프링클러헤드 내의 가용합금편(감열체)의 용융온도** : 67~75℃(표준 72℃)

(2) **디플렉터**(Deflector) : 방수구에서 유출되는 물을 세분시키는 작용을 하는 부분

(3) **리타딩 체임버**(Retarding chamber) : 수격작용의 압력파에 의해 자동경보설비가 순간적으로 열려서 오보가 되는 것을 방지하기 위해 경보를 발신하는 시간을 약 15초 정도 지연시키는 목적

(4) **헤드의 색상표시**

① **보통실(거실, 사무실)** : 없음

② **부엌, 보일러실 등 열취급 장소** : 백색

③ **건조실** : 청색

④ **고온도 건조실** : 적색

(5) 하향식 헤드를 설치할 경우 헤드에 찌꺼기의 유입을 방지하기 위해 회향식 배관으로 함

건축물의 용도 및 구조	설치반경(m)	헤드간격(m)	방호면적(m^2)
아파트	2.6	3.67	13.49
내화건축물	2.3	3.25	10.56
비내화건축물	2.1	2.96	8.76
무대부, 특수가연물 취급장소	1.7	2.4	5.76

🔖 일반적으로 스프링클러헤드 하나가 소화할 수 있는 면적은 10m^2/head 임
🔖 습식스프링클러설비 및 부압식스프링클러설비 외의 설비에는 상향식스프링클러헤드를 설치할 것

(6) **설치장소의 평상시 최고 주위온도에 따른 폐쇄형스프링클러헤드의 표시온도**

설치장소의 최고 주위온도	39℃ 미만	39℃ 이상 64℃ 미만	64℃ 이상 106℃ 미만	106℃ 이상
표시온도	79℃ 미만	79℃ 이상 121℃ 미만	121℃ 이상 162℃ 미만	162℃ 이상

3. 시스템의 분류

방식		1차측	유수검지장치	2차측	감지기	적용 장소
폐쇄형	습식	가압수	알람밸브	가압수	없음	일반거실, 사무실 등
	건식		건식밸브	압축(가압)공기	없음	주차장 등
	준비작동식		프리액션밸브	대기압	있음	주차장 등
개방형(일체살수식)		가압수	일제개방밸브	대기압	있음	무대부, 위험물저장소 등

4. 스프링클러설비의 화재안전기술기준

(1) 용어의 정의

개방형스프링클러헤드	감열체 없이 방수구가 항상 열려져 있는 헤드
폐쇄형스프링클러헤드	정상상태에서 방수구를 막고 있는 감열체가 일정온도에서 자동적으로 파괴·용융 또는 이탈됨으로써 방수구가 개방되는 헤드
측벽형스프링클러헤드	가압된 물이 분사될 때 헤드의 축심을 중심으로 한 반원상에 균일하게 분산시키는 헤드
건식스프링클러헤드	물과 오리피스가 분리되어 동파를 방지할 수 있는 스프링클러헤드
조기반응형헤드	표준형스프링클러헤드 보다 기류온도 및 기류속도에 조기에 반응하는 것
유수검지장치	유수현상을 자동적으로 검지하여 신호 또는 경보를 발하는 장치
일제개방밸브	일제살수식스프링클러설비에 설치되는 유수검지장치
가지배관	헤드가 설치되어 있는 배관
교차배관	가지배관에 급수하는 배관
주배관	가압송수장치 또는 송수구 등과 직접 연결되어 소화수를 이송하는 주된 배관
신축배관	가지배관과 스프링클러헤드를 연결하는 구부림이 용이하고 유연성을 가진 배관
부압식스프링클러설비	가압송수장치에서 준비작동식유수검지장치의 1차 측까지는 항상 정압의 물이 가압되고, 2차 측 폐쇄형 스프링클러헤드까지는 소화수가 부압으로 되어 있다가 화재 시 감지기의 작동에 의해 정압으로 변하여 유수가 발생하면 작동

⑵ **수 원**

① 폐쇄형스프링클러헤드를 사용하는 경우에는 스프링클러설비 설치장소별 스프링클러헤드의 기준개수[스프링클러헤드의 설치개수가 가장 많은 층(아파트의 경우에는 설치개수가 가장 많은 세대)에 설치된 스프링클러헤드의 개수가 기준개수보다 적은 경우에는 그 설치개수]에 $1.6m^3$를 곱한 양 이상이 되도록 할 것

② 개방형스프링클러헤드를 사용하는 스프링클러설비의 수원은 최대 방수구역에 설치된 스프링클러헤드의 개수가 30개 이하일 경우에는 설치헤드수에 $1.6m^3$를 곱한 양 이상으로 하고, 30개를 초과하는 경우에는 수리계산에 따를 것

⑶ **가압송수장치**

① 가압송수장치의 정격토출압력은 하나의 헤드선단에 0.1MPa 이상 1.2MPa 이하의 방수압력이 될 수 있게 하는 크기일 것

② 하나의 방호구역은 2개 층에 미치지 않도록 할 것. 다만, 1개 층에 설치되는 스프링클러헤드의 수가 10개 이하인 경우와 복층형구조의 공동주택에는 3개 층 이내로 할 수 있다.

③ 가압송수장치의 송수량은 0.1MPa의 방수압력 기준으로 80L/min 이상의 방수성능을 가진 기준개수의 모든 헤드로부터의 방수량을 충족시킬 수 있는 양 이상의 것으로 할 것. 이 경우 속도수두는 계산에 포함하지 않을 수 있다.

④ 스프링클러헤드에 공급되는 물은 유수검지장치를 지나도록 할 것. 다만, 송수구를 통하여 공급되는 물은 그렇지 않다.

⑤ 음향장치는 유수검지장치 및 일제개방밸브 등의 담당구역마다 설치하되 그 구역의 각 부분으로부터 하나의 음향장치까지의 수평거리는 25m 이하가 되도록 할 것

⑷ **경보**: 층수가 11층(공동주택의 경우 16층) 이상의 특정소방대상물은 다음의 기준에 따라 경보를 발할 수 있도록 해야 한다.

발화위치	경보층
2층 이상의 층	발화층 및 그 직상 4개층
1층	발화층·그 직상 4개층 및 지하층
지하층	발화층·그 직상층 및 기타의 지하층

(5) 음향장치

① 정격전압의 80% 전압에서 음향을 발할 수 있는 것으로 할 것

② 음향의 크기는 부착된 음향장치의 중심으로부터 1m 떨어진 위치에서 90dB 이상이 되는 것으로 할 것

(6) 화재감지기 회로에는 다음의 기준에 따른 발신기를 설치할 것

① 조작이 쉬운 장소에 설치하고, 스위치는 바닥으로부터 0.8m 이상 1.5m 이하의 높이에 설치할 것

② 특정소방대상물의 층마다 설치하되, 해당 특정소방대상물의 각 부분으로부터 하나의 발신기까지의 수평거리가 25m 이하가 되도록 할 것

③ 발신기의 위치를 표시하는 표시등은 함의 상부에 설치하되, 그 불빛은 부착 면으로부터 15° 이상의 범위 안에서 부착지점으로부터 10m 이내의 어느 곳에서도 쉽게 식별할 수 있는 적색등으로 할 것

(7) 송수구

① 송수구는 구경 65mm의 쌍구형으로 할 것

② 폐쇄형스프링클러헤드를 사용하는 스프링클러설비의 송수구는 하나의 층의 바닥면적이 3,000m² 를 넘을 때마다 1개 이상(5개를 넘을 경우에는 5개로 한다)을 설치할 것

③ 지면으로부터 높이가 0.5m 이상 1m 이하의 위치에 설치할 것

(8) 전 원

① 스프링클러설비에는 그 특정소방대상물의 수전방식에 따라 상용전원회로의 배선을 설치해야 한다. 다만, 가압수조방식으로서 모든 기능이 20분 이상 유효하게 지속될 수 있는 경우에는 그렇지 않다.

② 저압수전인 경우에는 인입개폐기의 직후에서 분기하여 전용배선으로 해야 하며, 전용의 전선관에 보호되도록 할 것

(9) 드렌처(drencher) 설비

① 건축물의 외벽·창·지붕 등에 설치하며 인접건물에 화재가 발생했을 때 수막을 형성함으로써 화재의 연소를 방지하는 방화설비로 수평거리 2.5m 이하, 수직거리 4m 이하에 1개씩 설치함

② 연소할 우려가 있는 개구부에 드렌처설비를 설치한 경우에는 해당 개구부에 한하여 스프링클러헤드를 설치하지 않을 수 있다.

    ㉠ 드렌처헤드는 개구부 위 측에 2.5m 이내마다 1개를 설치할 것

    ㉡ 제어밸브(일제개방밸브·개폐표시형밸브 및 수동조작부를 합한 것)는 특정소방대상물 층마다에 바닥 면으로부터 0.8m이상 1.5m 이하의 위치에 설치할 것

    ㉢ 수원의 수량은 드렌처헤드가 가장 많이 설치된 제어밸브의 드렌처헤드의 설치 개수에 $1.6m^3$를 곱하여 얻은 수치 이상이 되도록 할 것

    ㉣ 드렌처설비는 드렌처헤드가 가장 많이 설치된 제어밸브에 설치된 드렌처헤드를 동시에 사용하는 경우에 각각의 헤드선단에 방수압력이 0.1MPa 이상, 방수량이 80L/min 이상이 되도록 할 것

7 연결송수관 설비(Siamese connection)

(1) 의 의

건축물의 옥외에 설치된 송수구에 소방차로부터 가압수를 송수하고 소방관이 건축물 내에 설치된 방수기구함에 비치된 호스를 방수구에 연결하여 화재를 진압하는 소화활동설비

(2) 송수구

① 지면으로부터 높이가 0.5m 이상 1m 이하의 위치에 설치할 것

② 구경 65mm의 쌍구형으로 할 것

③ 송수구는 연결송수관의 수직배관마다 1개 이상을 설치할 것

④ 습식의 경우에는 송수구·자동배수밸브·체크밸브의 순으로 설치할 것

⑤ 건식의 경우에는 송수구·자동배수밸브·체크밸브·자동배수밸브의 순으로 설치할 것

⑥ 지면으로부터의 높이가 31m 이상인 특정소방대상물 또는 지상 11층 이상인 특정소방대상물에 있어서는 습식설비로 할 것

⑦ 주배관의 구경은 100mm 이상의 것으로 할 것. 다만, 주배관의 구경이 100mm 이상인 옥내소화전설비의 배관과는 겸용할 수 있다.

⑧ 성능시험배관에 설치하는 유량측정장치는 성능시험배관의 직관부에 설치하되, 펌프 정격토출량의 175% 이상을 측정할 수 있는 것으로 해야 한다.

⑨ 연결송수관설비의 수직배관은 내화구조로 구획된 계단실(부속실을 포함한다) 또는 파이프덕트 등 화재의 우려가 없는 장소에 설치해야 한다.

(3) 방수구

① 연결송수관설비의 방수구는 그 특정소방대상물의 층마다 설치할 것(단, 아파트의 1층 및 2층에는 설치하지 않을 수 있음)

② 아파트 또는 바닥면적이 1,000m² 미만인 층에 있어서는 계단으로부터 5m 이내에 설치할 것

③ 11층 이상의 부분에 설치하는 방수구는 쌍구형으로 할 것(단, 아파트의 용도로 사용되는 층은 단구형으로 설치할 수 있다)

④ 방수구의 호스접결구는 바닥으로부터 높이 0.5m 이상 1m 이하의 위치에 설치할 것

⑤ 방수구는 연결송수관설비의 전용방수구 또는 옥내소화전방수구로서 구경 65mm 의 것으로 설치할 것

(4) 펌프 및 수조

① 펌프의 토출량은 2,400L/min(계단식 아파트의 경우에는 1,200L/min) 이상이 되는 것으로 할 것. 다만, 해당 층에 설치된 방수구가 3개를 초과(방수구가 5개 이상인 경우에는 5개)하는 것에 있어서는 1개마다 800L/min(계단식 아파트의 경우에는 400L/min)를 가산한 양이 되는 것으로 할 것

② 펌프의 양정은 최상층에 설치된 노즐선단의 압력이 0.35MPa 이상의 압력이 되도록 할 것

③ 수조의 유효수량은 100L 이상으로 하되, 구경 15mm 이상의 급수배관에 따라 해당 수조에 물이 계속 보급되도록 할 것

④ 수조의 유효수량은 펌프 정격토출량의 150%로 5분 이상 방수할 수 있는 양 이상이 되도록 해야 한다.

8 기타소화설비

(1) 물분무소화설비

의 의	스프링클러보다 미세하고 균일한 물의 살수로 열의 흡수가 빠르고 분포가 균일하며 물입자의 세분으로 전기절연도가 높고, 감전 및 접지의 위험이 반감됨
특 징	전기화재의 이용에 유익하나 가솔린 등 인화점이 낮은 화재에는 사용이 곤란함

(2) 이산화탄소소화설비

의 의	무해·무취로 소화물에 대해 화학적 변화가 없고 저장기간동안 변질이 없어 반영구적인 사용이 가능함
특 징	소화 후 오염 및 손상 등이 없으며 기체에 의한 소화로 좁은 공간 등의 사각지대가 없으나 산소농도 저하로 사람의 질식에 유의해야 함

(3) 할로겐화물 소화설비(하론설비)

의 의	증발하기 쉬운 액체의 소화제를 탄산가스 등의 가압용 가스의 압력으로 방사하는 방식으로 소화성능이 뛰어나고 인체에 무해하며 물을 이용한 소화로 인한 2차적인 피해가 없음
특 징	발생한 기체에 유독가스가 발생하여 환기에 주의를 해야하며 지구오존층 보호로 인해 하론 가스의 사용금지에 따라 청정화약제로 대체되고 있음

(4) 특수소화설비의 비교

구 분	물분무	분 말	포	이산화탄소	할로겐화물
소화작용	질식, 냉각	질식, 억제	질식, 냉각	질식	질식, 억제
위험물저장 및 취급소, 주차장, 차고	○	○	○	○	○
자동차수리, 정비 공장	–	○	○	○	○
발전기실, 전기실, 통신기계실, 전산실	–	○	–	○	○
비행기격납고	–	○	○	–	–
주요 적용 대상	주차장, 위험물, 차고 등	보일러 등의 기름화재	비행기격납고, 주차장, 기름화재 등	통신기계실, 중요도서, 전기화재 등	컴퓨터실, 변전실, 서고 등

⊞ 소화기구의 소화약제별 적응성

소화약제 구분 / 적응대상	가 스			분 말		액 체				기 타		
	이산화탄소소화약제	할론소화약제	할로겐화합물 및 불활성기체 소화약제	인산염류소화약제	중탄산염류소화약제	산알칼리소화약제	강화액소화약제	포소화약제	물·침윤소화약제	고체에어로졸화합물	마른모래	팽창질석·팽창진주암
일반화재 (A급화재)	−	○	○	○	−	○	○	○	○	○	○	○
유류화재 (B급화재)	○	○	○	○	○	○	○	○	○	○	○	○
전기화재 (C급화재)	○	○	○	○	○	*	*	*	*	○	−	−
주방화재 (K급화재)	−	−	−	−	*	−	*	*	*	−	−	−
금속화재 (D급화재)	−	−	−	−	*	−	−	−	−	−	○	○

[비고] "*"의 소화약제별 적응성은 「소방시설 설치 및 관리에 관한 법률」 제37조에 의한 형식승인 및 제품검사의 기술기준에 따라 화재 종류별 적응성에 적합한 것으로 인정되는 경우에 한한다.

03 자동화재탐지설비와 피난설비 및 비상콘센트설비

1 감지기

(1) 의의 및 분류

화재 시 발생하는 열, 연기, 불꽃 또는 연소생성물을 자동적으로 감지하여 수신기에 화재신호 등을 발신하는 장치

구 분	종 류	작 동	원 리	사용 장소
열	정온식(스폿형, 감지선형)	일정 온도 이상	금속팽창(바이메탈)	온도 변화 큰 곳: 주방, 보일러(불 취급)
	차동식(스폿형, 분포형)	온도상승률 일정 이상	공기팽창(다이어프램)	공장, 강당 등 일반 사무실
	보상식	정온식 + 차동식		
연 기	광전식, 이온화식	15m 이상 층고가 높은 계단, 복도, 무대 등		
광	불꽃감지기	—		

🔑 리크밸브(리크공): 차동식 감지기에서 불필요한 압력을 배출하여 비화재보를 미연에 방지

(2) 부착높이에 따라

부착높이	종 류
15~20m	이온화식 1종, 광전식 1종, 연기복합형, 불꽃감지기
20m 이상	광전식 중 아날로그식, 불꽃감지기

2 화재안전기준 상의 자동화재 탐지설비

(1) 연기감지기 설치 장소

① 계단·경사로 및 에스컬레이터 경사로

② 복도(30m 미만의 것을 제외한다)

③ 엘리베이터 승강로(권상기실이 있는 경우에는 권상기실) 및 피트, 덕트 기타 이와 유사한 장소

④ 천장 또는 반자의 높이가 15m 이상 20m 미만의 장소

(2) 감지기 설치기준

① 감지기(차동식 분포형의 것을 제외한다)는 실내로의 공기유입구로부터 1.5m 이상 떨어진 위치에 설치할 것

② 감지기는 천장 또는 반자의 옥내에 면하는 부분에 설치할 것

③ 보상식 스포트형 감지기는 정온점이 감지기 주위의 평상시 최고온도보다 20℃ 이상 높은 것으로 설치할 것

④ 정온식 감지기는 주방·보일러실 등으로서 다량의 화기를 취급하는 장소에 설치하되, 공칭작동온도가 최고주위온도보다 20℃ 이상 높은 것으로 설치할 것

⑤ 스포트형 감지기는 45° 이상 경사되지 아니하도록 부착할 것

(3) 감지기 설치 제외 장소

① 천장 또는 반자의 높이가 20m 이상인 장소

② 헛간 등 외부와 기류가 통하는 장소로서 감지기에 따라 화재발생을 유효하게 감지할 수 없는 장소

③ 부식성가스가 체류하고 있는 장소

④ 고온도 및 저온도로서 감지기의 기능이 정지되기 쉽거나 감지기의 유지관리가 어려운 장소

⑤ 목욕실·욕조나 샤워시설이 있는 화장실·기타 이와 유사한 장소

⑥ 파이프, 덕트 등 그 밖의 이와 비슷한 것으로서 2개 층마다 방화구획된 것이나 수평단면적이 5m² 이하인 것

⑦ 먼지·가루 또는 수증기가 다량으로 체류하는 장소 또는 주방 등 평시에 연기가 발생하는 장소(연기감지기에 한한다)

⑧ 실내의 용적이 20m³ 이하인 장소

⑨ 프레스공장·주조공장 등 화재발생의 위험이 적은 장소로서 감지기의 유지관리가 어려운 장소

(4) 음향장치 및 시각경보장치

① 층수가 11층(공동주택의 경우에는 16층) 이상의 특정소방대상물은 다음의 기준에 따라 경보를 발할 수 있도록 할 것

발화위치	경보층
2층 이상의 층	발화층 및 그 직상 4개층
1층	발화층·그 직상 4개층 및 지하층
지하층	발화층·그 직상층 및 기타의 지하층

② 지구음향장치는 특정소방대상물의 층마다 설치하되, 해당 층의 각 부분으로부터 하나의 음향장치까지의 수평거리가 25m 이하가 되도록 하고, 해당 층의 각 부분에 유효하게 경보를 발할 수 있도록 설치할 것

③ 정격전압의 80% 전압에서 음향을 발할 수 있는 것으로 할 것. 다만, 건전지를 주전원으로 사용하는 음향장치는 그렇지 않다.

④ 음향의 크기는 부착된 음향장치의 중심으로부터 1m 떨어진 위치에서 90dB 이상이 되는 것으로 할 것

⑤ 설치높이는 바닥으로부터 2m 이상 2.5m 이하의 장소에 설치할 것. 다만, 천장의 높이가 2m 이하인 경우에는 천장으로부터 0.15m 이내의 장소에 설치해야 한다.

⑸ 발신기

① 조작이 쉬운 장소에 설치하고, 스위치는 바닥으로부터 0.8m 이상 1.5m 이하의 높이에 설치할 것

② 특정소방대상물의 층마다 설치하되, 해당 층의 각 부분으로부터 하나의 발신기까지의 수평거리가 25m 이하가 되도록 할 것. 다만, 복도 또는 별도로 구획된 실로서 보행거리가 40m 이상일 경우에는 추가로 설치해야 한다.

③ 발신기의 위치를 표시하는 표시등은 함의 상부에 설치하되, 그 불빛은 부착면으로부터 15° 이상의 범위 안에서 부착지점으로부터 10m 이내의 어느 곳에서도 쉽게 식별할 수 있는 적색등으로 해야 한다.

⑹ 전 원

① 상용전원은 전기가 정상적으로 공급되는 축전지설비, 전기저장장치(외부 전기에너지를 저장해 두었다가 필요한 때 전기를 공급하는 장치) 또는 교류전압의 옥내간선으로 하고, 전원까지의 배선은 전용으로 할 것

② 자동화재탐지설비에는 그 설비에 대한 감시상태를 60분간 지속한 후 유효하게 10분 이상 경보할 수 있는 비상전원으로서 축전지설비(수신기에 내장하는 경우를 포함한다) 또는 전기저장장치(외부 전기에너지를 저장해 두었다가 필요한 때 전기를 공급하는 장치)를 설치해야 한다. 다만, 상용전원이 축전지설비인 경우 또는 건전지를 주전원으로 사용하는 무선식 설비인 경우에는 그렇지 않다.

③ 자동화재탐지설비의 감지기회로의 전로저항은 50Ω 이하가 되도록 해야 하며, 수신기의 각 회로별 종단에 설치되는 감지기에 접속되는 배선의 전압은 감지기 정격전압의 80% 이상이어야 할 것

③ 피난기구의 화재안전기술기준(NFTC 301)

(1) 용어의 정의

완강기	사용자의 몸무게에 따라 자동적으로 내려올 수 있는 기구 중 사용자가 교대하여 연속적으로 사용할 수 있는 것
간이완강기	사용자의 몸무게에 따라 자동적으로 내려올 수 있는 기구 중 사용자가 연속적으로 사용할 수 없는 것
공기안전매트	화재 발생 시 사람이 건축물 내에서 외부로 긴급히 뛰어내릴 때 충격을 흡수하여 안전하게 지상에 도달할 수 있도록 포지에 공기 등을 주입하는 구조로 되어 있는 것
구조대	포지 등을 사용하여 자루 형태로 만든 것으로서 화재 시 사용자가 그 내부에 들어가서 내려옴으로써 대피할 수 있는 것
승강식 피난기	사용자의 몸무게에 의하여 자동으로 하강하고 내려서면 스스로 상승하여 연속적으로 사용할 수 있는 무동력 승강식 기기
하향식 피난구용 내림식사다리	하향식 피난구 해치에 격납하여 보관하고 사용 시에는 사다리 등이 소방대상물과 접촉되지 않는 내림식 사다리
다수인피난장비	화재 시 2인 이상의 피난자가 동시에 해당 층에서 지상 또는 피난층으로 하강하는 피난기구
피난교	인접 건축물 또는 피난층과 연결된 다리 형태의 피난기구
피난용트랩	화재층과 직상층을 연결하는 계단형태의 피난기구

(2) 층마다 설치하되, 위락시설·문화집회 및 운동시설·판매시설로 사용되는 층 또는 복합용도의 층에 있어서는 그 층의 바닥면적 800m²마다, 계단실형 아파트에 있어서는 각 세대마다, 그 밖의 용도의 층에 있어서는 그 층의 바닥면적 1,000m²마다 1개 이상 설치할 것

(3) 피난기구는 계단·피난구 기타 피난시설로부터 적당한 거리에 있는 안전한 구조로 된 피난 또는 소화 활동상 유효한 개구부(가로 0.5m 이상 세로 1m 이상인 것을 말한다. 이 경우 개구부 하단이 바닥에서 1.2m 이상이면 발판 등을 설치하여야 하고, 밀폐된 창문은 쉽게 파괴할 수 있는 파괴장치를 비치해야 한다)에 고정하여 설치하거나 필요한 때에 신속하고 유효하게 설치할 수 있는 상태에 둘 것

(4) 피난기구를 설치하는 개구부는 서로 동일직선상이 아닌 위치에 있을 것

(5) 피난기구는 특정소방대상물의 기둥·바닥·보 기타 구조상 견고한 부분에 볼트조임·매입·용접 기타의 방법으로 견고하게 부착할 것

(6) 4층 이상의 층에 피난사다리를 설치하는 경우에는 금속성 고정사다리를 설치하고, 당해 고정사다리에는 쉽게 피난할 수 있는 구조의 노대를 설치할 것

(7) 완강기는 강하 시 로프가 건축물 또는 구조물 등과 접촉하여 손상되지 않도록 하고, 로프의 길이는 부착위치에서 지면 또는 기타 피난상 유효한 착지 면까지의 길이로 할 것

(8) 대피실의 면적은 $2m^2$(2세대 이상일 경우에는 $3m^2$) 이상으로 하고, 대피실의 출입문은 60분 + 방화문 또는 60분 방화문으로 설치하고, 피난방향에서 식별할 수 있는 위치에 "대피실" 표지판을 부착할 것

4 유도등 및 유도표지의 화재안전기술기준(NFTC 303)

(1) 용어의 정의

유도등	화재 시에 피난을 유도하기 위한 등으로서 정상상태에서는 상용전원에 따라 켜지고 상용전원이 정전되는 경우에는 비상전원으로 자동전환되어 켜지는 등
피난구유도등	피난구 또는 피난경로로 사용되는 출입구를 표시하여 피난을 유도하는 등
통로유도등	피난통로를 안내하기 위한 유도등으로 복도통로유도등, 거실통로유도등, 계단통로유도등 ① 복도통로유도등: 피난통로가 되는 복도에 설치하는 통로유도등으로서 피난구의 방향을 명시하는 것 ② 거실통로유도등: 거주, 집무, 작업, 집회, 오락 그 밖에 이와 유사한 목적을 위하여 계속적으로 사용하는 거실, 주차장 등 개방된 통로에 설치하는 유도등으로 피난의 방향을 명시하는 것 ③ 계단통로유도등: 피난통로가 되는 계단이나 경사로에 설치하는 통로유도등으로 바닥면 및 디딤 바닥면을 비추는 것
객석유도등	객석의 통로, 바닥 또는 벽에 설치하는 유도등
피난구유도표지	피난구 또는 피난경로로 사용되는 출입구를 표시하여 피난을 유도하는 표지
통로유도표지	피난통로가 되는 복도, 계단등에 설치하는 것으로서 피난구의 방향을 표시하는 유도표지
피난유도선	햇빛이나 전등불에 따라 축광(이하 "축광방식"이라 한다)하거나 전류에 따라 빛을 발하는(이하 "광원점등방식"이라 한다) 유도체로서 어두운 상태에서 피난을 유도할 수 있도록 띠 형태로 설치되는 피난유도시설
입체형유도등	표시면을 2면 이상으로 하고 각 면마다 피난유도표시가 있는 것
3선식	배선평상시에는 유도등을 소등 상태로 유도등의 비상전원을 충전하고, 화재 등 비상시 점등 신호를 받아 유도등을 자동으로 점등되도록 하는 방식의 배선

(2) 피난구유도등은 피난구의 바닥으로부터 높이 1.5m 이상으로서 출입구에 인접하도록 설치해야 한다.

(3) 복도 통로유도등은 구부러진 모퉁이 및 보행거리 20m마다 설치할 것

(4) 거실통로유도등은 거실의 통로에 설치할 것. 다만, 거실의 통로가 벽체 등으로 구획된 경우에는 복도통로유도등을 설치할 것
   ① 구부러진 모퉁이 및 보행거리 20m마다 설치할 것
   ② 바닥으로부터 높이 1.5m 이상의 위치에 설치할 것

(5) 계단통로유도등은 각층의 경사로 참 또는 계단참마다 바닥으로부터 높이 1m 이하의 위치에 설치할 것

(6) 유도표지는 계단에 설치하는 것을 제외하고는 각 층마다 복도 및 통로의 각 부분으로부터 하나의 유도표지까지의 보행거리가 15m 이하가 되는 곳과 구부러진 모퉁이의 벽에 설치할 것

(7) 피난구유도표지는 출입구 상단에 설치하고, 통로유도표지는 바닥으로부터 높이 1m 이하의 위치에 설치할 것

(8) 비상전원은 축전지로 하며 유도등을 20분 이상 유효하게 작동시킬 수 있는 용량으로 할 것

(9) 유도등은 전기회로에 점멸기를 설치하지 않고 항상 점등 상태를 유지할 것

5 비상콘센트설비의 화재안전기술기준(NFTC 504)

(1) 용어의 정의

비상콘센트설비	화재 시 소화활동 등에 필요한 전원을 전용회선으로 공급하는 설비
저 압	직류는 1.5kV 이하, 교류는 1kV 이하인 것
고 압	직류는 1.5kV를, 교류는 1kV를 초과하고, 7kV 이하인 것
특고압	7kV를 초과하는 것

(2) 지하층을 제외한 층수가 7층 이상으로서 연면적이 2,000m² 이상이거나 지하층의 바닥면적의 합계가 3,000m² 이상인 특정소방대상물의 비상콘센트설비에는 자가발전설비, 비상전원수전설비, 축전지설비 또는 전기저장장치를 비상전원으로 설치하고 비상콘센트설비를 유효하게 20분 이상 작동시킬 수 있는 용량으로 할 것

⑶ 비상전원의 설치장소는 다른 장소와 방화구획 할 것

⑷ 비상콘센트설비의 전원회로는 단상교류 220V인 것으로서, 그 공급용량은 1.5kVA 이상인 것으로 할 것

⑸ 하나의 전용회로에 설치하는 비상콘센트는 10개 이하로 할 것

⑹ 바닥으로부터 높이 0.8m 이상 1.5m 이하의 위치에 설치할 것

⑺ 비상콘센트의 배치는 바닥면적이 1,000m² 미만인 층은 계단의 출입구로부터 5m 이내에, 바닥면적 1,000m² 이상인 층은 각 계단의 출입구 또는 계단부속실의 출입구로부터 5m 이내에 설치

⑻ 절연저항은 전원부와 외함 사이를 500V 절연저항계로 측정할 때 20MΩ 이상일 것

⑼ 보호함 상부에 적색의 표시등을 설치할 것. 다만, 비상콘센트의 보호함을 옥내소화전함 등과 접속하여 설치하는 경우에는 옥내소화전함 등의 표시등과 겸용할 수 있다.

1 가스연료

(1) 일반적 특징

장 점	단 점
① 연소효율이 높고 점화 및 소화 용이 ② 열손실이 적고 그을음이나 재가 남지 않아 실내가 청결함 ③ 연소기구는 간단하나 중량에 비해 발열량이 큼 ④ 보일러 등의 부식이 적음	① 폭발에 대한 위험성이 높으며 피해 범위 큼 ② 배관 및 연소기구 등에서 가스누설의 위험 ③ 무색·무취로 누설시 감지 곤란

(2) LPG와 LNG 가스의 비교

구 분	LPG(액화석유 가스, kg/h 또는 m³/h)	LNG(액화천연 도시가스, m³/h)
주성분	프로판, 부탄, 프로필렌 등	메탄(CH_4)
공기와의 무게 비교	무거워 바닥에 가라앉으므로 폭발위험성 높음	가벼워서 공기와 섞여 창문으로 배기할 경우 안정성 높음
누설감지기 설치	바닥에서 30cm 이내	천장에서 30cm 이내
액화성	쉬우므로 운반이나 저장이 쉬워 작은 용기나 배관으로 공급 가능	어려우므로 반드시 대규모 저장 후 배관을 통해 공급
액화시 용적 비율	가스액 : 가스 = 1 : 250	1 : 600
연소범위	작음	큼
산소소모량 (이론공기량)	큼	작음
상대적 발열량	큼	작음
기 타	불완전 연소 시 일산화탄소 발생으로 중독성이 있으나 완전연소 시 일산화탄소가 발생하지 않음 • 가스용기(Bombe) 1. 화기로부터 2m 이상 이격시킬 것 2. 봄베는 40℃ 이하로 보관할 것 3. 용기는 통풍이 잘되는 옥외에 설치할 것	미래의 대체 에너지

- 이론공기량 : 가스 1m³를 완전연소시키는 데 필요한 이론상의 최소 공기량
- 가스발열량 : 통상 1Nm³당의 열량(N 표준상태는 0℃, 1atm)이며 총발열량(또는 고위발열량)은 연소 시 발생되는 수증기의 잠열을 포함함(단, 저위 발열량은 연소직전 상태변화에 포함되는 증발잠열을 뺀 실제 효용 발열량을 말함)
- 웨버지수 : 가스의 단위 중량당 발열량을 나타내는 것으로 웨버지수가 클수록 단위 중량당 발열량이 큰 것

2 가스배관 설치 시 주의사항

(1) 공급관이 하중에 견디기 위해 관지름을 20mm 이상으로 함

(2) **수평배관**(횡주관) : 응축수 제거를 위해 1/100 정도로 선하향의 기울기를 주며 낮은 곳에는 수취기(드레인 배관)를 설치

(3) 중압 이하의 배관과 고압배관을 매설하는 경우 서로간의 거리를 2m 이상으로 할 것

(4) 본관과 공급관은 건축물의 기초 밑에 설치하지 아니할 것

(5) 건물의 주요구조부의 관통은 금지하며 다른 건물의 부지 아래 또는 바닥아래에 매설하지 않음

(6) 배관 도중 신축흡수를 위한 이음을 한다.

(7) 배관재료는 노출관일 경우 용접이음이 주로 이용되나 50mm 미만의 저압 가스공급관은 나사접합으로 해도 된다.

(8) 건물의 규모가 크고 배관 연장이 길 경우는 계통을 나누어 배관한다.

(9) 가스기구는 가급적 가스용기에서 가까울수록 유리하다.

(10) 도시가스 파이프의 기밀시험은 최고사용압력의 1.1배로 한다.

(11) 배관재료로 2B 이내는 가스관(강관), 3B 이상은 주철관을 사용한다.

(12) 전선, 상하수도관 등의 관과 같이 매립할 때에는 이들 관보다 아래에 매립한다.

(13) **가스 사용시설의 시설기준 및 기술기준상 내용**

① 배관 매설은 공동주택 등의 부지 안에서는 0.6m 이상 단, 폭 8m 이상의 도로에서는 1.2m 이상. 폭 4m 이상 8m 미만인 도로에서는 1m 이상

② 건축물 안의 배관은 노출하여 시공할 것. 다만, 저압배관으로 보호조치(보호관 또는 보호판)를 한 동관, 가스용 금속플렉시블호스를 이음매(용접이음매는 제외한다) 없이 설치하는 경우에는 매설할 수 있다.

③ 배관은 환기가 잘되지 아니하는 천정·벽·바닥·공동구 등에는 설치하지 아니할 것. 다만, 저압배관으로서 보호조치(보호관 또는 보호판)를 한 이음매(용접이음매는 제외한다) 없이 설치하는 경우에는 천정·벽·바닥에 설치할 수 있다.

④ **배관의 이음부**(용접이음매는 제외한다) **이격거리**

전기계량기 및 전기개폐기	60cm 이상
전기점멸기 및 전기접속기	30cm 이상
절연조치를 하지 않은 전선 및 단열조치를 하지 않은 굴뚝(배기통 포함)	15cm 이상
절연전선(가스누출 자동차단장치를 작동시키기 위한 전선은 제외)	10cm 이상

⑤ 지상배관은 부식방지도장 후 표면색상을 황색으로 도색하고, 지하매설배관은 최고사용압력이 저압인 배관은 황색으로, 중압 이상인 배관은 붉은색으로 할 것. 다만, 지상배관의 경우 건축물의 내·외벽에 노출된 것으로서 바닥(2층 이상의 건물의 경우에는 각 층의 바닥을 말한다)에서 1m의 높이에 폭 3cm의 황색띠를 2중으로 표시한 경우에는 표면색상을 황색으로 하지 아니할 수 있다.

⑥ 가스용 폴리에틸렌관은 그 배관의 유지관리에 지장이 없고 그 배관에 대한 위해의 우려가 없도록 설치하되, 폴리에틸렌관을 노출배관용으로 사용하지 아니할 것

⑦ 정압기에는 안전밸브와 가스방출관을 설치하고 가스방출관의 방출구는 주위에 불 등이 없는 안전한 위치로서 지면으로부터 5m 이상의 높이에 설치할 것

⑧ 배관은 건축물의 기초 밑에 설치하지 않을 것

⑨ 배관의 굴곡부에는 어느 곳에나 90도 엘보를 사용한다.

⑩ 가스사용시설에 설치된 압력조정기는 매 1년에 1회 이상 안전점검을 실시한다.

⑪ **배관의 표시**: 외부에 사용가스명, 최고사용압력, 가스흐름방향을 표시 단, 지하배관은 가스흐름방향 생략 가능

⑫ **배관의 고정**: 호칭지름 13mm 미만은 1m 마다, 13mm 이상 33mm 미만이면 2m 마다, 33mm 이상이면 3m 마다

---

1. 가스배관설계순서

   가스기구 배치 ⇨ 기구에서의 사용량 추정 ⇨ 배관 경로 결정 ⇨ 가스구경 결정

2. 도시가스 공급과정

   ① 원료 ⇨ 제조 ⇨ 압축기로 압송 ⇨ 홀더에 저장 ⇨

   압력조정(정압기) ⇨ 수용가에 공급

   ② 제조(열량조정) ⇨ 홀더(저장탱크) ⇨ 배관공급 ⇨ 정압기(거버너) ⇨ 소비기구

   ③ 정압기(거버너) : 고압의 공급압력을 사용압력으로 감압하는 기구

3. 도시가스 설치 시 저압 공급 방식의 순서

   저압본관 ⇨ 차단밸브 ⇨ 가스메타 ⇨ 가스코크 ⇨ 소비기구

4. 가스공급압력(도시가스사업법)

   ① 고압 : 1MPa 이상. 다만, 액체상태의 액화가스는 고압으로 본다.

   ② 중압 : 0.1~1MPa 미만. 단, 액화가스가 기화되고 다른 물질과 혼합되지 아니한 경우에는 0.01~0.2MPa 미만

   ③ 저압 : 0.1MPa 미만. 단, 액화가스가 기화되고 다른 물질과 혼합되지 아니한 경우에는 0.01MPa 미만

   🔁 액화가스 : 상용의 온도 또는 섭씨 35℃의 온도에서 압력이 0.2MPa 이상이 되는 것

5. 도로에 매설된 가스관의 압력은 중압(1MPa 이내)으로 공급 ⇨ 150~250mmAq 정도로 가정에 공급 ⇨ 일반 가스기구의 사용압력은 20~200mmAq

---

3 가스미터기(안정기, 계량기)

⑴ $30m^3/hr$ 미만인 경우 설치높이는 바닥으로부터 1.6m 이상 2m 이내에 수직·수평으로 설치하고 고정시킬 것

⑵ **이격거리**

화 기	2m 이상의 우회거리
전기계량기, 전기개폐기, 전기안정기	60cm 이상
굴뚝(단열조치를 하지 아니한 경우), 접속기(콘센트), 점멸기	30cm 이상
절연조치를 하지 아니한 전선	15 cm 이상

(3) 가스계량기의 구조상 분류

① **실측식**(직접측정식) : 일정 용적의 용기를 설치하고 그 용기를 통하여 가스가 몇 번 측정되었는가를 적산하는 방식으로 건식계량기(막식, 회전식), 습식계량기

② **추측식**(간접측정식) : 유량과 일정관계가 있는 다른 양(흐름 도중에 있는 날개바퀴의 회전수 등)을 측정하여 구하는 방식으로 터빈식, 임펠러식, 벤투리식, 오리피스식, 와류식 등

구 분	막식	습식	루트미터(회전식)
방 식	가스를 일정 용적의 주머니 속에 넣어서 충만 후 배출하고 그 횟수를 용적의 단위로 환산	내부의 후면에 있는 일정한 계량통이 1회전하는 사이 흡입 또는 토출하는 가스량이 일정하므로 회전수를 제어하여 계량함	누에고치 형상의 로터를 맞물려서 회전시켜 가스를 이송시키고 이 회전수를 측정하여 계량함
장 점	① 저렴함 ② 유리관리 용이	① 정확한 계량 가능 ② 사용 중에 기차의 변동이 없음	① 대량의 유량가스 측정에 적합함 ② 중압 가스계량 가능 ③ 설치공간 작음
단 점	대용량에서는 설치공간 큼	① 사용 중에 수위 조정 등의 관리 필요 ② 설치공간 큼	① 여과기 설치 필요 ② 소용량에서는 작동하지 않음
용 도	일반 수요가(가정용, 저압용)	검사기준용, 실험실용	대 수요가
용량범위	$1.5 \sim 200 m^3/h$	$0.2 \sim 300 m^3/h$	$100 \sim 500 m^3/h$

(4) **입상관** : 화기와 2m 이상 거리유지하고 입상관 밸브는 바닥으로부터 1.6m 이상 2m 이내에 설치(단, 보호상자 설치시 예외 있음)

Chapter 08 공기조화설비 및 냉동설비

01 공기조화 일반사항

1 의 의

주어진 실내공간을 실내쾌적의 환경요소인 온도, 습도, 기류의 이동속도 및 청결도 등을 조절하여 각 실의 사용목적에 적합한 상태로 유지시키는 것을 의미함

2 종 류

(1) **보건용**(쾌적용) : 실내인원에 대한 쾌적한 환경(❸ 온습도 조절이 중요함)

(2) **산업용** : 실내에서 생산되는 제품이나 공장을 대상(❸ 항온항습이 중요함)

3 습공기선도

(1) **의 의**

습공기의 여러 가지 특성치를 나타내는 그림으로 I-x선도(종축 : 절대습도, 횡축 : 건구온도, 경사축 : 엔탈피)를 이용하며 인간의 쾌적범위, 결로판정, 공기조화 부하계산 등에 이용됨

(2) **구성요소**

건구온도, 습구온도, 노점온도, 절대습도, 상대습도, 포화도, 수증기압, 엔탈피, 비용적, 현열비, 열수분비

(3) 습공기를 구성하고 있는 요소들 중 2가지만 알면 상태점이 정하여지므로 나머지 요소를 구할 수 있으나 현열비와 열수분비는 계산에 의해 산정함(❸ 단, 절대습도와 노점온도로는 불가능함)

(4) 공기조화의 과정

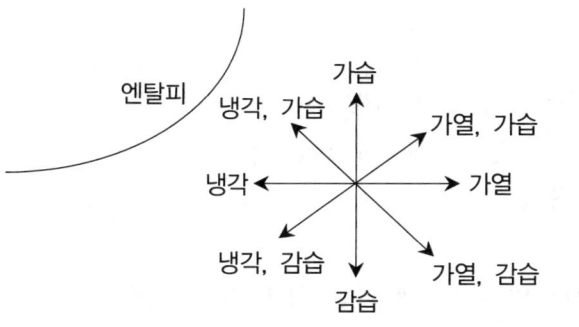

(5) 공기의 상태변화

공기가열	절대습도 일정 + 건구온도 증가 ⇨ 상대습도 감소 + 엔탈피 증가
공기냉각	절대습도 일정 + 건구온도 감소 ⇨ 상대습도 증가 + 엔탈피 감소
가열 · 가습	온도 증가 + 절대습도 증가 + 상대습도 감소 + 엔탈피 증가
냉각 · 감습	온도 감소 + 절대습도 감소 + 상대습도 증가 + 엔탈피 감소

(6) 바이패스 계수(BF)와 콘택트 계수(CF)

바이패스 계수	코일에 의해 공기를 가열이나 냉각하는 경우 코일을 접촉하지 않고 그대로 통과하는 공기의 비율로 비효율을 의미
콘택트 계수	코일에 의해 공기를 가열이나 냉각하는 경우 코일을 접촉하는 비율로 BF + CF = 1

02 공기조화 부하

1 의 의

설비용량산정이나 운전비를 정확히 계산할 목적으로 실내의 온습도를 쾌적한 상태로 유지하기 위해 냉각, 가열, 감습, 가습 시에 필요한 열량을 의미한다. 이는 최대부하의 개념으로 최대난방부하와 최대냉방부하 등을 말함

2 냉방부하 : 손실열량 + 취득(획득)열량(단, S : 현열, L : 잠열)

(1) **실내취득열량**(실내부하)

① 온도차에 의하여 벽체, 천장 등을 통한 취득열량(S)

② **유리로부터의 취득열량**(S) : 일사 및 전도, 대류에 의한 부하

③ 틈새바람(극간풍)에 의한 열량(S, L)

④ 인체 발생부하(S, L)

⑤ **기구발생부하** : 조명기구(S), 기타 열원기기에 의한 실내 발생열량(S)

(2) **신선한 외기부하**(S, L) : 환기부하

(3) **기기로부터의 취득열량**(S) : 송풍기 취득열량, 덕트의 취득열량, 2중덕트의 냉·온풍 혼합손실부하, 배관 열획득, 펌프에서의 열획득

(4) **재열부하**(S) : 재열기 가열량

> 🔑 상당외기온도차 : 냉방부하계산 시 외벽에 대한 일사의 영향을 고려한 것으로 시각, 방위, 위도 등에 따라 달라지며, 일사량이 큰 정오시간에 상당온도차가 큼(외벽의 상당온도차 > 내벽의 상당온도차)

3 난방부하 : 외부손실열량

(1) **종 류**

① 구조체(벽, 바닥, 지붕, 창, 문 등)를 통한 전열손실열량

② 극간풍(틈새바람)을 통한 손실열량

③ 외기에 의한 손실

④ 장치(덕트)에 의한 손실

(2) 난방부하의 계산 시 유리창을 통한 일사의 획득, 인체나 기기의 발열은 실온을 상승 시키는 요인으로 작용하기 때문에 안전율로 고려되므로 포함하지 않음

(3) **난방부하 계산 시 방위에 따른 손실보정 크기** : 북 > 동 = 서 > 남(🔑 보정계수 : 그늘과 바람에 대한 것으로 외벽과 지붕 등에만 해당됨)

(4) **열관류량**

> 열관류량(kW) = K · A · Δt
>
> 단, 일사의 영향 무시할 경우로 K : 벽체 열관류율, A : 벽체면적, Δt : 실내외온도차

---

03 공기조화 설비계획 및 공기조화 장치

1 공조설비 계획

(1) **조닝**(Zoning)

① **의의**: 건축물에 작용하는 외부조건 및 건물의 사용목적에 따라 건축물 내를 몇 개로 또는 층별로 구분하여 설비를 하는 것

② **조닝의 종류**: 단독으로 사용하기 보다는 복합사용이 효율적임

부하별	외기온의 영향에 따른 외부존과 내부존 및 위치별 구분
방위별	일사 및 일조조건으로 구분한 외부존임
사용시간별	각 실의 사용시간대를 검토하여 사용시간이 동일한 것끼리 합쳐서 구획함
사용목적별	각 실의 사용목적별로 구획
사용자별	사용자별로 조닝함

(2) **공기조화설비에서 에너지절약방안**

① **건물의 조닝**: 조닝을 상세하게 할수록 설비비용은 증가하나 에너지는 절약됨

② **공기조화방식**: 단일덕트방식의 변형인 가변풍량방식(V.A.V)이 가장 에너지 절약적임

③ **열회수장치**: 사용한 열을 회수하여 다시 건물 내에서 사용하는 것으로 종류로는 전열교환기나 히트파이프(펌프)가 있음

④ **외기냉방**: 온습도(엔탈피)가 낮은 외기를 도입하여 실내로 송풍할 경우 냉동기의 운전 없이도 냉방을 위한 에너지 절약 가능

> **건축물의 에너지절약 설계기준**
>
> **01 용어의 정의**
>
> 1. 건축부문
>   ① 거실: 건축물 안에서 거주(단위 세대 내 욕실·화장실·현관을 포함한다)·집무·작업·집회·오락 기타 이와 유사한 목적을 위하여 사용되는 방을 말하나, 특별히 이 기준에서는 거실이 아닌 냉방 또는 난방공간 또한 거실에 포함
>   ② 외피: 거실 또는 거실 외 공간을 둘러싸고 있는 벽·지붕·바닥·창 및 문 등으로서 외기에 직접 면하는 부위
>   ③ 거실의 외벽: 거실의 벽 중 외기에 직접 또는 간접 면하는 부위
>   ④ 최하층에 있는 거실의 바닥: 최하층(지하층을 포함한다)으로서 거실인 경우의 바닥과 기타 층으로서 거실의 바닥 부위가 외기에 직접 또는 간접적으로 면한 부위

⑤ 최상층에 있는 거실의 반자 또는 지붕 : 최상층으로서 거실인 경우의 반자 또는 지붕을 말하며, 기타 층으로서 거실의 반자 또는 지붕 부위가 외기에 직접 또는 간접적으로 면한 부위를 포함

⑥ 외기에 직접 면하는 부위 : 바깥쪽이 외기이거나 외기가 직접 통하는 공간에 면한 부위

⑦ 외기에 간접 면하는 부위 : 외기가 직접 통하지 아니하는 비난방 공간(지붕 또는 반자, 벽체, 바닥 구조의 일부로 구성되는 내부 공기층은 제외한다)에 접한 부위, 외기가 직접 통하는 구조나 실내공기의 배기를 목적으로 설치하는 샤프트 등에 면한 부위, 지면 또는 토양에 면한 부위

⑧ 방풍구조 : 출입구에서 실내외 공기 교환에 의한 열출입을 방지할 목적으로 설치하는 방풍실 또는 회전문 등을 설치한 방식

⑨ 외단열 : 건축물 각 부위의 단열에서 단열재를 구조체의 외기측에 설치하는 단열방법으로서 모서리 부위를 포함하여 시공하는 등 열교를 차단한 경우

⑩ 방습층 : 습한 공기가 구조체에 침투하여 결로발생의 위험이 높아지는 것을 방지하기 위해 설치하는 투습도가 24시간당 $30g/m^2$ 이하 또는 투습계수 $0.28g/m^2 \cdot h \cdot mmHg$ 이하의 투습저항을 가진 층

⑪ 평균 열관류율 : 지붕(천창 등 투명 외피부위를 포함하지 않는다), 바닥, 외벽(창 및 문을 포함한다) 등의 열관류율 계산에 있어 세부 부위별로 열관류율 값이 다를 경우 이를 면적으로 가중평균하여 나타낸 것을 말한다. 단, 평균열관류율은 중심선 치수를 기준으로 계산

⑫ 투광부 : 창, 문면적의 50% 이상이 투과체로 구성된 문, 유리블럭, 플라스틱패널 등과 같이 투과재료로 구성되며, 외기에 접하여 채광이 가능한 부위

⑬ 일사조절장치 : 태양열의 실내 유입을 조절하기 위한 차양, 구조체 또는 태양열취득률이 낮은 유리를 말한다. 이 경우 차양은 설치위치에 따라 외부 차양과 내부 차양 그리고 유리간 차양으로 구분하며, 가동여부에 따라 고정형과 가동형으로 나눌 수 있음

2. 기계설비부문

① 위험률 : 냉(난)방기간 동안 또는 연간 총시간에 대한 온도출현분포중에서 가장 높은(낮은) 온도쪽으로부터 총시간의 일정 비율에 해당하는 온도를 제외시키는 비율

② 열원설비 : 에너지를 이용하여 열을 발생시키는 설비

③ 대수분할운전 : 기기를 여러 대 설치하여 부하상태에 따라 최적 운전상태를 유지할 수 있도록 기기를 조합하여 운전하는 방식

④ 비례제어운전 : 기기의 출력값과 목표값의 편차에 비례하여 입력량을 조절하여 최적운전상태를 유지할 수 있도록 운전하는 방식

⑤ 심야전기를 이용한 축열·축냉시스템 : 심야시간에 전기를 이용하여 열을 저장하였다가 이를 난방, 온수, 냉방 등의 용도로 이용하는 설비

⑥ 열회수형환기장치 : 난방 또는 냉방을 하는 장소의 환기장치로 실내의 공기를 배출할 때 급기되는 공기와 열교환하는 구조를 가진 것

⑦ 이코노마이저시스템 : 중간기 또는 동계에 발생하는 냉방부하를 실내 엔탈피 보다 낮은 도입 외기에 의하여 제거 또는 감소시키는 시스템을 말한다.

⑧ 중앙집중식 냉ㆍ난방설비: 건축물의 전부 또는 냉난방 면적의 60% 이상을 냉방 또는 난방함에 있어 해당 공간에 순환펌프, 증기난방설비 등을 이용하여 열원 등을 공급하는 설비

⑨ TAB: Testing(시험), Adjusting(조정), Balancing(평가)의 약어로 건물내의 모든 설비시스템이 설계에서 의도한 기능을 발휘하도록 점검 및 조정하는 것

⑩ 커미셔닝: 효율적인 건축 기계설비 시스템의 성능 확보를 위해 설계 단계부터 공사완료에 이르기까지 전 과정에 걸쳐 건축주의 요구에 부합되도록 모든 시스템의 계획, 설계, 시공, 성능시험 등을 확인하고 최종 유지 관리자에게 제공하여 입주 후 건축주의 요구를 충족할 수 있도록 운전성능 유지 여부를 검증하고 문서화하는 과정

3. 전기설비부문 및 신재생에너지

① 역률개선용커패시터(콘덴서): 역률을 개선하기 위하여 변압기 또는 전동기 등에 병렬로 설치하는 커패시터

② 전압강하: 인입전압(또는 변압기 2차전압)과 부하측전압과의 차를 말하며 저항이나 인덕턴스에 흐르는 전류에 의하여 강하하는 전압

③ 조도자동조절조명기구: 인체 또는 주위 밝기를 감지하여 자동으로 조명등을 점멸하거나 조도를 자동 조절할 수 있는 센서장치 또는 그 센서를 부착한 등기구

④ 수용률: 부하설비 용량 합계에 대한 최대 수용전력의 백분율

⑤ 최대수요전력: 수용가에서 일정 기간 중 사용한 전력의 최대치를 말하며, "최대수요전력제어설비"라 함은 수용가에서 피크전력의 억제, 전력 부하의 평준화 등을 위하여 최대수요전력을 자동제어할 수 있는 설비

⑥ 가변속제어기(인버터): 정지형 전력변환기로서 전동기의 가변속운전을 위하여 설치하는 설비

⑦ 변압기 대수제어: 변압기를 여러 대 설치하여 부하상태에 따라 필요한 운전대수를 자동 또는 수동으로 제어하는 방식

⑧ 일괄소등스위치: 층 또는 구역 단위(세대 단위)로 설치되어 조명등(센서등 및 비상등 제외 가능)을 일괄적으로 끌 수 있는 스위치

⑨ 회생제동장치: 승강기가 균형추보다 무거운 상태로 하강(또는 반대의 경우)할 때 모터는 순간적으로 발전기로 동작하게 되며, 이 때 생산되는 전력을 다른 회로에서 전원으로 활용하는 방식으로 전력소비를 절감하는 장치

⑩ 간선: 인입구에서 분기과전류차단기에 이르는 배선으로서 분기회로의 분기점에서 전원측의 부분

⑪ 에너지요구량: 건축물의 냉방, 난방, 급탕, 조명부문에서 표준 설정 조건을 유지하기 위하여 해당 건축물에서 필요로 하는 에너지량

⑫ 에너지소요량: 에너지요구량을 만족시키기 위하여 건축물의 냉방, 난방, 급탕, 조명, 환기 부문의 설비기기에 사용되는 에너지량

⑬ 1차에너지: 연료의 채취, 가공, 운송, 변환, 공급 등의 과정에서의 손실분을 포함한 에너지

02 각종 기준 및 권장사항

1. 건축부분

① 바닥난방 부위에 설치되는 단열재는 바닥난방의 열이 슬래브 하부로 손실되는 것을 막을 수 있도록 온수배관 하부와 슬래브 사이에 설치하고, 온수배관 하부와 슬래브 사이에 설치되는 구성 재료의 열저항의 합계는 해당 바닥에 요구되는 총열관류저항에서 제시되는 열관류율의 역수)의 60% 이상

② 벽체 내표면 및 내부에서의 결로를 방지하고 단열재의 성능 저하를 방지하기 위하여 단열조치를 하여야 하는 부위에는 방습층을 단열재의 실내측에 설치

③ 단열재의 이음부는 최대한 밀착하여 시공하거나, 2장을 엇갈리게 시공하여 이음부를 통한 단열성능 저하가 최소화될 수 있도록 조치할 것

④ 방습층으로 알루미늄박 또는 플라스틱계 필름 등을 사용할 경우의 이음부는 100mm 이상 중첩하고 내습성 테이프, 접착제 등으로 기밀하게 마감할 것

⑤ 단열부위가 만나는 모서리 부위는 방습층 및 단열재가 이어짐이 없이 시공하거나 이어질 경우 이음부를 통한 단열성능 저하가 최소화되도록 하며, 알루미늄박 또는 플라스틱계 필름 등을 사용할 경우의 모서리 이음부는 150mm 이상 중첩되게 시공하고 내습성 테이프, 접착제 등으로 기밀하게 마감할 것

⑥ 외기에 직접 면하고 1층 또는 지상으로 연결된 출입문은 방풍구조로 할 것

⑦ 방풍구조를 설치하여야 하는 출입문에서 회전문과 일반문이 같이 설치되어진 경우, 일반문 부위는 방풍실 구조의 이중문을 설치

⑧ 건축물은 대지의 향, 일조 및 주풍향 등을 고려하여 배치하며, 남향 또는 남동향 배치를 한다.

⑨ 공동주택은 인동간격을 넓게 하여 저층부의 일사 수열량을 증대시킨다.

⑩ 거실의 층고 및 반자 높이는 실의 용도와 기능에 지장을 주지 않는 범위 내에서 가능한 낮게 한다.

⑪ 건축물의 체적에 대한 외피면적의 비 또는 연면적에 대한 외피면적의 비는 가능한 작게 한다.

⑫ 실의 용도 및 기능에 따라 수평, 수직으로 조닝계획을 한다.

⑬ 건축물 외벽, 천장 및 바닥으로의 열손실을 방지하기 위하여 기준에서 정하는 단열 두께보다 두껍게 설치하여 단열부위의 열저항을 높이도록 한다.

⑭ 외벽 부위는 외단열로 시공한다.

⑮ 외피의 모서리 부분은 열교가 발생하지 않도록 단열재를 연속적으로 설치하고 충분히 단열되도록 한다.

⑯ 건물의 창호는 가능한 작게 설계하고, 특히 열손실이 많은 북측의 창면적은 최소화한다.

⑰ 발코니 확장을 하는 공동주택이나 창호면적이 큰 건물에는 단열성이 우수한 로이(Low-E) 복층유리나 삼중창 이상의 단열성능을 갖는 창호를 설치한다.

⑱ 야간 시간에도 난방을 해야 하는 숙박시설 및 공동주택에는 창으로의 열손실을 줄이기 위하여 단열셔터 등 야간단열장치를 설치한다.

⑲ 태양열 유입에 의한 냉방부하 저감을 위하여 태양열 차폐장치를 설치한다.

⑳ 건물 옥상에는 조경을 하여 최상층 지붕의 열저항을 높이고, 옥상면에 직접 도달하는 일사를 차단하여 냉방부하를 감소시킨다.

㉑ 틈새바람에 의한 열손실을 방지하기 위하여 거실부위의 창호 및 문은 기밀성 창호 및 기밀성 문을 사용한다.

㉒ 공동주택의 외기에 접하는 주동의 출입구와 각 세대의 현관은 방풍구조로 한다.

㉓ 외기에 접하는 거실의 창문은 동력설비에 의하지 않고도 충분한 환기 및 통풍이 가능하도록 일부분은 수동으로 여닫을 수 있는 개폐창을 설치하되, 환기를 위해 개폐 가능한 창부위 면적의 합계는 거실 외주부 바닥면적의 10분의 1 이상으로 한다.

2. 기계설비부문

① 난방 및 냉방설비의 용량계산을 위한 외기조건은 각 지역별로 위험률 2.5%(냉방기 및 난방기를 분리한 온도출현분포를 사용할 경우) 또는 1%(연간 총시간에 대한 온도출현 분포를 사용할 경우)로 하거나 별표7에서 정한 외기온·습도를 사용한다. 별표7 이외의 지역인 경우에는 상기 위험률을 기준으로 하여 가장 유사한 기후조건을 갖는 지역의 값을 사용한다. 다만, 지역난방공급방식을 채택할 경우에는 산업통상자원부 고시 「집단에너지시설의 기술기준」에 의하여 용량계산을 할 수 있다.

② 난방 및 냉방설비의 용량계산을 위한 설계기준 실내온도는 난방의 경우 20℃, 냉방의 경우 28℃를 기준으로 하되(목욕장 및 수영장은 제외) 각 건축물 용도 및 개별 실의 특성에 따라 별표8에서 제시된 범위를 참고하여 설비의 용량이 과다해지지 않도록 한다.

③ 난방기기, 냉방기기, 냉동기, 송풍기, 펌프 등은 부하조건에 따라 최고의 성능을 유지할 수 있도록 대수분할 또는 비례제어운전이 되도록 한다.

④ 난방기기, 냉방기기, 급탕기기는 고효율제품 또는 이와 동등 이상의 효율을 가진 제품을 설치한다.

⑤ 보일러의 배출수·폐열·응축수 및 공조기의 폐열, 생활배수 등의 폐열을 회수하기 위한 열회수설비를 설치한다. 폐열회수를 위한 열회수설비를 설치할 때에는 중간기에 대비한 바이패스(by-pass)설비를 설치한다.

⑥ 중간기 등에 외기도입에 의하여 냉방부하를 감소시키는 경우에는 실내 공기질을 저하시키지 않는 범위 내에서 이코노마이저시스템 등 외기냉방시스템을 적용한다. 다만, 외기냉방시스템의 적용이 건축물의 총에너지비용을 감소시킬 수 없는 경우에는 그러하지 아니한다.

⑦ 공기조화기 팬은 부하변동에 따른 풍량제어가 가능하도록 가변익축류방식, 흡입베인제어방식, 가변속제어방식 등 에너지절약적 제어방식을 채택한다.

⑧ 냉방 또는 난방 순환수 펌프, 냉각수 순환 펌프는 운전효율을 증대시키기 위해 가능한 한 대수제어 또는 가변속제어방식을 채택하여 부하상태에 따라 최적 운전상태가 유지될 수 있도록 한다.

⑨ 급수용 펌프 또는 급수가압펌프의 전동기에는 가변속제어방식 등 에너지절약적 제어방식을 채택한다.

⑩ 환기를 통한 에너지손실 저감을 위해 성능이 우수한 열회수형환기장치를 설치한다.

⑪ 건축물의 효율적인 기계설비 운영을 위해 TAB 또는 커미셔닝을 실시한다.

3. 전기설비부문 및 신재생에너지
① 전동기에는 역률개선용커패시터(콘덴서)를 전동기별로 설치하여야 한다.
② 공동주택 각 세대내의 현관 및 숙박시설의 객실 내부입구, 계단실의 조명기구는 인체감지점멸형 또는 일정시간 후에 자동 소등되는 조도자동조절조명기구를 채택하여야 한다.
③ 공동주택의 효율적인 조명에너지 관리를 위하여 세대별로 일괄적 소등이 가능한 일괄소등스위치를 설치하여야 한다. 다만, 전용면적 60제곱미터 이하인 주택의 경우에는 그러하지 않을 수 있다.
④ 수전전압 25kV이하의 수전설비에서는 변압기의 무부하손실을 줄이기 위하여 충분한 안전성이 확보된다면 직접강압방식을 채택하며 건축물의 규모, 부하특성, 부하용량, 간선손실, 전압강하 등을 고려하여 손실을 최소화할 수 있는 변압방식을 채택한다.
⑤ 옥외등은 고효율제품인 LED 조명을 사용하고, 옥외등의 조명회로는 격등 점등(또는 조도조절 기능) 및 자동점멸기에 의한 점멸이 가능하도록 한다.
⑥ 공동주택의 지하주차장에 자연채광용 개구부가 설치되는 경우에는 주위 밝기를 감지하여 전등군별로 자동 점멸되거나 스케줄제어가 가능하도록 하여 조명전력이 효과적으로 절감될 수 있도록 한다.
⑦ 효율적인 조명에너지 관리를 위하여 층별 또는 구역별로 일괄 소등이 가능한 일괄소등스위치를 설치한다.
⑧ 여러 대의 승강기가 설치되는 경우에는 군관리 운행방식을 채택한다.
⑨ 팬코일유닛이 설치되는 경우에는 전원의 방위별, 실의 용도별 통합제어가 가능하도록 한다.
⑩ 사용하지 않는 기기에서 소비하는 대기전력을 저감하기 위해 대기전력자동차단장치를 설치한다.

2 공조장치의 구성

열원장치	보일러, 냉동기, 냉각탑, 히트펌프, 온풍로 등
공기조화기	공기여과기(에어필터), 공기냉각기, 공기가열기, 공기가습기(에어 와셔), 공기감습기 등
공기반송장치	송풍기, 덕트, 공기 취출구, 공기 흡입구
물반송장치	펌프, 배관 등
열반송장치	수배관, 증기배관 등
자동제어장치	실내조건을 유지하기 위해 공조설비를 자동으로 조절

(1) 공기조화기

① **공기여과기**(에어필터) : 공기 중의 먼지나 세균, 냄새를 제거하여 청정도 유지하는 것으로 고성능(HEPA) 필터의 효율을 측정하는 데 유효한 방식은 계수법임

종 류	특 징
건 식	섬유질의 먼지제거
점착식	유지성 먼지제거
습 식	에어와셔로 공기세정기로 미세한 물방울과 공기를 접촉시키는 것으로 먼지가스에 효과가 높음
전기집진식	먼지나 세균의 제거효율이 높아서 정밀기계공장, 약품공장 등에 사용하며 세정하지 않고 장시간 운전이 되고 보수관리도 용이
활성탄 흡착식	유해가스나 악취, 냄새제거

🔖 **고성능필터** : 유닛형 필터의 일종으로 미세한 분진까지 높은 포집률로 제거하기 위해 제작된 것으로 HEPA 필터라는 것은 0.3μm의 입자 포집률이 99.97% 이상으로 클린룸, 병원 수술실, 방사선 물질을 취급하는 시설 등에 사용

🔖 여과효율(%) = $\dfrac{(여과기\ 입구\ 농도\ -\ 여과기\ 출구\ 농도)}{여과기\ 입구\ 농도} \times 100$

② **공기냉각기**(냉각코일) : 코일내부에 냉수를 흐르게 하고 외부로 공기를 통과시켜 상호열교환을 하게 하여 공기를 냉각 및 감습

③ **공기가열기** : 코일내부에 온수나 증기를 흐르게 하고 외부로 공기를 통과시켜 공기를 가열

④ **공기가습기** : 난방 시 공기가 가열되면 상대습도가 낮아져 건조해지므로 가습하는 것으로 효율 및 제어성은 증기분무식이 많이 사용됨

⑤ **공기세정기**(에어 와셔) : 노즐에서 물방울을 분사시키고 공기를 통과시키며 여과, 가열, 가습, 냉각, 감습 작용을 하며 구조 중 엘리미네이터는 제수판으로 와어 와셔 내의 작은 물방울이 덕트 쪽으로 빠져나가는 것을 막아 물방울이 세정기 밖으로 빠져나가지 않게 함

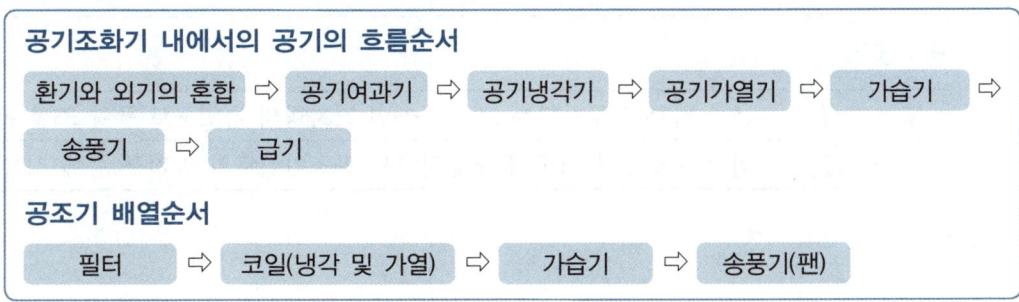

공기조화기 내에서의 공기의 흐름순서

환기와 외기의 혼합 ⇨ 공기여과기 ⇨ 공기냉각기 ⇨ 공기가열기 ⇨ 가습기 ⇨ 송풍기 ⇨ 급기

공조기 배열순서

필터 ⇨ 코일(냉각 및 가열) ⇨ 가습기 ⇨ 송풍기(팬)

(2) 공기반송장치

① **송풍기**(블로어 또는 팬): 급기팬과 환기팬이 설치되어 기류를 이동시키는 것으로 토출압력이 1,000mmAq 미만의 송풍기를 팬(Fan)이라 하며 공기조화설비에서는 팬을 많이 사용하며 저속덕트용으로 다익송풍기가 주로 사용됨

② **덕트**(아연도금 강판 사용)

ㄱ 일반건물에는 저속덕트(덕트 내 풍속 15m/s 이하)를 적용함

ㄴ 덕트의 단면은 원형(소형덕트, 고속덕트), 장방형(대형덕트)이 있음

ㄷ 풍량이 일정한 정압의 경우 덕트가 커지면 마찰손실이 작아져 동력비가 감소함

ㄹ 덕트 내의 동압은 풍속의 제곱에 비례하므로 풍속이 커지면 압력손실이 커짐

ㅁ 댐퍼(Damper)

풍량조절용	풍량 조절 및 폐쇄 목적 ⓐ 스플릿 댐퍼: 분기점에서 분기풍량 조절용으로 사용 ⓑ 단익댐퍼: 버터플라이 댐퍼라고도 하며 가장 간단한 구조이며 소형 덕트에 사용함 ⓒ 다익댐퍼: 루버 댐퍼라고도 하며 2개 이상의 날개를 가진 것으로 대형덕트에 사용함
방화용	화재 발생 시 덕트를 통하여 다른 실로의 연소 방지
방연용	연기감지기로 감지하여 다른 구역으로 연기침투 방지

ㅂ 가이드베인(터닝베인): 덕트 굴곡부의 기류안정용

ㅅ 체임버(Chamber) 및 소음엘보(상자)

③ **공기취출구**

베인 격자형	일반적인 방식으로 래지스터는 셔터가 부착되어 풍량조절 가능
아네모스탯형	풍량을 광범위하게 활용할 수 있으며 공기 분포가 균일하므로 천장에 부착
노즐형	구조가 간단하고 타 방식에 비해 소음이 적어 극장이나 공장 등의 천장이 높은 방이나 용적이 큰 실에 사용

④ **공기흡입구**

도어 그릴형	문짝 하부에 부착되는 고정식 베인 격자형의 흡입구로 풍량 조절 곤란
루버형	외기 도입구나 각층 유닛방식에서 공조기실로의 환기구 등에 사용

04 공기조화 방식

1 운반되는 열매체에 따른 분류

종 류	전공기방식	전수방식	공기-수 방식	냉매방식
이 용	냉풍과 온풍	냉수와 온수	냉온풍 및 냉온수	냉매를 직접 열매
종 류	① 단일덕트 ② 2중덕트 ③ 멀티존유닛 ④ 덕트병용패키지	팬코일유닛방식	① 유인유닛 ② 덕트병용팬코일 유닛 ③ 덕트병용 복사 냉난방방식	패키지형 방식
장 점	① 실내 공기오염이 작 아 청정도가 높음 ② 중앙집중식으로 운 전 및 보수관리가 용이함 ③ 공조하는 실에 드 레인 배관, 공기 여과기 및 전원이 필요없어 실내유효 면적이 증가함 ④ 많은 배기량에도 적응성이 있고 겨 울철 가습이 용이함 ⑤ 외기냉방가능 ⑥ 주로 극장, 업무용 건물 등의 대형 공간에 많이 채용	① 덕트공간 필요없음 ② 열운반동력이 작음 ③ 개별적인 실온제어 가능 ④ 덕트가 없어 증설 에 유리함 ⑤ 호텔객실, 주택, 아 파트, 병원 등에 사용	① 덕트공간 작음 ② 조닝의 구성이 용 이함 ③ 수동으로 실온 제 어 가능 ④ 열운반동력이 전공 기식에 비해 작음	① 유닛에 냉동기 및 온도조절기가 내장 되어 부분운전 및 실온의 개별제어 가 가능 ② 에너지 절약적임
단 점	① 큰 덕트공간이 필요 ② 팬의 열운반동력이 커서 동력비 증가 ③ 공기균형유지 곤란 ④ 대형 공조실 필요	① 기기분산으로 유지 관리 및 보수 어 려움 ② 신선한 외기의 도 입곤란으로 실내 공기 오염 ③ 실내배관에 의한 누수 우려 ④ 유닛의 방음 및 방진에 유의 ⑤ 대형공간의 사용 곤란 ⑥ 외기냉방 불가능	① 전공기방식에 비 해 실내공기오염 ② 실내배관의 누수 우려 ③ 유닛의 방음 및 방진에 유의	소규모건물에 사용

2 공조장치에 의한 분류

1. 단일덕트방식

중앙기계실에서 조화된 냉풍이나 온풍을 1개의 덕트를 통하여 냉풍 혹은 온풍을 공급

(1) **정풍량방식**(CAV)

① **원리** : 송풍량이 항상 일정하며 실내부하에 따라 송풍온도만을 변화시킴

② **장 · 단점**

장 점	단 점
① 공조기가 기계실에 있어 운전보수가 용이함	① 큰 덕트가 필요하므로 충분한 덕트공간 필요
② 고성능 여과기 설치가 가능하여 공기청정도 높음	② 최대부하 기준으로 공조기를 선정하므로 용량이 커짐
③ 실내 송풍량이 커서 환기가 용이함	③ 송풍기의 동력이 커서 에너지 소비가 증대됨
④ 환기량이 일정하여 환기상태가 용이하고 쾌적함	④ 각실마다 부하변동에 대응하기가 곤란하여 실이 많은 경우 부적합함
⑤ 환기팬의 설치로 외기냉방이 용이함	⑤ 각 실에서의 온습도 조절곤란
⑥ 중대형 사무소 건물의 내부존, 극장 및 공장 등의 단일 대공간, 백화점 등에 사용	⑥ 칸막이 변경시 실별 풍량조절이 어려움

(2) **변풍량방식**(VAV)

① **원리** : 실내의 부하변동에 따라 써모스탯에 의하여 덕트 말단에 VAV유닛을 설치하여 송풍온도는 일정하게 유지하고 송풍량만을 변화시키는 방식으로 에너지 절약적임

② **장 · 단점**

장 점	단 점
① 각 실 및 존의 개별제어가 용이함	① CAV에 비해 설비비가 커짐
② 동력비가 절약되어 에너지 절약에 효과 큼	② 여과장치가 불량하여 실내공기 오염 가능
③ 대규모인 경우 정풍량에 비해 송풍량 작음	③ 덕트 내의 풍압변화로 주 덕트 내에 정압제어가 필요함
④ 공조기와 관련된 설비용량을 작게 할 수 있음	
⑤ 급기량을 부하별로 공급할 수 있어 부하변동에 적응성이 큼	

2. 이중덕트방식

(1) **원리**: 냉풍과 온풍을 각각 덕트를 통하여 각 존마다 공급한 후 취출직전에 각 실마다 혼합상자(Mixing box)에서 열부하에 알맞은 비율로 혼합하여 각 실에 송풍하는 공조방식 중 가장 우수하나 에너지 다소비형 공조방식임

(2) **장·단점**

장 점	단 점
① 각 실별 온습도의 개별제어가 가장 양호함	① 혼합유닛으로 설비비가 증가함
② 냉난방이 동시에 가능하므로 계절별 냉난방의 전환이 필요 없음	② 단일덕트에 비해 덕트스페이스 커짐
③ 전공기식으로 냉온수관이 필요없고 환절기 외기냉방 가능	③ 송풍 동력비가 커짐
④ 공조기가 중앙에 설치되어 관리 용이	④ 여름철에도 보일러 운전이 필요함
	⑤ 에너지 소비가 가장 크며 냉동기 부하가 증가됨

3. 멀티존 유닛방식

(1) **원리**: 단일덕트와 2중덕트의 중간형태로 공조기 1대로 냉온풍을 만들고 2중덕트로 냉온풍을 혼합하여 다수의 존으로 구획된 각 존마다 냉풍과 온풍을 기계실에서 혼합한 후 각 개별 단일덕트로 송풍함

(2) **장·단점**

장 점	단 점
① 이중덕트에 비해 설비비 작으나 개별제어 가능	① 단일덕트에 비해 에너지 손실 큼
② 중간규모에 이용	② 덕트스페이스 커짐

4. 팬코일 유닛 방식

(1) **원리**: 팬과 필터·코일을 구비한 소형 유닛을 각 실마다 설치하고 중앙기계실에서 전수방식으로 냉수나 온수를 각 유닛에 공급하여 팬과 코일을 통하여 실내 공기를 조화하는 방식

(2) 장·단점

장 점	단 점

① 각 실의 개별제어가 양호함
② 기존건물 설치 및 증설에 유리함
③ 실이 많은 건물의 외부존에 많이 사용
	① 유닛이 실내에 있어 실내유효면적 감소
	② 유닛이 각 실마다 분산되어 유지관리 곤란
	③ 고성능 필터 부착 곤란으로 공기청정도가 낮음
	④ 외기공급을 위한 별도의 설비 병용 필요
	   (⊕ 단일덕트방식과 병용한 것을 덕트병용 팬
	   코일 유닛방식이라 함)
	⑤ 극장 같은 대공간 곤란

5. 유인 유닛 방식

(1) **원리**: 중앙기계실로부터 1차 공기를 고속덕트를 통해 유닛에 공급하며 실내에서 유인되는 2차 공기와 함께 실내에서 송풍하므로 배관과 덕트로만 구성되고 팬이 필요없는 방식

(2) 장·단점

장 점	단 점
① 별도의 동력장치가 필요없음 ② 낮은 운전비로 개별제어 가능 ③ 1차 공기와 2차 냉온수를 별도로 공급하므로 재실자의 기호에 맞도록 실온의 선정이 가능함	① 소음이 큼 ② 고성능필터의 설치가 곤란함으로 공기청정도가 떨어짐

6. 각층 유닛 방식

(1) **원리**: 1차 공조기를 통해 공조된 공기가 각 층 또는 각 존마다 설치된 2차 공조기를 통해 적적한 풍량 및 온도로 급기하고 리턴하는 방식

(2) 장·단점

장 점	단 점
① 각 층별 개별운전이 용이하고 부하변동에 대처하기 쉬움 ② 송풍덕트가 짧음 ③ 각 층 슬래브를 관통하는 덕트가 없어 화염확산속도가 작아 화재발생 시 유리함	① 공조기의 수가 많아 설비비가 큼 ② 진동 및 소음이 큼

7. 덕트병용 복사냉·난방(패널)방식: 복사열을 이용하여 가장 쾌감도가 좋으며 천장이 높은 곳에 유효하고 공간활용도가 높으나 설비비가 크고 여름철 바닥면의 결로가 발생함

- 각 실 및 존의 온습도 개별제어 가능 방식: 단일덕트 변풍량 방식, 2중덕트방식, 멀티존유닛방식, 팬코일유닛방식, 유인유닛방식 등
- 외기냉방: 전공기식일수록 가능 - 단일덕트, 2중덕트, 멀티존유닛, 덕트병용패키지, 각층유닛방식 등
- 유지관리 곤란: 공조유닛의 수량이 많아지는 경우 - 패키지방식, 팬코일유닛방식, 유인유닛방식 등

05 냉동설비

1 냉동원리

융해열 이용	아이스박스의 얼음에 의한 냉동
증발잠열 이용	증기압축식, 흡수식, 증기분사식
승화열 이용	드라이아이스
압축기체 팽창(현열)	공기압축기
펠티어 효과	전자냉동기

2 냉동기의 성능표시

(1) **냉동톤**(RT): 0℃ 물 1ton을 24시간 동안에 0℃ 얼음으로 만드는 능력

$$① \ 1RT(일본식) = \frac{1,000kg \times 79.7kcal/h}{24h} = 3,320kcal/h = 3.86kW$$
$$② \ 1USRT(미국식) = 3,024kcal/h = 3.52kW$$

(2) **성적계수**(COP): 냉동기와 히트펌프의 효율을 나타내는 계수로 냉동기는 흡수하는 열량이 클수록, 히트펌프는 방출하는 열량이 클수록 효율이 좋아 성적계수가 높으며 경제성이 높음

① **냉동기의 성적계수**(냉방시)

$$\varepsilon_r = \frac{저온체로부터의 \ 흡수열량(증발잠열)}{압축일(kcal)} = \frac{냉동능력}{소요능력}$$

② **히트펌프의 성적계수**(난방시)

$$\varepsilon_h = \frac{\text{응축기의 방출열량(응축방열)}}{\text{압축일(kcal)}} = \frac{\text{증발열 + 압축일}}{\text{압축일(kcal)}}$$

- 히트펌프의 성적계수(ε_h) = 1 + 냉동기의 성적계수(ε_r)
- 히트펌프의 성적계수 > 냉동기의 성적계수 = 난방 COP > 냉동 COP

③ **몰리에르선도**: 냉매의 각 상태에서의 모든 열역학적 특성을 나타내는 선도로 종축에는 냉매의 절대압력(P)과 횡축에 엔탈피(i)를 나타내어 선도상의 눈금을 읽음으로써 냉동능력, 압축일, 방열량의 계산에 편리

④ **성적계수 증가**: 증발압력(온도) 높을수록, 응축압력(온도) 낮을수록 즉, 증발기와 응축기의 온도차가 작을수록

③ 냉 매

(1) **의의**: 냉매사이클을 순환하면서 저온부의 열을 고온부로 운반하는 유체

(2) **냉매**(프레온, 암모니아, 탄산가스 등)**조건**
  ① 상태가 안정되어 있고 독성이 없으며 부식성이 없을 것
  ② 응고점이 낮을 것
  ③ 비등점이 낮을 것
  ④ 증기의 비용적이 작을 것
  ⑤ 기화에 따른 높은 잠열을 가질 것
  ⑥ 압축에 의해 쉽게 액화할 것
  ⑦ 열전도율 및 열전달율이 클 것
  ⑧ 임계온도가 높을 것
    - **임계온도**: 임계점에서는 액체가 급격히 가스체로 변하므로 냉매는 임계점이 높을수록 좋음

4 냉동기 종류

(1) 냉동기의 비교

구 분	압축식	흡수식
냉 매	프레온 가스	물(H_2O), 흡수액은 리튬브로마이드 용액
냉동사이클	압축 ⇨ 응축 ⇨ 팽창 ⇨ 증발	흡수 ⇨ 재생(발생) ⇨ 응축 ⇨ 증발
구 성	① 압축기: 저압 ⇨ 고압 ② 응축기 ③ 팽창밸브: 고압 ⇨ 저압 ④ 증발기: 냉각작용	① 흡수기 ② 재생기(발생기) ③ 응축기 ④ 증발기: 냉각작용
차 이	압축기, 팽창밸브	흡수기, 재생기(단, 냉매를 물이용)
장 점	① 흡수식에 비해 운전 용이 ② 낮은 온도의 냉수 가능	① 전력소비가 작아 수변전설비가 작아도 됨 ② 소음 및 진동이 작음 ③ 여름철의 전력피크가 낮아지므로 전기요금 절약 ④ 낮은 압력 상태로 운전되므로 안전 ⑤ 100% 가까이 용량제어 가능
단 점	구동에너지가 전기이므로 전력소비 많음	① 압축식에 비해 냉각열량이 크므로 냉각탑이 커짐 ② 낮은 온도(6℃ 이하)의 냉수 곤란 ③ 흡수식 냉동기일 경우 여름에도 보일러 가동 필요 ④ 냉동기의 설치면적이 압축식보다 큼

(2) 압축식 냉동기의 종류

① **왕복식 냉동기**: 냉매는 R-12 또는 R-22를 사용하며 피스톤운동으로 냉매가스를 압축하는 것으로 회전수가 크므로 냉동능력에 비해 크기가 작으며 밸런스가 양호하고 진동이 작음

② **터보식(원심식) 냉동기**: 일반적으로 가장 많이 사용되며 보통 100RT~1,000RT의 것이 많이 사용되고 중형 이상이 될수록 효율이 좋고 가격이 저렴하며 회전운동으로 진동이 작고 고장이 작음

③ **회전식 냉동기**: 압축비가 높은 경우에 적합하며 용량 제어성이 좋으나 고가이므로 냉방전용으로는 부적합하며 발생소음이 큼

④ **스크류식 냉동기**: 케이싱 내부에서 큰 나사로 된 암, 수 2개의 회전자를 서로 맞물려 회전시키면서 나사의 진행방향으로 연속적으로 가스를 압축하는 방식으로 높은 압축비에도 체적효율이 좋음

⑶ **흡수식 냉동기**: 발생기의 형식에 따라 단효용식과 2중효용식으로 나뉘며 2중효용 흡수식 냉동기는 고온발생기와 저온발생기가 있어 단효용 흡수식보다 효율이 높아 에너지가 절약되고 냉각탑의 용량을 줄일 수 있으며 저온발생기는 고온발생기보다 압력이 낮음

5 냉각탑

⑴ **의의**: 냉온열원장치의 구성기기로서 냉동기로부터의 발열을 냉각수를 순환시켜 대기 중으로 방출하기위한 장치로 공기에 의해 응축기의 열을 제거(방출)하기 위해 사용함

⑵ **종 류**

분무식	자연통풍식, 강제통풍식(효율이 우수하고 냉각탑이 작음)
충전식	대부분의 냉각탑방식
밀폐식	대기오염 심한 곳에 사용하며 연중운전에 적합함

⑶ **냉각탑 용량**

① **압축식 냉동기**: 용량 = 냉동부하 + 압축기 동력 = 냉동열량의 1.2∼1.3배
② **흡수식 냉동기**: 용량 = 냉동부하 + 발생기 부하 = 냉동열량의 2.5배

⑷ **냉각탑의 위치선정**

① 바람이 잘 통하는 옥상
② 소음이 적고 급배수관과 가까운 곳
③ 먼지나 매연이 없고 시공관리면적이 충분한 장소
④ 냉각탑 주위에 벽체 설치 금지

⑸ **냉각수 순환수량**

$$냉각수의\ 순환수량(l/h) = \frac{냉각탑의\ 냉각열량(kcal/h)}{온도차}$$

단, 온도차는 압축식 = 5℃, 흡수식 = 9℃ 임

⑹ 냉각탑의 보급수는 냉동기 순환수량의 2∼3% 정도가 필요함

6 히트펌프

(1) **목적**: 냉·난방에 대한 설비비 절감

(2) **방식**: 저온의 열원에서 열을 흡수하여 고온의 열원으로 열을 운송하는 장치, 즉 냉동기의 응축기에서 공기 또는 물을 가열하여 냉방운전 시에는 응축기의 방열을 외부로 버리지만 이 응축기의 방열하는 열량을 난방으로 이용

7 열교환기

(1) **전열교환기**

공조된 실내로부터 배기와 환기를 위해 외기와의 사이에서 현열과 잠열을 동시에 교환이 가능한 방식으로 실내·외온도차가 클수록 열회수량은 많고 공조기 및 보일러나 냉동기의 용량을 줄일 수 있으며 중앙공조시스템이나 공장 등에서 환기에서의 에너지 회수방식으로 많이 이용되나 악취까지 교환되므로 화장실, 주방 등의 악취 발생 존은 적용을 피함

(2) **현열교환기**: 현열을 교환하는 것

셸 앤드 튜브형	다수의 전열관을 관판에 확관 또는 용접 등으로 고정시켜 원통형 용기에 삽입한 방식으로 공동주택에 많이 사용됨
판형 열교환기	얇은 스테인레스판을 다수 배열하여 그 사이에 교대로 난방수와 중온수를 흘려 열교환 하는 형태로 지역난방 공급지역의 각 단지별 기계실에 설치함
스파이럴형	스테인레스강판을 2중의 나선형으로 감아서 가공하여 두 개의 유체가 흐르는 통로를 형성시켜 열교환

8 축열시스템

구 분	빙축열시스템	수축열시스템
의 의	전력부하가 적은 심야 전력(23 : 00~09 : 00)을 이용하여 값싼 전기요금으로 얼음을 생성한 뒤 축열·저장하였다가 주간에 이 얼음을 녹여서 발생하는 얼음의 잠열(용해열)을 건물의 냉방에 활용하는 방식	심야전력으로 히트펌프를 가동시켜 냉온열을 발생시켜 수축열조에 냉수 또는 온수로 저장하는 방식으로 주간에 그 열을 이용하여 건물의 냉난방, 급탕을 공급하는 방식으로 빙축열시스템과 달리 물의 현열만을 이용하여 축열 및 방열하는 시스템
특 징	① 주야간의 전력 불균형을 해소할 수 있고 전력 운전비가 감소한다. ② 냉동기 및 열원설비 용량을 줄일 수 있으며 고효율로 운전할 수 있다. ③ 수전설비 용량의 축소 및 계약 전력이 감소된다. ④ 축열로 열공급이 안정적이다. ⑤ 동일한 부피의 수축열방식보다 축열량을 크게 할 수 있으므로 경제적이다.	① 지하의 2중 슬래브를 수축열조로 사용할 수 있다. ② 부하의 변동에 관계없이 효율적인 일정 운전이 가능하며 사용전력을 절감할 수 있다. ③ 별도의 저온용액(2차 냉매 : 브라인)을 사용하지 않아 환경친화적이다. ④ 기존의 사용중인 냉동기에 축열조를 설치하면 냉방능력이 증가된다. ⑤ 축열조의 공간이 많이 필요하며 초기설비비가 크다. ⑥ 축열조에서의 열손실이 크다.

9 시방서상 냉온수 배관

(1) 열원회로 및 주배관의 유량은 건축물 부하의 최댓값을 기준으로 결정하고, 가지배관의 유량은 각 존의 시간대별 최대부하를 기준으로 결정

(2) 배관에는 냉온수의 온도에 따라 팽창이음 부속을 설치하여 배관의 신축을 흡수함

(3) 냉온수배관 계통에는 물의 팽창·수축에 대비하여 팽창탱크를 설치하고 장치에는 감압밸브와 릴리프밸브를 설치

(4) 개방식 팽창탱크는 순환펌프의 흡입측에 팽창관을 접속시키며, 그 설치 높이는 배관계의 가장 높은 곳보다 1.2m 이상

(5) 호칭지름 25mm 이상의 오버플로를 탱크의 상단에 설치하며 오버플로는 간접배수함

⑹ 기기와의 모든 연결부에는 차단밸브를 설치한다. 또한 기기와 배관의 연결은 플렌지, 유니언, 그루브 조인트, 기타 기계식 이음사용하여 배관의 손상없이 기기의 탈착가능하게 함

⑺ 냉동기에 연결하는 배관에는 방진이음을 설치한다. 단, 흡수식 냉동기 및 흡수식 냉온수기와 같이 진동이 적은 냉동기에 연결하는 배관에는 방진이음을 설치하지 아니할 수 있다.

⑻ 냉수배관이나 냉각수배관의 가장 낮은 부분에는 배수밸브 설치

⑼ 온수보일러, 열교환기 등의 안전장치는 안전밸브와 팽창관을 병용함

⑽ 공기조화기의 결로수 배수관에는 운전 중 봉수 깊이를 확보할 수 있는 배수트랩 설치

⑾ 방진기가 설치된 모든 펌프의 토출구와 흡입구에는 방진이음을 설치한다. 방진기가 설치되지 않은 진동이 적은 인라인 펌프에는 방진이음을 설치하지 않을 수 있음

⑿ 펌프의 입구와 출구에는 압력계를 설치하며 흡입구에는 스트레이너 설치

01 난방방식

(1) **개별식 난방**

열원기기를 실내에 직접설치하여 난방하는 방식으로 소규모 건물에 적합하다(난로, 온풍로, 개별보일러, 스토브 등).

(2) **중앙난방**: 열원기기가 건물전체나 혹은 단지 전체를 대상으로 하는 방식으로 대규모 건물에 사용한다.

① **직접난방**: 방열기 설치 ┌ 증기난방: 고압이나 저압의 증기 공급
                              └ 온수난방: 고온이나 저온의 온수 공급

② **직접난방**: 복사패널 설치 - 복사난방

③ **간접난방**: 덕트 설치 - 온풍난방: 실내에 온풍 공급

02 보일러(Boiler)

1 보일러의 능력 표시

(1) **보일러 마력**(HP)

1시간에 100℃의 물 15.65kg을 전부 증기로 증발시키는 증발능력으로 증발량으로는 100℃에 있어서의 증발잠열량임

1보일러 마력(HP)	1마력의 상당증발량 × 증발잠열 = 15.65(kg/h) × 539(kcal/kg) ≒ 8,435(kcal/h) = 35,320(kJ/h) = 9.8kW)
1보일러톤	1시간에 100℃의 물 1,000ℓ를 완전히 증발시킬 수 있는 능력으로 64보일러 마력(BHP)

(2) 전열면적과 화상면적

전열면적	보일러의 연소실에서 연료의 연소로 발생하는 열에 의해 보일러를 형성하는 판 또는 관의 면이 한쪽은 가열되고 그 반대쪽은 열을 물에 전하는 면적(m^2)
화상면적	연료를 연소시키는 화격자의 면적
연소율	고체연료 사용에서는 화상면적 $1m^2$당 1시간의 연소량, 액체연료에서는 전열면적 $1m^2$당 1시간의 연소량

(3) 보일러의 효율

① 효율(%) = $\dfrac{\text{실제증발량} \times (\text{발생증기의 엔탈피} - \text{급수의 엔탈피})}{\text{연료의 소비량} \times \text{연료의 저위발열량}} \times 100$

② 효율(%) = $\dfrac{\text{정격출력}}{\text{연료의 소비량} \times \text{연료의 발열량} \times \text{비중}} \times 100$

(4) 증발량

① **실제증발량**(kg/h) : 단위시간에 발생하는 증발량

② **상당증발량**(환산증발량) : 실제발생량이 흡수한 전열량을 가지고 100℃의 온수에서 100℃의 증기로 만들 수 있는 증발량으로 실제증발량을 기준증발량(2,257kJ/kg)으로 환산한 증발량(kg/j)

2 보일러의 용량(kW) 결정 : 공조기 가습을 증기로 하는 경우 가습부하 포함

정미출력	HR + HP(단, HR : 난방부하, HP : 급탕부하)
방열기 용량	HR + HW(단, HW : 배관손실부하)
상용출력	HR + HP + HW
정격출력 (= 소요출력)	HR + HP + HW + Hg(단, Hg : 예열부하)

3 보일러 설계순서

1. 난방부하 계산
2. 방열기 용량 계산
3. 배관 열손실 계산
4. 상용출력 계산
5. 정격출력 계산

4 보일러실의 구조

1. 외벽과 45cm 이상 이격시킬 것
2. 천장과 최상부는 1.2m 이상 띄울 것
3. 난방부하의 중심에 둘 것
4. 굴뚝은 보일러실과 가까울 것
5. 가동 전에 반드시 수면계 점검
6. 채광, 통풍 및 환기 필요
7. 제1종 환기시설(☞ 송풍기와 배풍기 사용) 및 정온식 감지기 설치

5 보일러의 종류

(1) **주철제 보일러** : 주철제의 부재를 연결 · 조립하여 하나의 관체를 구성한 조합 보일러

장 점	단 점
① 복잡한 구조도 주형으로 제작이 가능하다.	① 인장 및 충격에 약하다.
② 내식성 및 내구성이 커서 수명이 길다.	② 열에 의한 팽창으로 균열이 발생한다.
③ 취급이 간편하고 분할로 인해 반입 · 반출이 용이하다.	③ 고압 대용량으로 부적합하다(사용압력 : 증기용은 0.1MPa 이내, 온수용은 0.3MPa 이내).
④ 조립식으로 용량의 증감이 쉽다.	
⑤ 파열시 저압이므로 피해가 적다.	

(2) **수관식 보일러** : 보일러 하부의 물 드럼과 상부의 증기와 물 드럼을 연결하는 다수의 수관을 연소실 주위에 배치한 것

장 점	단 점
① 전열면적이 크고 열효율이 좋아 증기 및 온수의 발생이 빠르다.	① 고가이고 스케일에 의한 수관의 과열 때문에 고도의 수처리가 필요하다.
② 보유수량이 작아서 가볍고 파열시 피해가 적다.	② 전열면적에 비해 보유수량이 작아서 부하변동에 대해서 압력의 변화가 크다.
③ 사용압력은 1MPa 이상으로 고압 및 대용량에 적합하며 대규모 건물이나 지역난방에 사용한다.	

(3) **노통연관식 보일러**: 보일러 몸체 내부에 노통(연소실)과 노통에서 연결되어 있어 노통에서 발생되는 고온의 연소가스가 지나가는 다수의 연관으로 구성

장 점	단 점
① 보유수량이 많아 부하변동에도 안전하다. ② 제조공장에서 완전히 조립한 상태로 현장에 운반되므로 설치가 간단하다. ③ 전열면적이 커서 효율이 좋다. ④ 수질관리가 비교적 용이하다.	① 다른 보일러에 비해 크기가 커서 건물에 반입하기가 곤란하다. ② 수명이 짧고 주철제보다 비싸다. ③ 사용압력은 0.4~1MPa 정도이며 학교, 사무실, 중·대규모 아파트에 사용한다.

(4) **관류식 보일러**: 증기발생기라고도 불리며 하나의 관내에 흐르는 동안에 예열, 가열, 증발, 과열이 이루어져 증기발생용으로 적합

장 점	단 점
① 보유수량이 작아서 시동시간이 짧고 부하변동에 대한 추종성이 좋다. ② 누수가 적고 효율이 좋다.	① 수처리가 복잡하고 소음이 크다. ② 중소형 건물에 사용한다.

심화학습

▶ **개별난방설비관련 기준**

1. 보일러는 거실외의 곳에 설치하되, 보일러를 설치하는 곳과 거실사이의 경계벽은 출입구를 제외하고는 내화구조의 벽으로 구획할 것
2. 보일러실의 윗부분에는 그 면적이 0.5제곱미터 이상인 환기창을 설치하고, 보일러실의 윗부분과 아랫부분에는 각각 지름 10센티미터 이상의 공기흡입구 및 배기구를 항상 열려있는 상태로 바깥공기에 접하도록 설치할 것. 다만, 전기보일러의 경우에는 그러하지 아니하다.
3. 보일러실과 거실사이의 출입구는 그 출입구가 닫힌 경우에는 보일러가스가 거실에 들어갈 수 없는 구조로 할 것
4. 기름보일러를 설치하는 경우에는 기름저장소를 보일러실외의 다른 곳에 설치할 것
5. 오피스텔의 경우에는 난방구획을 방화구획으로 구획할 것
6. 보일러의 연도는 내화구조로서 공동연도로 설치할 것

03 방열기(Radiator)

(1) 방열기 설치

① 개구부 아래의 열손실이 가장 큰 곳에 설치하여 외부의 찬공기 유입 방지
② 벽에서 5~6cm 정도 이격시키며 주위에는 신축흡수를 위해 스위블조인트를 설치
③ 방열기는 효율이 좋아 방열량이 커서 크기가 작은 것을 선택

(2) 도면상의 표시법

중앙의 상단부	섹션(절, 쪽)수
중앙부	종별과 높이(주형-로마자, 세주형-아라비아숫자, 종형-V, 횡형-H)
중앙의 하단부	유입관과 유출관의 관경(inch)

① 5-700×20 : 5세주형, 높이 700mm, 절수 20개
② W-V×5 : 벽걸이 수직형 절수 5절(마디)

(3) 방열기 종류

대류방열기 (Convector)	대류 촉진을 위해 철제 캐비닛 속에 핀튜브를 넣은 것으로, 외관 및 열효율이 좋아 널리 사용됨
베이스 보드 방열기	대류방열기와 동일한 원리로 낮고 긴 형상을 하고 있어 외벽의 창문 아래에 설치하면 실 전체에서 균일한 난방효과를 얻을 수 있고 단열성이 취약한 유리면에 발생하기 쉬운 결로를 방지하는데도 큰 효과를 기대할 수 있음

(4) 방열기의 표준방열량

열매온도와 실내온도가 표준상태(ꙅ 실내온도 18.5℃)일 때 방열기 표면적 $1m^2$당 1시간 동안의 방열량

구 분	열매온도	표준방열량
증기난방	102℃	$0.756kW/m^2 (= 2{,}730kJ/m^2 \cdot h)$
온수난방	80℃	$0.523kW/m^2 (= 1{,}890kJ/m^2 \cdot h)$

ꙅ 단, $1kW = 3{,}600kJ/h$

(5) **상당방열면적**(EDR)

① 보일러나 방열기의 방열량을 표준상태로 환산한 방열기의 표면적 값

② 상당방열면적(EDR) $= \dfrac{\text{전체방열량(총손실열량 또는 난방부하)}}{\text{표준발열량}}$

(6) 절(Section, 쪽)수 $= \dfrac{\text{총손실열량(난방부하)}}{\text{(표준방열량} \times \text{1절면적)}}$

(7) 증기난방에서의 방열기 응축수량(kg/h) $= \dfrac{\text{방열기의 방열량}}{\text{잠열(539kcal/kg)}}$

(8) 온수난방에서의 방열기 순환수량(kg/h) $= \dfrac{\text{난방부하(총손실열량)}}{\text{입구수온} - \text{출구수온}}$

04 난방방식

1 증기난방과 온수난방

1. 증기난방

(1) 증기난방 관련 부속기기

증기트랩 (라지에이터트랩)	증기와 응축수를 분리시켜 응축수만을 보일러에 환수, 공급하는 기기 ① 종류 : 방열기트랩(열동, 벨로즈 - 저압, 소용량), 버킷트랩(관말 - 고압증기 환수용), 플로트트랩(다량의 응축수 처리), 바이메탈트랩 등 ② 작동방식 : 벨로즈트랩은 열(온도차), 플로트트랩은 응축수량에 따라, 버킷트랩은 부력을 이용
2중서비스밸브	응축수의 동결을 방지하기 위해 방열기밸브와 열동트랩을 조합한 밸브
인젝터	증기보일러 급수장치
감압밸브	사용압력에 맞게 고압을 저압으로 바꾸어 주는 장치
증기헤더	증기를 고르게 급송하는 역할을 하는 장치
스트레이너	증기 또는 응축수 중의 찌꺼기나 부스러기 등을 모아 제거하는 장치

(2) 증기난방 배관법

냉각다리(레그)	증기주관에 생긴 증기나 응축수를 냉각시켜 완전한 응축수를 트랩에 보내는 역할을 하며 관경은 증기주관보다 한 치수 적게 하고 노출배관으로 보온 피복을 하지 않는다.
하트포드 접속법	보일러의 안전수위를 확보하여 빈불때기 방지와 증기압과 환수압을 균형있게 하며, 환수관 내의 침전된 찌꺼기를 보일러에 유입되는 것을 방지함
리프트이음(피팅)	진공환수식에서 환수주관 아래에 방열기를 설치할 때 또는 진공펌프를 환수주관보다 높은 곳에 설치할 경우에 사용하며 환수관보다 높은 위치로 환수관의 응축수를 끌어올려 환수하는 배관법으로 리프트관은 환수관보다 한 치수 작은 관을 사용(❺ 1단의 높이 1.5m 이내)

(3) 응축수의 환수방식

① 환수방법에 따라

구 분	순환원리	순환속도	설치위치제한	공기빼기밸브
중력식 (대류식)	온도에 의한 밀도차	느림	있음(방열기는 보일러보다 높은 위치)	필요
강제식 (기계식)	순환펌프	빠름	없음(방열기는 보일러와 동일면상이나 높은 위치 가능)	필요
진공환수식	증기난방에만 있음	가장 빠름	없음	필요 없음

② 환수배관방식에 따라(증가난방 및 온수난방 공통)

습식환수	보일러의 수면보다 환수주관(❺ 응축수 배관)이 낮은 위치에 있는 경우
건식환수	보일러의 수면보다 환수주관(❺ 응축수 배관)이 높은 위치에 있는 경우

2. 온수난방

(1) 온수온도에 따른 온수난방

구 분	팽창탱크	규 모	보일러	보일러압력	방열면적	방열량
저온수식	개방식	小	주철제	저압	大	小
고온수식	밀폐식	大 (지역난방)	강판제	고압	小	大

(2) 온수난방용 부속기기

3방밸브	온수보일러의 온수 출구 및 환수구에는 밸브를 설치하는데 부주의로 밸브가 닫힌 채로 운전하는 경우의 위험을 방지하기 위해 설치
리턴콕	온수의 유량을 조절하는 밸브로 온수방열기의 환수밸브로 사용되는 것
역환수 (Reverse return) 배관방식	냉·온수배관에서 각 기기마다 배관회로의 길이를 같게 하여 마찰손실을 같게 함으로써 유량이 균등하게 배분되도록 환수관을 역으로 돌려 배관하는 방식으로 증기관이나 급수관, 배수관 등에는 필요없는 방식임
팽창탱크와 팽창관	온수난방 관내에서 분리된 공기 등을 배출하고 물의 온도 변화에 따른 체적 팽창을 흡수하며, 보급수의 역할을 하는 안전밸브 역할을 하기 위하여 설치(➡ 팽창탱크의 용량 = 온수 팽창량의 2~2.5배 정도) ① 개방식 팽창탱크 : 저온수 난방방식에 사용하며 배관계통 중 제일 높은 곳에 설치(➡ 최상층 방열기보다 1m 높은 위치) ② 밀폐식 팽창탱크 : 설치위치에 제한을 받지 않으며 관내에 공기유입이 되지 않으므로 관의 부식이 적게 일어나며, 고온수난방, 대규모건물에 적합 ③ 팽창관은 팽창탱크에 이르는 관으로 절대로 밸브를 설치하지 않아야 함

3. 특징 비교

구 분	증기난방	온수난방
대류작용에 의한 이용 열	상태변화에 따른 잠열	온도변화에 따른 현열
열운반능력	큼	작음
방열량 및 방열면적	방열량이 커서 방열면적 작음	방열량이 작아 방열면적 큼
주관의 관경	작음	큼
비용측면 (연료비, 배관비)	유리	불리
온도 조절 및 열제어	어려움	쉬움
열용량	작음	큼
예열시간	짧음	길음
쾌감도	먼지상승이 많아 작음	큼
소음	큼(➡ 스팀사일랜서 부착)	작음
화상우려	큼	작음
환수배관의 부식정도	쉬움	작음

환수관의 동결우려	큼	작음
환수방법	중력식, 기계식, 진공환수식	중력식, 기계식
관련 부속기기	방열기 트랩, 감압밸브, 이중서비스 밸브, 인젝터, 증기헤더 등	리턴콕, 3방밸브, 팽창탱크, 팽창관 등
	🔁 **공통 기기** : 방열기, 방열기밸브, 공기빼기 밸브 등	
관련 배관법	냉각다리, 하트포드 배관, 리프트 이음 등	역환수 배관(리버스리턴방식)
사용 장소	사무실, 학교, 공장 등	주택, 병원 등

2 복사난방

(1) 장·단점

장 점	단 점
① 방열기가 없어 바닥의 이용도가 높음 ② 대류열이 아닌 복사열을 이용하므로 먼지상승이 작아 쾌감도가 매우 우수함 ③ 방을 개방상태로 하여도 난방효과가 일정시간 지속 ④ 난방온도가 낮은 상태에서도 난방이 가능하므로 실내외온도차가 적어 열손실의 감소가 가능 ⑤ 실내수직온도분포가 균일함 ⑥ 천장이 높은 실, 길이가 긴 실 및 외풍이 심한 방에 유리	① 열손실을 막기 위한 단열재를 시공하므로 시공이 복잡하고 수리 및 설비비가 고가 ② 외기온도의 급변에 따른 방열량 조절이 어려움 ③ 열용량이 커서 예열시간이 길고 설정온도의 도달시간이 길다. ④ 패널을 매입하는 방식으로 결함의 발견이 곤란함 ⑤ 바닥하중 및 두께가 증가

(2) 설계 시 주의 사항

매설깊이	매설깊이는 깊게 하는 것이 바닥면의 온도가 균등해지나 보통 관 위에서 표면까지의 두께는 관경의 1.5~2.0배 이상
배관길이	표면온도차를 줄이기 위해 50m 이하
배관 간격(피치)	바닥의 온도분포를 일정하게 하기 위해서 좁을수록 좋으나 경제적인 측면에서 20~30cm 정도
가열면 표면온도	30℃ 전후
온수온도와 온도차	온수온도는 최고 60℃ 이하로 평균 50℃ 정도, 순환온수의 온도차는 가열면의 온도 분포를 균일하게 한다는 점에서 5~6℃ 이내

3 온풍난방

1. 열용량이 작아 예열 시간이 짧고 실온상승이 빠름
2. 온도조절, 풍량조절, 습도조절 및 환기가 가능함
3. 열효율이 높아 연소비가 절약됨
4. 소음과 온풍로의 내구성의 문제가 있음
5. 먼지 상승이 많아 쾌감도가 좋지 않음
6. 온도분포가 균등하지 않음

난방방식의 비교

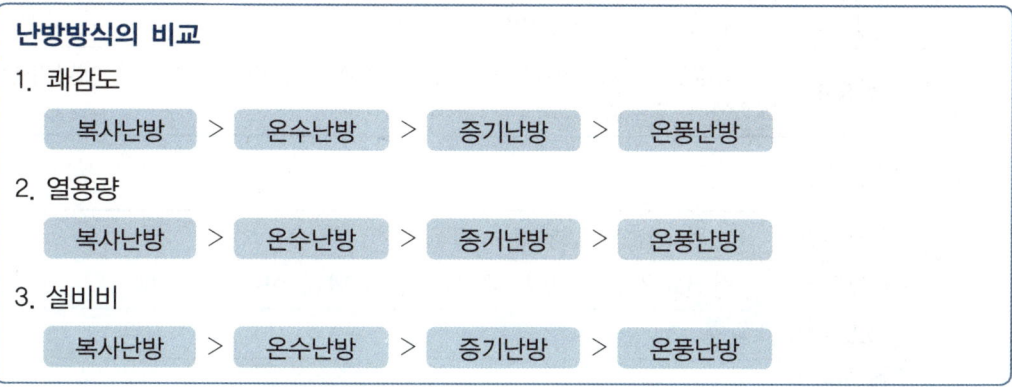

1. 쾌감도

| 복사난방 | > | 온수난방 | > | 증기난방 | > | 온풍난방 |

2. 열용량

| 복사난방 | > | 온수난방 | > | 증기난방 | > | 온풍난방 |

3. 설비비

| 복사난방 | > | 온수난방 | > | 증기난방 | > | 온풍난방 |

4 지역난방 및 열병합발전설비

(1) **지역난방**: 넓은 지역에 산재에 있는 각종 건물 및 시설에 열매(고온수 및 고압증기)를 필요에 따라서 중앙열원 플랜트로부터 배관을 공급하는 시설

장 점	단 점
① 연소폐기물의 집중화에 의한 대기오염 감소	① 초기시설 투자비가 큼
② 폐열을 이용한 에너지 이용률의 증가	② 열원기기의 용량제어 곤란
③ 연료저장 및 수송의 일원화로 도시재해 방지 및 비용절감	③ 배관에서의 열손실이 큼
④ 도시미관 보호 및 공해방지를 통한 자연 보호 효과	④ 열의 사용량에 따른 요금분배 곤란 (🔁 열사용량이 작은 경우 기본요금 높아짐)
⑤ 각 건물의 설비면적을 감소 및 유효면적 증대	
⑥ 대규모에 의한 기기의 열효율이 좋아 연료비 감소	

(2) **열병합발전설비** : 일반 발전 전용설비에서 버리는 에너지를 회수하여 냉난방 또는 급탕용 등의 저온부 에너지로 이용하는 방식으로 배기가스와 냉각수에서 폐열을 회수하여 화력발전소의 2배 정도 종합 열효율이 높음

① **주체에 따른 분류**

co-generation system	발전 설비가 주체
total energy system	열회수 위주

② **열매의 유량 제어** : 열수요변화에 대응 하기위해

정류량	유량 일정 + 공급열매 온도 변화
변유량	유량변동 + 공급열매온도 일정 : 경제적 운전이 가능하고 에너지절약면에서 우수함

③ **시스템 종류**

가스터빈	발전효율 낮고 열회수 적음
디젤엔진	발전효율 높고 부하 추종성 좋아 널리 이용
가스엔진	−
증기터빈	−

④ **특 징**
   ㉠ 발전 시의 폐열이용으로 에너지를 절감 및 환경오염물질의 발생 감소
   ㉡ 사장되었던 설비의 활용으로 투자비 절감
   ㉢ 전력 수요의 피크(peak)해소로 화력 발전 건설비의 절감 가능
   ㉣ 화재 등의 위험이 없음
   ㉤ 24시간 가동하므로 실내온도의 변화가 없음
   ㉥ 각 건물의 기계실 면적의 감소 및 기기소음을 줄일 수 있음

5 시방서 주의사항

(1) 방열기 가열능력은 실내난방부하 기준으로 선정. 간헐난방은 건물의 예열부하를 가산함

(2) 입출구 배관에 차단밸브를 설치하며 배관에 공기체류 가능성 있으면 공기빼기밸브 설치

(3) 밸런싱밸브나 제어밸브를 설치할 경우에는 방열기 출구 쪽에 설치하여야 함

(4) 열매가 증기일 경우 출구에 증기트랩을 설치하며 트랩 용량은 증기부하 3배 정도의 응축수량으로 선정함

01 전기설비의 기초

(1) **전압**(V, 전위차): 전기적인 높이 차이
   ① **저압**: 직류 1,500V 이하, 교류 1,000V 이하
   ② **고압**: 직류 1,500~7,000V, 교류 1,000~7,000V
   ③ **특별고압**: 직류 및 교류 모두 7,000V 초과
   ④ **전압**(V) = **전류**(I) × **저항**(R)

전력설비 (강전설비)	외부로부터 인입되는 고압전류를 건물의 용도에 알맞게 바꾸어 공급하는 설비	전원설비, 옥내 배선, 동력설비, 조명설비, 운송설비, 접지설비 등
통신정보설비 (약전설비)	약전류 신호를 사용하는 설비	구내 교환설비, 방송설비, 정보통신망설비, 인터폰설비 등
방재설비 (약전 및 강전설비)	재난 방지를 위한 설비	피뢰침, 항공장애등, 소방 전기설비 등

(2) **전류**(I, A) **전자의 이동을 의미**

직류(DC)	전류의 세기와 방향이 일정하여 약전설비(전화, 전기시계, 통신설비 등)와 고속 엘리베이터에 사용
교류(AC)	전류의 세기와 방향이 주기적으로 변화하여 강전설비(전열, 전등, 동력설비 등)와 저속 엘리베이터에 사용

🔌 **쿨롱**(coulomb): 전기량의 실용단위로 1암페어의 전류가 1초 동안 운반하는 전기량

(3) **저항**(R, Ω): 전류의 흐름을 방해하는 정도
   ① 전선의 단면적에 반비례하고 길이에 비례[$R = \dfrac{l(길이, \ m)}{A(단면적, \ m^2)} \cdot \rho(비저항)$]
   ② 물체가 지니고 있는 고유 저항(비저항)이 작을수록 유리
   ③ 금속은 온도가 증가하면 저항이 커지고, 절연체는 온도가 증가하면 저항이 작아짐
   🔌 **전압강하**: 전선자체의 저항으로 전원전압에 비해 전기기구에 가해지는 전압이 낮아지는 현상

(4) **주파수**(Hz) : 교류에서 1초에 전류의 위상차가 반복되는 횟수로 우리나라에서는 60Hz를 기준으로 한다.

(5) **역률**((Power factor, cosΦ)

① 전압과 전류의 세기와 방향이 시시각각 변하는 교류에서 전류가 전압보다 빠르거나 늦게 발생되는 시간적인 위상차로 피상전력(= 전압 × 전류)에 대한 유효(실효)전력의 비를 의미한다[역률(cosΦ) = $\dfrac{유효전력}{피상전력}$].

② 역률값은 0~1사이의 값으로 1에 가까울수록 좋다.

③ 역률의 개선을 목적으로 각 기기마다 (진상)콘덴서를 설치한다.

④ 백열전등, 전열기 : 1.0, 형광등 : 0.7, 소형 모터 0.6~0.7, 중형 모터 : 0.8~0.85

(6) **전력**(P, W)

① **역률을 고려한 전력의 산정**

직류	전력 = 전압 × 전류
단상교류	전력 = 전압 × 전류 × 역률
3상 교류	전력 = 전압 × 전류 × $\sqrt{3}$ 역률

② 전열기 1kw는 860kcal/h의 열량 값과 동일하다.

> 🔌 주택에 설치하는 전기시설의 용량은 각 세대별로 3kW 이상으로 함 단, 세대당 전용면적이 60m² 이상인 경우에는 3kW에 60m²를 초과하는 10m²마다 0.5kW를 더한 값으로 함

02 변전설비

1 설계순서

1. 설비용량을 각 부하별로 산출(설비용량 = 연면적 × 부하밀도)
2. 최대수용전력에 따라 수변전설비 용량 산출(변압기 용량 및 형식결정)
3. 계약전력과 수전전압 결정
4. 인입방식과 배선방식 작성
5. 변전설비의 형식 결정 및 변전실의 위치와 넓이 결정
6. 기기의 배치

2 설비용량 추정(변전설비의 기본계획에서 가장 먼저 산출해야할 사항)

(1) 부하설비 용량 = 부하밀도(VA/m^2) × 연면적

(2) **부하밀도** : 전등, 일반 동력, 냉방동력을 포함한 단위면적에 대한 소요전력으로 백화점 > 사무실 > 주택 > 학교

3 수전설비용량 추정(수용률, 부등률, 부하율을 고려하여 최대수용전력을 산출)

(1) 수용률 = 최대수용전력 ÷ 부하설비용량

(2) 부등률(항상 100% 이상) = 최대수용전력 합계 ÷ 합성 최대수용전력(⊕ 부등률이 크다는 것은 큰 부하설비에 전력 공급이 가능하므로 공급설비의 이용률이 높다는 것을 의미함)

(3) 부하율 = 평균수용전력 ÷ 최대수용전력(⊕ 일부하율, 월부하율, 연부하율로 나타낼 수 있으며 부하율이 클수록 전기설비가 유효하게 작동 즉 설비의 가동률이 높다는 것을 의미함)

4 변전실 구조

위 치	① 부하의 중심과 가까운 곳 ② 통풍 및 환기는 필수적이며 변전실 온도를 환기에 의해 40℃ 이내로 유지 ③ 방화구조가 아닌 내화구조일 것 ④ 기기의 반출이 용이할 것
천장 높이	① 고압 : 보 밑에서 3m 이상 ② 특별고압 : 보 밑에서 4.5m 이상
크기(A, m^2)	① $A = 3.3 \times \sqrt{전기설비용량(KW)}$ ② $A = 0.98W^{0.7}$(⊕ W : 변압기의 용량으로 kVA)

5 변전설비용 기기

(1) **변압기**(Transformer)

① 수변전설비의 모체가 되는 기기로서 이 기기의 성능에 따라 신뢰도가 좌우된다.
② 변압기 대수가 많을수록 단위 변압기 용량은 작아지고 1차측 케이블량을 증가한다.

(2) **단로기**(DS) : 회로분리개폐기의 일종으로 회로를 수리, 시험, 점검 및 보수 시에 회로를 개폐하는 장치

(3) **차단기**(CB) : 부하전류를 개폐함과 동시에 회로의 이상 발생 시 신속히 회로를 차단하고 회로에 접속된 전기기기 등을 보호하고 안전하게 유지하는 역할

① **고압용 차단기** : 진공, 유입(기름), 공기, 자기 등을 이용한 차단기

차단기의 종류	기호
공기 차단기(Air Blast Circuit Breaker)	ABCB
기중 차단기(Air Circuit Breaker)	ACB
유입 차단기(Oil Circuit Breaker)	OCB
자기 차단기(Magnetic Circuit Breaker)	MCB
가스 차단기(Gas Circuit Breaker)	GCB
진공 차단기(Vacuum Circuit Breaker)	VCB

② **저압용 차단기**

배선용 차단기	과전류를 검출하고 자동으로 차단하는 과전류차단기 종류로는 MCCB, MCB, NFB 등
누전차단기(ELCB)	저압회로용으로 지락전류를 영상변류기로 검출하는 전류동작형으로 지락전류가 미리 정해 놓은 값을 초과할 경우, 설정된 시간 내에 회로나 회로의 일부의 전원을 자동으로 차단하는 장치

(4) **콘덴서** : 역률개선에 사용

(5) **배전반** : 전기계통의 중추적 역할을 하며, 기기나 회로를 감시하기 위한 계기류, 계전기류, 개폐기류를 1개소에 집중해서 시설한 것

(6) **유입개폐기**(POS) : 고장전류를 차단할 수는 없으나 소용량의 변압기나 콘덴서를 개폐하는데 사용

(7) **보호장치**

① **피뢰기**(LA) : 낙뢰로 발생되는 과대한 전류를 대지로 방류시키는 장치
② **검루기** : 회로의 지단사고의 정도를 지시하는 장치

03 배전설비

1 전력의 공급 순서

(1) **소규모건물** : 전력계 ⇨ 분전반 ⇨ 분기회로 ⇨ 전기기기

(2) **대규모건물** : 변전실 ⇨ 전력계 ⇨ 배전반 ⇨ 분전반 ⇨ 분기회로 ⇨ 전기기기

2 간 선

(1) **간선의 설계순서**

① 부하의 용량
② 전기방식과 배선방식
③ 배선방법
④ 전선의 굵기 결정

보충학습

➤ **전선의 굵기 결정 시 고려사항**

① 전선의 허용 전류 : 가장 중요한 요소로 허용 가능한 최대 전류값을 의미함
② 전선의 허용전압강하 : 간선 및 분기회로에서 각각 표준 전압의 2% 이하
③ 전선의 기계적 강도[직경 1.6mm(15A) 이상의 전선 사용]
④ 연결점의 허용온도
⑤ 열방산 조건
⑥ 장래 예비사용 또는 증설에 대한 여유율
⑦ 부하의 수용률
⑧ 비선형 부하의 연결

---

(2) **간선의 배선 방식**

평행식	① 각 분전반마다 배전반에서 단독으로 배선되는 방식으로 전압강하가 평균적이다. ② 사고의 범위를 좁힐 수 있다. ③ 배선이 혼잡할 우려가 있기는 하나 대규모 건물에 적합하다.
나뭇가지식 (수지상식)	① 사고의 범위가 크며 말단분전반에서 전압강하가 커질 수 있어 소규모 건물에 사용된다. ② 전동기가 넓은 지역에 분포되어 있을 경우 ③ 굵기가 변하는 접속점에는 보안장치가 요구된다.
병용식	평행식과 수지상식을 병용한 것으로 가장 많이 사용한다.

③ 분전반

(1) 의 의

배전반으로부터 전기를 공급받아 말단 부하에 배전하는 것으로 주개폐기, 분기 회로용 개폐기, 자동 차단기를 모아 놓은 것이다(㉾ 주로 간선과 분기회로 사이에 설치되는 분기보안 장치).

(2) 분전반 설치 시 주의 사항

① 고층건물은 가능한 한 파이프샤프트 부근에 설치한다(㉾ 가능한 한 부하의 중심).
② 분전반은 복도나 계단 근처의 벽에 설치한다.
③ 1개 층에 분전반 1개 이상씩 설치한다(㉾ 매 층마다 설치).
④ 분전반 1개에는 분기 회로를 20개 이내로 한다(㉾ 예비회로 20회선).
⑤ 분전반은 접지공사를 한다.

(3) 분기회로 : 분전반의 저압옥내간선으로부터 분기하여 전기기기에 이르는 저압옥내선로

① 분기회로는 예비회로 포함해서 40회선 이내
② 분기회로 전선의 길이는 전압강하와 시공을 고려하여 30m 이내로 하고 전선의 굵기는 $8mm^2$ 이하
③ 같은 방 또는 같은 방향의 아웃렛, 계단의 복도 등은 동일회로
④ 습기 있는 곳의 아울렛은 별도 회로
⑤ 전등 및 콘센트회로는 별도회로로 하며 보통 15A의 분기회로로 하고, 콘센트 한 회로에 수구수는 8개 이하
⑥ 전등회로는 접속하는 전등수의 제한은 없으나 부하의 합계가 분기 개폐기 용량의 80(%) 정도로 억제

04 배 선

1 배선방식

단상 2선식	110V, 220V	일반주택
단상 3선식	220/110V 겸용	학교, 관공서, 빌딩
3상 3선식	220V, 380V	공장 등의 동력의 전원
3상 4선식	220V/380V 겸용	대규모 건물

(1) 우리나라 승압계획에 따라 대형건물이나 공장 등의 간선회로에 주로 쓰이는 배전방식은 220V / 380V 3상 4선식

(2) 전압, 전력, 배선거리가 같을 경우 전선량은 3상4선식 < 단상 3선식 < 3상 3선식 < 단상 2선식으로 3상 4선식이 가장 적게 소요됨

(3) 단상 3선식과 3강 4선식의 중성선 색상은 청색

2 배선공사방법

(1) **경질염화비닐관**(합성수지관) **공사**

① 절연성, 내식성, 내화학성이 좋으나 내열성 및 내충격성이 적어 난방, 급탕, 소화 배관에는 부적합함

② 이중천장(반자 속) 내에는 시설할 수 없음

③ 특수 화학공장 또는 연구실 등에 적합함

(2) **금속관 공사**

① 철근 콘크리트 건물의 매입배선 등에 사용됨

② 화재에 대한 위험성이 적고, 기계적 손상에 안전함

③ 전선의 교체가 용이함

④ 전기증설이 복잡하고 누전을 방지할 수 없으며 보수공사가 곤란

> 전선관안의 전선수는 10가닥 이내로 하며, 4가닥 이상 삽입할 경우 전선의 총 단면적은 전선관 내부 단면적의 40% 이내로 한다.

(3) 기타 공사

가요전선관(flexible) 공사	굴곡장소가 많아서 금속관 공사가 곤란한 경우에 적합하며 엘리베이터의 배선, 옥내배선과 전동기를 연결하는 경우, 기차나 전차 내의 배선 등에 적합하다.
플로어덕트 공사	① 은행, 회사 등의 사무실 콘크리트 바닥에 매입함 ② 선풍기, 전기스탠드, 컴퓨터 등의 강전류 전선과 전화선, 신호선 등 약전류 전선을 각각 배선하여 플로어덕트를 시설함 ③ 주로 대규모 사무실, 백화점의 바닥공사에 이용
버스덕트	공장, 빌딩 등에 있어서 비교적 큰 전류를 통하는 간선을 시설하는 경우에 사용함
케이블(Cable)	외력의 우려가 있는 경우는 금속관으로 보호하며 모든 장소에 설치가 가능하나 주로 건조한 노출 또는 점검가능한 은폐공사에 사용함

⮱ 점검할 수 있는 은폐장소나 점검할 수 없는 은폐장소 및 습기나 물기 있는 곳 사용
1. **가능한 공사** : 경질비닐관, 금속관, 케이블공사 등
2. **불가능한 공사** : 목재몰드, 합성수지 몰드, 금속몰드, 금속덕트 등

05 예비전원설비

자가발전설비, 축전지설비, 무정전전원장치(UPS), 전기저장장치 등

(1) 예비전원이 갖추어야 할 조건

① 축전지 정전 후 충전하지 않고 30분 이상을 방전할 수 있을 것
② **자가발전설비** : 비상사태 발생 후 10초 이내에 가동하여 30분 이상 전력공급 가능
③ **자가발전설비와 축전지와의 병용** : 축전지 설비는 충전함이 없이 20분 이상 공급, 자가발전설비는 비상사태 발생 후 45초 이내에 시동해서 30분 이상 공급할 수 있을 것

⮱ **자가발전설비** : 제어반에는 개폐기, 과전류 차단기, 전압계 및 전류계 등을 시설하며 수전설비용량의 20% 정도가 할당되며, 엘리베이터나 에스컬레이터 설비의 예비전원설비
⮱ **무정전전원장치** : 부하용량 작으면 1대, 크면 2대 이상 설치하여 운전 가능

➤ **비상전원**

1. **자동화재탐지설비** : 1시간 감시상태를 계속한 직후에 자동화재탐지설비를 10분 이상 경보를 작동할 것
2. **유도등 및 비상조명등**
   ① 지하상가 및 11층 이상인 소방대상물 : 60분 이상
   ② 지하상가 및 11층 이상인 소방대상물외의 설치 : 20분 이상
3. **무선통신보조성비** : 30분 이상(증폭기)
4. **비상콘센트** : 20분 이상

⑵ **축전지실**

① 축전지실의 위치는 변전실에 가깝도록 한다.
② 운전 보수가 용이하고 충전기는 가급적 부하에 가까워야 한다.
③ 천정높이는 2.6m 이상으로 하며, 축전지와 벽면과의 간격은 1m 이상으로 한다.
④ 전기배선은 비닐선을 사용하며, 충전 중 수소가스가 발생하므로 배기설비를 한다.
⑤ 축전지는 내부에 묽은 황산(H_2SO_4)이 들어있으며 개방형 축전지를 사용하는 경우 축전지실 조명기구는 내산성 기자재로 한다.
⑥ 축전지의 용도는 화재경보장치, 유도등, 전기시계, 통신용 제어 조작등 주로 직류 전원의 공급이다.
⑦ 축전지의 수명은 정격용량의 80% 용량으로 감소했을 때까지로 본다.

06 접지 및 감시 · 제어설비

1 접지공사

⑴ **구 분**

구 분	KEC 접지방식
(특)고압설비	① 계통접지 : TN, TT, IT계통
600V 이하 설비	② 보호접지 : 등전위본딩 등
400V 이상 설비	③ 피뢰시스템접지
변압기	변압기 중성점 접지

(2) **접지방식**

계통접지	전력계통의 상상현상을 대비하여 대지와 계통을 접속함
보호접지	감전보호를 목적으로 기기의 한 점 이상을 접지함
피뢰시스템접지	뇌력전류를 안전하게 대지로 방류하기 위한 접지

2 감시 · 제어설비

종 류	목 적	표시법
전원표시	전원이 살아있는지 유무	백색램프
운전표시	작동상태 표시	적색램프
정지표시	정지상태 표시	녹색램프
고장표시	고장유무 표시	오렌지색램프 또는 벨, 부저
경보표시	경보신호 목적	백색 램프 또는 벨, 부저

07 점멸기 및 개폐기

(1) **점멸기**

① **점멸기의 설치**

㉠ 스위치의 설치높이는 바닥에서 1.2m로 한다.

㉡ 평상시 사람이 재실하면 점멸이 편리하도록 실내에 설치한다.

㉢ 사람이 거주하지 않거나 공동 사무실 등은 실외에 설치한다.

㉣ 스위치의 위치는 입구측 문의 개폐로 가려지는 곳은 피한다.

㉤ 실면적이 협소한 방에서 전반조명과 국부조명을 동시에 점멸하는 것이 편리하다.

② **점멸기의 종류**

텀블러스위치	노출형, 매입형이 있으며 상·하 또는 좌·우로 점멸
3로스위치	복도 양끝이나 계단실 상·하에 설치하여 동시 점멸 가능
타임스위치	일정한 시간동안 점등(현관)
오토매틱 스위치	외부조도에 따라 자동으로 점등
플로트 스위치	옥상 물탱크의 수위 조절용
마그넷 스위치	전동기 등에 설치되어 펌프의 부하에 따라 자력의 성질을 이용 작동되는 스위치

(2) 개폐기

나이프 스위치	배전반, 분전반
컷 아웃 스위치	스위치와 보안장치를 겸비한 소용량의 보안개폐기
자동차단기 (노퓨즈 · 서킷 브레이크)	정격전류의 120%에서 자동적으로 회로를 끊어 보호하고 원상태로 회복

(3) 접속기

로젯	옥내배선과 코드를 접속하는 것으로 천장에서 코드를 달아맴
리셉터클	옥내배선과 전등을 접속하는 것으로 벽에 직접 접속시켜 전구를 접속하고 스위치는 별도 설치
아울렛과 플러그	보통 사무실에서 벽길이 5m 이하마다 한 개의 비율로 콘센트를 설치하며 설치높이는 바닥에서 약 30cm 정도

08 전동기

(1) 전동기는 전기적 에너지를 기계적 에너지로 바꾸어 주는 기계이다.

(2) 고속의 속도 제어가 요구되는 장소나 큰 시동토크를 필요로 하는 고속엘리베이터, 전차 등에는 직류전동기를 사용한다.

(3) 전동기가 집중될 경우는 분전반식, 넓게 분포된 경우에는 수지상식으로 배선한다.

(4) 직류전동기는 직권, 분권, 복권전동기 등이 있다.

(5) 설비에서 가장 많이 사용되는 전동기는 값이 싸고 조작이 간편한 교류용 3상유도 전동기이다.

09 조명설비

1 빛의 단위

구 분	의 의	단 위
조 도	1. 단위면적당 입사광속으로 어느 장소의 밝기 정도 2. 측정은 작업 면의 높이가 정해지지 않은 경우는 바닥 위 85cm 3. 거리의 역자승법칙: 조도는 광도에 비례하고 거리의 제곱에 반비례 4. 균제도: 조명의 조도가 물체의 수평면에 균일하게 분포되는 정도로 최소조도/평균조도	lx(룩스)
광 속	1. 단위 입체각당의 발산광속 2. 단위시간당 흐르는 광(빛)에너지의 양	lm(루멘)
휘 도	발산면의 단위투영면적 당 단위입체각 당의 발산광속으로 표면의 밝기	nt(니트, cd/m²), sb(스틸브)
광 도	점광원으로부터의 단위입체각 당 발산광속으로 빛의 세기 정도	cd(칸델라)
광속발산도	단위면적당 발산광속	rlx(레드럭스)
연색성	광원의 색 연출성으로 연색성지수는 0부터 100까지이며 값이 클수록 가연광에 가까움	Ra

◈ 조명의 4요소: 명도, 크기, 대비, 노출시간
◈ 조명의 효율: 단위전력에 대한 빛의 양(lm/W)으로 조명기구의 효율과 연색성은 반비례

2 광원(조명)의 특징

(1) 백열등

① 휘도가 높고 연색성이 좋다.
② 눈부심이 강하고 효율이 낮다.
③ 수명은 1,000~1,500시간

(2) 형광등

① 임의의 광색을 얻을 수 있으며 효율이 좋아 경제적이다.

② 휘도가 작고 수명이 길다.

③ 온도에 대한 영향을 많이 받아 온도가 내려갈 경우 광속이 떨어져 옥외용으로 부적당하다.

④ 점등에 시간이 걸린다.

⑤ 수명 7,500~10,000시간

(3) 수은등

① **종 류**

　㉠ 저압수은등 : 살균등

　㉡ 고압수은등 : 도로 · 공원 · 광장의 조명

　㉢ 초고압수은등 : 영화촬영 · 영사 현미경

② 수명이 길며 수은 증기압이 높을수록 효율이 좋다.

③ 연색성이 나쁘며 점등이 가장 늦다.

④ **수명** : 6,000~12,000시간

(4) 메탈할라이트 램프

① 수은등에 금속 할로겐화합물을 첨가한 램프이다.

② 연색성과 효율이 좋다.

③ 천장이 높은 옥내나 연색성이 요구되는 미술관, 백화점, 사무실에 적합하다.

④ **수명** : 6,000~9,000시간

(5) 나트륨등

① 발광효율이 우수하며 유지비가 싸다.

② 연색성이 가장 나쁘다.

③ 실내용보다는 터널조명, 도로조명에 많이 사용된다.

④ **수명** : 9,000~12,000시간

③ 조명의 설계 순서

⑴ 소요조도를 결정

⑵ 광원의 선택

⑶ 조명방식 결정

⑷ 조명기구 선정

⑸ **실지수 결정**: 방의 크기와 형태를 특정짓는 척도로 실지수가 커지면 조명률도 커짐

⑹ **조명률의 결정**: 광원에서 방사된 총광속 중 작업면에 도달하는 유효광속위 비율로 조명율표를 사용하며 실내반사율이 높을수록, 실지수가 높을수록 조명률은 커진다.

⑺ **감광보상률 결정**: 인공조명을 설계할 때 시간이 지남에 따라 광원에 먼지가 묻고 벽면의 반사율 저하로 어두워지는데 이에 대한 여유를 고려한 계수

⑻ **광속 결정**

$$F = \frac{(A \cdot E \cdot D)}{(N \cdot U)} = \frac{(A \cdot E)}{(N \cdot U \cdot M)}$$

단, F: 사용광원 1개의 광속(lm), A: 방의 면적, E: 작업면의 조도(lx), D: 감광보상률, N: 광원의 개수, U: 조명률, M: 유지율, 보수율(= 1/감광보상률)

⑼ 광원의 크기에 따라 광원의 수 결정

⑽ **조명기구 배치**

① **일반적인 경우**: S ≤ 1.5H(단, S: 광원사이의 간격, H: 광원의 높이)

② **벽면을 사용하지 않을 경우**: S ≤ 0.5H

③ **벽면을 사용할 경우**: S ≤ 1/3H

4 조명방식

1. 기구배치에 따른 분류

⑴ **전반조명**

① 실내의 조도가 균일하도록 조명기구를 일정하게 배치

② 국부조명보다 경제성 측면에서 불리함

⑵ **국부조명**

① 국부적인 장소에 높은 조도가 필요한 경우에 채택

② 주변과의 조도차가 심하여 눈의 피로가 심함

⑶ **전반·국부 병용 조명**

① 조도의 변화를 작게 하여 명시효과를 높이기 위한 방식으로 전반적으로 약한 전반조명을 배치하고 필요한 곳에 부분적으로 높은 조도를 위해 국부조명을 혼용함

② 전반조명과 국부조명의 비율은 1 : 10 이상

③ 정밀공장, 수술실 등에 이용

2. 배광에 의한 분류

직접조명	① 하향광속을 90% 이상으로 한 방식 ② 조명효율이 높고 벽천정의 반사율에 대한 영향이 적다. ③ 조도분포가 불균일하며 눈부심의 우려가 있다.
간접조명	① 하향광속을 10% 이하로 한 방식 ② 조도분포가 가장 균일하고 차분한 분위기를 얻을 수 있다. ③ 조명효율이 낮고 입체감이 부족하다.

3. 건축화조명

(1) 건축물과 일체화되어 건물의 일부가 광원의 역할을 하는 것으로 간접조명의 형태로 조명효율은 떨어짐

(2) **방 식**

다운라이트	천장에 작은 구멍을 뚫어 그 속에 기구를 매입한 것(❹ **핀홀라이트** : 개구부 극히 작은 것 / **코퍼라이트** : 천장면에 반원구의 구멍을 뚫어 기구 삽입)
코브라이트	천장면에 턱을 만들고 눈 가림판 등으로 가려 빛을 반사시켜 간접조명이 되게 하는 방식
광천장조명	천장에 기구를 설치하여 그 밑에 루버와 확산투과 플라스틱판을 천장마감 으로서 설치한 방식
광창조명	넓은 4각형의 면적을 가진 광원을 벽에 매입하고 확산플라스틱판이나 창 호지 등으로 마감한 방식
벽면조명	코니스 라이트(벽모서리에 광원 배치), 밸런스 라이트(벽면 중간에 배칠여 상하로 빛을 분사) 등

기타 : 루버조명, 캐노피조명 등

---

10 방재설비 등

1 피뢰침설비(낙뢰의 우려가 있는 건축물 또는 높이 20미터 이상의 건축물)

(1) **건축물의 설비기준 등에 관한 규칙 제20조 피뢰설비**

① 피뢰설비는 한국산업표준이 정하는 피뢰레벨 등급에 적합한 피뢰설비일 것. 다만, 위험물저장 및 처리시설에 설치하는 피뢰설비는 한국산업표준이 정하는 피뢰시스템레벨 II 이상이어야 한다.

② 돌침은 건축물의 맨 윗부분으로부터 25센티미터 이상 돌출시켜 설치하되, 「건축물의 구조기준 등에 관한 규칙」 제9조에 따른 설계하중에 견딜 수 있는 구조일 것

③ 피뢰설비의 재료는 최소 단면적이 피복이 없는 동선을 기준으로 수뢰부, 인하도선 및 접지극은 50제곱밀리미터 이상이거나 이와 동등 이상의 성능을 갖출 것

④ 피뢰설비의 인하도선을 대신하여 철골조의 철골구조물과 철근콘크리트조의 철근구조체 등을 사용하는 경우에는 전기적 연속성이 보장될 것. 이 경우 전기적 연속성이 있다고 판단되기 위하여는 건축물 금속 구조체의 최상단부와 지표레벨 사이의 전기저항이 0.2옴 이하이어야 한다.

⑤ 측면 낙뢰를 방지하기 위하여 높이가 60미터를 초과하는 건축물 등에는 지면에서 건축물 높이의 5분의 4가 되는 지점부터 최상단부분까지의 측면에 수뢰부를 설치하여야 하며, 지표레벨에서 최상단부의 높이가 150미터를 초과하는 건축물은 120미터 지점부터 최상단부분까지의 측면에 수뢰부를 설치할 것. 다만, 건축물의 외벽이 금속부재(部材)로 마감되고, 금속부재 상호간에 제4호 후단에 적합한 전기적 연속성이 보장되며 피뢰시스템레벨 등급에 적합하게 설치하여 인하도선에 연결한 경우에는 측면 수뢰부가 설치된 것으로 본다.

⑥ 접지(接地)는 환경오염을 일으킬 수 있는 시공방법이나 화학 첨가물 등을 사용하지 아니할 것

⑦ 급수ㆍ급탕ㆍ난방ㆍ가스 등을 공급하기 위하여 건축물에 설치하는 금속배관 및 금속재 설비는 전위(電位)가 균등하게 이루어지도록 전기적으로 접속할 것

⑧ 전기설비의 접지계통과 건축물의 피뢰설비 및 통신설비 등의 접지극을 공용하는 통합접지공사를 하는 경우에는 낙뢰 등으로 인한 과전압으로부터 전기설비 등을 보호하기 위하여 한국산업표준에 적합한 서지보호장치[서지(surge : 전류ㆍ전압 등의 과도 파형을 말한다)로부터 각종 설비를 보호하기 위한 장치를 말한다]를 설치할 것

(2) 피뢰침의 설치에 관한 기술상의 지침

제3조【용어의 정의】

1. "피뢰설비"라 함은 낙뢰로 인하여 발생할 수 있는 화재ㆍ파손 또는 인축의 상해 등을 방지할 목적으로 피보호 대상물에 설치하는 돌침, 피뢰도선 및 접지전극 등으로 구성된 설비를 총칭한다.
2. "돌침"이라 함은 피뢰침의 최상단 부분으로서 뇌격을 잡기 위한 금속체를 말한다.
3. "가공지선"이라 함은 피뢰를 목적으로 피보호물 윗쪽에 규정치 이상의 거리를 두고 가설한 도선을 말한다.
4. "피뢰도선"이라 함은 뇌전류를 통하기 위하여 접지극과 연결되는 다음 각목의 도선을 말한다.
    가. 돌침을 상호 연결하는 도선
    나. 돌침으로부터 접지극으로 인하 하는데 사용되는 인하도선
    다. 본딩접속에 사용되는 도선
    라. 피뢰침 접지극과 인접한 수도관이나 전기설비 또는 전화통신설비의 접지극, 금속제가스 파이프 등을 상호접속 시키는데 사용되는 도선
5. "인하도선"이라 함은 피뢰도선의 일부로 피보호물의 상부에서 접지극까지의 연직인 부분을 말한다.
6. "보호범위"라 함은 피뢰침의 선단을 통하는 연직선을 축으로 하여 원추형을 가정하여 그 원추의 경사 표면이하의 공간을 말한다.
7. "보호각"이라 함은 보호범위에서 가정한 원추의 중심축과 측면과의 사이의 각을 말한다.
8. "측면방전"이라 함은 낙뢰시에 피뢰도선 또는 그 지지물과 접근하여 있는 금속체 사이에 발생되는 방전현상을 말한다.
9. "접지극"이란 피뢰도선과 대지를 전기극으로 접속하기 위해 지중에 매설하는 도체를 말한다.

> **제13조【인하도선의 위치】** 인하도선은 다음 각 호의 조건을 고려하여 설치하되 가능한 한 넓게 분
> 리시켜야 하며 정방형 또는 직사각형 시설물의 경우 상호 대칭되는 모서리 지점을 선정하여야
> 한다.
> 1. 돌침의 위치
> 2. 피뢰도선을 가능한 곧게 펴서 직선으로 할 수 있는 위치
> 3. 대지조건
> 4. 피뢰도선으로 활용 가능한 두께이상의 큰 금속체의 위치
> 5. 지하에 매설된 금속관의 위치 등
>
> **제17조【철골조 건물의 피뢰침 설치의 간략법】**
> ① 피보호물의 기둥 및 대들보가 철골조이던지 금속판으로 덮인 구조로서 전기적으로 접속된
> 경우에는 철골 또는 금속판을 피뢰도선으로 이용하여도 무방하다.
> ② 철골조 건물의 경우 피뢰접지는 철재 기둥마다 실시하되 접지개소가 평균 18m를 초과하지
> 않도록 하여야 하며, 접지선 접속부위는 철재기둥 최하단부를 선정하되 접속판을 사용하영 견고
> 하게 접속시켜야 한다.

2 항공장애등

(1) **설치 대상**: 지면, 수면으로부터 60m 이상의 건축물이나 공작물

(2) **항공장애등의 종류와 성능**

① **저광도항공장애등**

㉠ 점멸하지 아니하는 적색등으로서 광도가 10칸데라 이상일 것(고정된 구조물
에 설치하는 경우에 한한다)

㉡ 1분당 60회 내지 90회 점멸하는 황색등(비상용 또는 보완용자동차에 설치하는
경우에는 청색등)으로서 실효광도가 40칸데라(항공기유도자동차에 설치하는
경우에는 200칸데라) 이상일 것

② **중광도항공장애등**

③ **고광도항공장애등**

㉠ 섬광하는 백색등일 것

㉡ 광원의 중심을 포함하는 수평면 아래 5도 상방의 모든 방향에서 식별할 수
있는 것일 것

㉢ 실효광도가 배경의 밝기에 따라 다음 표와 같이 자동적으로 변할 것

③ 안테나 설비 설치 시 주의 사항

① 피뢰침 보호각 내에 설치하도록 한다.

② 안테나는 풍속 40m/sec 정도에 견디도록 한다.

③ 미관을 고려하여 설치한다.

④ 강전류로부터 3m 이상 떨어지도록 한다.

⑤ 정합기는 바닥에서 30cm 높이에 설치한다.

⑥ 아파트, 사무실, 병원 등의 건물은 공용 안테나를 설치하여야 한다.

11 수송설비

① 승강기 설치 기준

(1) 승용승강기의 설치

① 연면적 2,000m^2 이상으로 6층 이상인 건축물에는 승용승강기를 설치해야 한다. 다만, 층수가 6층인 건축물로서 각 층의 거실바닥면적 300m^2 이내마다 1 이상의 직통계단이 있는 경우는 제외

② 승용승강기의 설치 기준

건축물의 용도 \ 6층 이상의 층의 거실 면적합계	3,000m^2 이하	3,000m^2 초과
의료시설 관람집회시설 판매시설	2개	2대 + (3,000m^{2}를 초과하는 2,000m^2 이내마다 1대의 비율로 가산)
전시시설 · 위락시설 숙박시설 · 업무시설	1대	1대 + (3,000m^{2}를 초과하는 2,000m^2 이내마다 1대의 비율로 가산)
교육연구시설 · 공동주택 노유자 시설 · 기타 시설	1대	1대 + (3,000m^{2}를 초과하는 3,000m^2 이내마다 1대의 비율로 가산

🔑 위 표에 따라 승강기의 대수를 계산할 때 8인승 이상 15인승 이하의 승강기는 1대의 승강기로 보고, 16인승 이상의 승강기는 2대의 승강기로 본다.

(2) 비상용 승강기의 설치

① 높이 31m를 넘는 건축물에는 기준에 의한 승용승강기 외에 비상용 승강기를 추가로 설치해야 한다. 단, 승용승강기의 구조를 비상용 승강기의 구조로 한 경우에는 제외

② 비상용 승강기를 설치하지 않아도 되는 건축물
   ㉠ 높이 31m를 넘는 각층을 거실 이외의 용도로 사용할 경우
   ㉡ 높이 31m를 넘는 각층의 바닥면적의 합계가 500m² 이하인 건축물
   ㉢ 높이 31m를 넘는 부분의 층수가 4개층 이하로서 당해 각층 바닥면적 200m² 이내마다 방화구획을 한 건축물

③ 비상용 승강기의 설치기준

구 분	비상용 승강기 대수
높이 31m 넘는 각층의 바닥면적 중 최대 바닥면적이 1,500m² 이하인 경우	1대 이상
높이 31m 넘는 각층의 바닥면적 중 최대 바닥면적이 1,500m²를 넘는 경우	1,500m²를 넘는 3,000m² 이내 마다 1대씩 가산

🔁 2대 이상의 비상용 승강기를 설치할 경우에는 화재시 소화에 지장이 없도록 일정한 간격을 두고 설치한다.

④ 비상용승강기 승강장의 구조
   ㉠ 승강장의 창문·출입구 기타 개구부를 제외한 부분은 당해 건축물의 다른 부분과 내화구조의 바닥 및 벽으로 구획할 것
   ㉡ 승강장은 각층의 내부와 연결될 수 있도록 하되, 그 출입구(승강로의 출입구를 제외한다)에는 60분 + 방화문 또는 60분 방화문을 설치할 것
   ㉢ 노대 또는 외부를 향하여 열 수 있는 창문이나 배연설비를 설치할 것
   ㉣ 벽 및 반자가 실내에 접하는 부분의 마감재료(마감을 위한 바탕을 포함한다)는 불연재료로 할 것
   ㉤ 채광이 되는 창문이 있거나 예비전원에 의한 조명설비를 할 것
   ㉥ 승강장의 바닥면적은 비상용승강기 1대에 대하여 6제곱미터 이상으로 할 것

2 엘리베이터

(1) 직류와 교류 엘리베이터의 비교

구 분	직류엘리베이터	교류엘리베이터
기 동	임의의 기동토크를 얻을 수 있다.	기동토크가 적다.
속도조절	속도를 임의로 선택할 수 있으며 속도제어가능, 부하에 대한 속도변동이 없다.	속도를 임의로 선택할 수 없고 속도제어는 불가, 부하에 의한 속도변동이 있다.
승강기분	원활하게 가감속이 되어 양호하다.	직류에 비하여 떨어진다.
전효율	60~80%	40~60%
착상오차	1mm 이내	수 mm 이상
가 격	교류의 최고 1.5~2.0배	염가
속 도	90, 105, 120, 150, 180, 210, 240m/min	30, 45, 60m/min

🔁 엘리베이터의 속도가 120m/min 이상의 고속엘리베이터 구동 방식은 직류기어레스이다.

(2) 기계실 설비

① **권상기**: 엘리베이터 케이지를 전동기축의 회전력으로 오르내리게 하는 기계로 전동기, 제동기, 감속기, 견인구차, 로프, 균형추 등으로 구성

전동기	교류와 직류 전동기
제동기 (Brake)	전기적 제동기(역회전력을 이용)와 기계적 전동기(제동륜을 브레이크로 조임)
감속기	기어식(웜기어로 전동기를 회전)와 기어레스식(웜기어 없이 직류전동기로 감속)
견인구차	로프와의 마찰력을 크게 하여 미끄럼을 방지하기 위해 사용
로프	카나 균형추에 매단 것은 도금하지 않은 12mm 이상의 스틸와이어를 사용하고 3본 이상 사용
균형추 (Counter weight)	기계실의 권상기 부하를 감소시키고 전기 절약을 위해 사용한다. 🔁 균형추의 중량 = car의 중량 + 적재하중 × 1/2

② **가이드 레일**: 승강로 내에 양측면에 케이지용과 균형추용을 각각 설치하며 그 이유는 승강카와 균형추의 상하 이동 시 벽에 부딪치지 않게 운동하기 위함

🔁 리타이어링 캠: 카의 문과 승차장의 문을 동시에 개폐하는 안전장치

⑶ **승강기**(Car 또는 Cage)

① 출입문은 미닫이나 쌍미닫이의 갑종 방화문으로 하고 실내 마감재는 불연재료

② 승강기는 특별한 경우를 제외하고는 2개 이상의 출입구를 두지 않음

③ 비상시에 외부와 연락이 가능한 비상호출버튼을 설치

④ 비상등은 1lx 이상의 조도 유지

⑤ 외부를 향하여 열 수 있는 창이나 배연설비 설치

⑥ 바닥면적은 1인당 $0.2m^2$ 이상으로 하고 1인당 하중은 65kg으로 하여 최대정원을 구함

⑷ **안전장치**

① **전기적 안전장치**

주접촉기	정전, 저전압, 각부의 고장에 대해 주회로 차단
과부하 계전기	과부하나 과전류로부터 전원을 차단하여 엘리베이터 보호
전자 브레이크	전동기의 토크 손실이 발생했을 경우 엘리베이터 정지
도어인터로크	카가 정지하지 않는 층의 도어는 전용열쇠를 사용해야 열리는 도어로크와 문이 완전히 닫히지 않을 때는 운전이 불능한 상태로 만드는 도어스위치(승강스위치)로 구성됨
도어 안전스위치	자동 승강기에서 닫히고 있는 문에 몸이 접촉되면 문이 다시 열림
역결상릴레이	3상 전압이 필요한 상태에서 외부 전력의 오류에 의해 3상이 변화할 때 모터 정지

② **기계적 안전장치**

조속기(Governor)	엘리베이터의 속도가 정격속도의 130%가 넘으면 과속스위치를 작동시켜 전자브레이크 전원을 끊는 장치
비상정지장치	비상멈춤장치라고도 하며 엘리베이터의 속도가 정격속도의 140%에 달해 자유낙하시 car에 부착된 비상정지장치가 가이드 레일을 잡아 정지시킴
완충기(Buffer)	로프가 끊어져 카(car)나 균형추가 승강로의 최저부에 낙하할 경우(또는 카가 최상층을 통과하여 상승할 경우도 설치함) 충격에너지를 흡수하거나 분산시켜 안전하게 정지하도록 하는 장치
종점(Stopping) 스위치	최상 및 최하층에서 카가 정지 스위치를 잊은 경우 자동으로 정지하는 스위치
제한(Limit) 스위치	엘리베이터의 과승강 방지를 위한 것으로 종점(스토핑) 스위치의 고장으로 카가 최상층이나 최하층을 벗어나 그 이상으로 운행하는 것을 방지하기 위한 것으로 전동기를 정지시키고 전자 브레이크를 작동시켜 카를 급정지시킴

(5) **엘리베이터 배치**

① 승용엘리베이터는 사람이 이용하기 쉬운 주출입구 근처에 설치하며 가급적 집중
시켜 배치하는 것이 유리함

② 이용자가 많다고 생각되는 시간대 5분간의 이용인원수와 엘리베이터가 5분간
운반하는 인원수로 설비대수가 결정됨

③ 에스컬레이터

(1) 엘리베이터에 비해 수송능력이 10배나 크지만 수송량에 비해 점유면적이 작다.

(2) 기계실 설치가 필요 없다.

(3) 바닥면적은 작게 하고 주행거리를 짧게 한다.

(4) 디딤판에서 60cm 높이의 이동손잡이의 거리는 1.2m 이하

(5) 경사도를 30도 이하 단, 높이가 6m 이하, 속도가 30m/min 이하는 35도까지 가능

(6) 디딤바닥의 정격속도는 경사도가 30도 이하면 45m/min 이하, 30도 초과 35도 이하는
30m/min 이하

(7) **구 분**

형식 및 배열	장 점	단 점
직렬형	승객의 시야가 가장 넓음	점유 면적이 넓음
단열 중복형 (병렬 단속형)	① 승객의 시야가 막지 않음 ② 에스컬레이터의 존재를 알 수 있음	① 교통이 불연속으로 되고 서비스가 나쁨 ② 승객이 한 방향만 바라봄 ③ 승강장이 혼잡
복렬형 (병렬 연속형)	① 교통이 연속되고 있음 ② 타고 내리는 교통을 명백히 분할할 수 있음 ③ 승객의 시야가 넓어짐 ④ 에스컬레이터의 존재를 알 수 있음	① 점유 면적이 넓음 ② 시선이 마주침
복렬형 (교차형)	① 교통이 연속되고 있음 ② 승객의 구분이 명확하므로 혼잡이 적음 ③ 점유 면적이 좁음	① 승객의 시야가 가장 좁음 ② 에스컬레이터의 위치를 표시하기 힘듦

홈네트워크 및 각종 기준

1 홈네트워크 기술

1. 유선기술

(1) **이더넷**(Ethernet) : 기업 내 표준 네트워크 기술로 LAN을 위해 개발된 컴퓨터 네트워크 기술

(2) **홈PNA** : 전화선을 이용한 홈 네트워킹 기술로 가정에서 전화선을 이용하여 2대 이상의 컴퓨터들을 서로 공유할 수 있도록 하는 네트워킹 솔루션으로 홈PNA는 전화 또는 그 외 다른 서비스가 사용하는 대역폭보다 높은 대역폭을 사용하기 때문에 사용 중에 전화선상의 방해 전파를 피할 수 있고, 신호는 집안에서 전화선을 통해서 이동하기 때문에 외부 조건과 관계없이 신뢰성이 있으며 안전하다.

(3) **전력선 통신**(PLC) : 전력선을 이용한 홈 네트워킹 기술로 전력을 공급하는 전력선을 이용해서 음성과 데이터를 수백 Khz에서 수십 KHz 이상의 고주파 신호에 실어 통신하는 기술이다.

(4) **IEEE 1394** : 디지털 오디오, 비디오 기기간 디지털 데이터 전송 표준으로 EIDE의 느린 속도와 확장성의 제한을 보완하고 주변기기(특히 고속의 주변기기)를 하나의 케이블에 연결하기 위한 모델

2. 무선기술

(1) **특 징**
  ① 케이블배선이 필요없어 단말기의 이동성이 보장됨
  ② 네트워크의 구조변경이 용이함
  ③ 유선에 비해 설치와 유지보수가 용이함
  ④ 동일주파수의 간섭과 감쇠로 인한 전송에러 발생가능성이 있음

(2) 종 류

① Blue tooth : 휴대전화나 PC 등 개인이 휴대하는 기기 사이에서 무선으로 데이터 통신을 가능케 하는 기능

② Home RF : N : N의 연결형태를 가지며, PC기반의 음성채널 6개를 가지는 것이 특징.

③ **무선RAN** : 두 대 이상의 컴퓨터가 선 없이 연결한 상태로, 무선으로 된 로컬 영역 네트워크을 말함

④ **와이파이**(Wi-Fi) : 홈 네트워킹, 휴대전화, 비디오 게임 등에 쓰이는 유명한 무선 기술의 상표 이름

2 홈네트워크 설비설치 기준

제3조 용어의 정의

1. **홈네트워크 설비** : 주택의 성능과 주거의 질 향상을 위하여 세대 또는 주택단지 내 지능형 정보통신 및 가전기기 등의 상호 연계를 통하여 통합된 주거서비스를 제공하는 설비로 홈네트워크망, 홈네트워크장비, 홈네트워크사용기기로 구분한다.

2. **홈네트워크망** : 홈네트워크 설비를 연결하는 것

단지망	집중구내통신실에서 세대까지를 연결하는 망
세대망	전유부분(각 세대내)을 연결하는 망

3. **홈네트워크장비** : 홈네트워크망을 통해 접속하는 장치

홈게이트웨이	전유부분에 설치되어 세대내에서 사용되는 홈네트워크사용기기들을 유무선 네트워크로 연결하고 세대망과 단지망 혹은 통신사의 기간망을 상호 접속하는 장치
세대단말기	세대 및 공용부의 다양한 설비의 기능 및 성능을 제어하고 확인할 수 있는 기기로 사용자인터페이스를 제공하는 장치
단지네트워크장비	세대내 홈게이트웨이와 단지서버간의 통신 및 보안을 수행하는 장비로서, 백본(back-bone), 방화벽(Fire Wall), 워크그룹스위치 등 단지망을 구성하는 장비
단지서버	홈네트워크 설비를 총괄적으로 관리하며, 이로 부터 발생하는 각종 데이터의 저장·관리·서비스를 제공하는 장비

4. 홈네트워크사용기기 : 홈네트워크 망에 접속하여 사용하는 장비

원격제어기기	주택내부 및 외부에서 가스, 조명, 전기 및 난방, 출입 등을 원격으로 제어할 수 있는 기기
원격검침시스템	주택내부 및 외부에서 전력, 가스, 난방, 온수, 수도 등의 사용량 정보를 원격으로 검침하는 시스템
감지기	화재, 가스누설, 주거침입 등 세대 내의 상황을 감지하는데 필요한 기기
전자출입시스템	비밀번호나 출입카드 등 전자매체를 활용하여 주동출입 및 지하주차장 출입을 관리하는 시스템
차량출입시스템	단지에 출입하는 차량의 등록여부를 확인하고 출입을 관리하는 시스템
무인택배시스템	물품배송자와 입주간 직접대면 없이 택배화물, 등기우편물 등 배달물품을 주고받을 수 있는 시스템

기타 : 영상정보처리기기, 전자경비시스템 등 홈네트워크 망에 접속하여 설치되는 시스템 또는 장비

5. 홈네트워크 설비 설치공간 : 홈네트워크 설비가 위치하는 곳

세대단자함	세대내에 인입되는 통신선로 , 방송공동수신설비 또는 홈네트워크 설비 등의 배선을 효율적으로 분배·접속하기 위하여 이용자의 전유부분에 포함되어 실내공간에 설치되는 분배함
통신배관실(TPS실)	통신용 파이프 샤프트 및 통신단자함을 설치하기 위한 공간
집중구내통신실 (MDF실)	국선·국선단자함 또는 국선배선반과 초고속통신망장비, 이동통신망장비 등 각종 구내통신선로설비 및 구내용 이동통신설비를 설치하기 위한 공간

기타 : 방재실, 단지서버실, 단지네트워크센터 등 단지 내 홈네트워크 설비를 설치하기 위한 공간

제4조 【홈네트워크 필수설비】

1. 공동주택이 아래의 설비를 모두 갖추는 경우에는 홈네트워크 설비를 갖춘 것으로 본다.
① 홈네트워크망 : 가. 단지망 나. 세대망
② 홈네트워크장비
  가. 홈게이트웨이(단, 세대단말기가 홈게이트웨이 기능을 포함하는 경우는 세대단말기로 대체 가능)
  나. 세대단말기
  다. 단지네트워크장비
  라. 단지서버(클라우드컴퓨팅 서비스로 대체 가능)
2. 홈네트워크 필수설비는 상시전원에 의한 동작이 가능하고, 정전 시 예비전원이 공급될 수 있도록 하여야 한다. 단, 세대단말기 중 이동형 기기(무선망을 이용할 수 있는 휴대용 기기)는 제외한다.

제6조 【홈게이트웨이】 ① 홈게이트웨이는 세대단자함에 설치하거나 세대단말기에 포함하여 설치할 수 있다.

② 홈게이트웨이는 이상전원 발생시 제품을 보호할 수 있는 기능을 내장하여야 하며, 동작 상태와 케이블의 연결 상태를 쉽게 확인할 수 있는 구조로 설치하여야 한다.

제7조【세대단말기】 세대내의 홈네트워크사용기기들과 단지서버 간의 상호 연동이 가능한 기능을 갖추어 세대 및 공용부의 다양한 기기를 제어하고 확인할 수 있어야 한다.

제8조【단지네트워크장비】 ① 단지네트워크장비는 집중구내통신실 또는 통신배관실에 설치하여야 한다.
② 단지네트워크장비는 홈게이트웨이와 단지서버 간 통신 및 보안을 수행할 수 있도록 설치하여야 한다.
③ 단지네트워크장비는 외부인으로부터 직접적인 접촉이 되지 않도록 별도의 함체나 랙(rack)으로 설치하며, 함체나 랙에는 외부인의 조작을 막기 위한 잠금장치를 하여야 한다.

제9조【단지서버】 ① 단지서버는 집중구내통신실 또는 방재실에 설치할 수 있다. 다만 단지서버가 설치되는 공간에는 보안을 고려하여 영상정보처리기기 등을 설치하되 관리자가 확인할 수 있도록 하여야 한다.
② 단지서버는 외부인의 조작을 막기 위한 잠금장치를 하여야 한다.
③ 단지서버는 상온·상습인 곳에 설치하여야 한다.

제10조【홈네트워크사용기기】 홈네트워크사용기기를 설치할 경우, 다음 각 호의 기준에 따라 설치하여야 한다.
1. 원격제어기기는 전원공급, 통신 등 이상상황에 대비하여 수동으로 조작할 수 있어야 한다.
2. 원격검침시스템은 각 세대별 원격검침장치가 정전 등 운용시스템의 동작 불능 시에도 계량이 가능해야하며 데이터 값을 보존할 수 있도록 구성하여야 한다.
3. 감지기
   가. 가스감지기는 LNG인 경우에는 천장 쪽에, LPG인 경우에는 바닥 쪽에 설치하여야 한다.
   나. 동체감지기는 유효감지반경을 고려하여 설치하여야 한다.
   다. 감지기에서 수집된 상황정보는 단지서버에 전송하여야 한다.
4. 전자출입시스템
   가. 지상의 주동 현관 및 지하주차장과 주동을 연결하는 출입구에 설치하여야 한다.
   나. 화재발생 등 비상시, 소방시스템과 연동되어 주동현관과 지하주차장의 출입문을 수동으로 여닫을 수 있게 하여야 한다.
   다. 강우를 고려하여 설계하거나 강우에 대비한 차단설비(날개벽, 차양 등)를 설치하여야 한다.
   라. 접지단자는 프레임 내부에 설치하여야 한다.
5. 차량출입시스템
   가. 차량출입시스템은 단지 주출입구에 설치하되 차량의 진·출입에 지장이 없도록 하여야 한다.
   나. 관리자와 통화할 수 있도록 영상정보처리기기와 인터폰 등을 설치하여야 한다.
6. 무인택배시스템
   가. 무인택배시스템은 휴대폰·이메일을 통한 문자서비스(SMS) 또는 세대단말기를 통한 알림서비스를 제공하는 제어부와 무인택배함으로 구성하여야 한다.
   나. 무인택배함의 설치수량은 소형주택의 경우 세대수의 약 10~15%, 중형주택 이상은 세대수의 15~20%로 정도 설치할 것을 권장한다.
7. 영상정보처리기기
   가. 영상정보처리기기의 영상은 필요시 거주자에게 제공될 수 있도록 관련 설비를 설치하여야 한다.
   나. 렌즈를 포함한 영상정보처리기기장비는 결로되거나 빗물이 스며들지 않도록 설치하여야 한다.

제11조【홈네트워크 설비 설치공간】 홈네트워크 설비가 다음 공간에 설치 될 경우, 다음 각 호의 기준에 따라 설치하여야 한다.

1. 세대단자함

   가. 세대단자함은 별도의 구획된 장소나 노출된 장소로서 침수 및 결로 발생의 우려가 없는 장소에 설치하여야 한다.

   나. 세대단자함은 500mm × 400mm × 80mm(깊이) 크기로 설치할 것을 권장한다.

2. 통신배관실

   가. 통신배관실은 유지관리를 용이하게 할 수 있도록 하여야 하며 통신배관을 위한 공간을 확보하여야 한다.

   나. 통신배관실내의 트레이(tray) 또는 배관, 덕트 등의 설치용 개구부는 화재시 층간 확대를 방지하도록 방화처리제를 사용하여야 한다.

   다. 통신배관실의 출입문은 폭 0.7미터, 높이 1.8미터 이상(문틀의 내측치수)이어야 하며, 잠금장치를 설치하고, 관계자외 출입통제 표시를 부착하여야 한다.

   라. 통신배관실은 외부의 청소 등에 의한 먼지, 물 등이 들어오지 않도록 50밀리미터 이상의 문턱을 설치하여야 한다. 다만 차수판 또는 차수막을 설치하는 때에는 그러하지 아니하다.

3. 집중구내통신실

   가. 집중구내통신실은 「방송통신설비의 기술기준에 관한 규정」 제19조에 따라 설치하되, 단지네트워크장비 또는 단지서버를 집중구내통신실에 수용하는 경우에는 설치 면적을 추가로 확보하여야 한다.

   나. 집중구내통신실은 독립적인 출입구와 보안을 위한 잠금장치를 설치하여야 한다.

   다. 집중구내통신실은 적정온도의 유지를 위한 냉방시설 또는 흡배기용 환풍기를 설치하여야 한다.

제12조【연동 및 호환성 등】 ① 홈게이트웨이는 단지서버와 상호 연동할 수 있어야 한다.

② 홈네트워크사용기기는 홈게이트웨이와 상호 연동할 수 있어야 하며, 각 기기 간 호환성을 고려하여 설치하여야 한다.

③ 홈네트워크 설비는 타 설비와 간섭이 없도록 설치하여야하며, 유지보수가 용이하도록 설치하여야 한다.

제13조【기기인증 등】 ① 홈네트워크사용기기는 산업통상자원부와 과학기술정보통신부의 인증규정에 따른 기기인증을 받은 제품이거나 이와 동등한 성능의 적합성 평가 또는 시험성적서를 받은 제품을 설치하여야 한다.

② 기기인증 관련 기술기준이 없는 기기의 경우 인증 및 시험을 위한 규격은 산업표준화법에 따른 한국산업표준(KS)을 우선 적용하며, 필요에 따라 정보통신단체표준 등과 같은 관련 단체표준을 따른다.

제14조【유지·관리 등】 ① 홈네트워크 설비를 설치한 자는 홈네트워크 설비의 유지·관리 매뉴얼을 관리주체 및 입주자대표회의에 제공하여야 한다.

② 홈네트워크사용기기는 하자담보기간과 내구연한을 표기할 수 있다.

③ 홈네트워크사용기기의 예비부품은 5% 이상 5년간 확보할 것을 권장하며, 이 경우 제1항의 규정에 따른 내구연한을 고려하여야 한다.

제14조의2【홈네트워크 보안】 ① 단지서버와 세대별 홈게이트웨이 사이의 망은 전송되는 데이터의 노출, 탈취 등을 방지하기 위하여 물리적 방법으로 분리하거나, 소프트웨어를 이용한 가상사설통신망, 가상근거리통신망, 암호화기술 등을 활용하여 논리적 방법으로 분리하여 구성하여야 한다. ② 홈네트워크장비는 보안성 확보를 위하여 아래의 보안요구사항을 충족하여야 한다.

➕ 홈네트워크장비에 대한 보안요구사항

구 분	보안요구사항
1. 데이터 기밀성	이용자 식별정보, 인증정보, 개인정보 등에 대해 암호 알고리즘, 암호 키 생성·관리 등 암호화 기술과 민감한 데이터의 접근제어 관리기술 적용으로 기밀성을 구현 ➲ 데이터의 처리(생성, 읽기, 쓰기, 변경, 삭제, 저장 등)가 아닌 단순 전송 등을 담당하는 워크그룹 스위치 등은 적용 제외
2. 데이터 무결성	이용자 식별정보, 인증정보, 개인정보 등에 대해 해쉬함수, 전자서명 등 기술 적용으로 위·변조 여부 확인 및 방지 조치 ➲ 데이터의 처리(생성, 읽기, 쓰기, 변경, 삭제, 저장 등)가 아닌 단순 전송 등을 담당하는 워크그룹 스위치 등은 적용 제외
3. 인증	사용자 확인을 위하여 전자서명, 아이디/비밀번호, 일회용비밀번호(OTP) 등을 통해 신원확인 및 인증 기능을 구현
4. 접근통제	자산·사용자 식별, IP관리, 단말인증 등 기술을 적용하여 사용자 유형 분류, 접근권한 부여·제한 기능 구현을 통해 인가된 사용자 이외에 비인가된 접근을 통제
5. 전송데이터 보안	승인된 홈네트워크장비 간에 전송되는 데이터가 유출 또는 탈취되거나 흐름의 전환 등이 발생하지 않도록 전송데이터 보안 기능을 구현

01 배관 도시기호

종 류		도시기호	종 류		도시기호
급수 · 급탕	급수관	—·—·—·—	나사 산업형 이음	플랜지	——‖——
	급수주철관	—⊂— -—⊂—		유니언	——‖‖——
	상수도관	—— — —— —	신축 이음	슬리브형	——▢——
	우물물관	——·· —— ··		벨로스형	——〰〰——
	급탕관	——·· ——		곡관형	——⌒——
	반탕관	——··· ——			
배 수	배수관	—— D ——	밸브	밸브	—▷◁— ⊤
	통기관	- - - - - - - - -		슬루스밸브	—▷◁—
	배수주철관	—⊂—⊂—⊂—		글로브밸브	—▷◁—
소 화	옥내·외 소화전	—— H ——		앵글밸브	⤴
	스프링클러	—— SP ——			
	스프링클러 헤드 지관	—○—○—○—		체크밸브	—N—
소화 기구	옥내소화전	▭	밸브	공기빼기 밸브	┿◦┿
	옥외소화전 (스탠드형)	○		전자밸브	Ⓢ▷◁
	옥내소화전 (매설형)	□	위생 기구	세정밸브	⊘—
	송수구	⤙○⤚		볼 탭	○———○

02 전기 도시기호

1. 전 선

기 호	명 칭	기 호	명 칭
——	천장은폐배선	〰	통과
------	노출배선	⏚	접지
— — —	바닥은폐배선	─○─	전선접속
—··—·—	지중매설선	▢○	점검구
╫	전선수 표시	✎	수전함

2. 개폐기 및 기기

기 호	명 칭	기 호	명 칭
S	개폐기	WH	적산전력계
$\textcircled{S}$	전자개폐기	T_F	안정기
$\odot_F$	플로트 스위치	T_B	벨용 변압기
$\odot_P$	압력 스위치	M	전동기
E	누전차단기	H	전열기
F	컷아웃 스위치	⏦	정류기
G	발전기	⚇	퓨즈
M	전동기	↕	피뢰기
M_{kW}	전동기(용량표시)	⚡	개폐기
유입개폐기 기호	유입개폐기	A	전류계
계기용 변압기 기호	계기용 변압기	V	전압계

3. 스위치 및 배분전반

기 호	명 칭	기 호	명 칭
S	단극 스위치	SD	자동 스위치
S2	2극 스위치		안전개폐기
SP	풀 스위치		배전반
SPL	스위치 겸 표시등		분전반
SRC	조정 스위치		제어반
SWP	방수용 스위치		

4. 화재경보장치

기 호	명 칭	기 호	명 칭
	백열등		화재경보벨
	형광등		화재경보 수신반(A급)
	차동식 스포트형 감지기		화재경보 수신반(B급)
	보상식 스포트형 감지기		경보누름단추
	정온식 스포트형 감지기		경보수신반
	연기감지기		경보벨

5. 전 등

기 호	명 칭	기 호	명 칭
	백열전등		외등
	형광등(20W×1)		형광등(벽)
	형광등(20W×2)		비상등
	형광등(20W×3)		백열전등(벽)

2026 제29회 시험대비 전면개정

박문각 주택관리사 핵심요약집 1차 공동주택시설개론

초판인쇄 | 2026. 3. 25.　**초판발행** | 2026. 3. 30.　**편저** | 이우진 외 박문각 주택관리연구소
발행인 | 박 용　**발행처** | (주)박문각출판　**등록** | 2015년 4월 29일 제2019-000137호
주소 | 06654 서울시 서초구 효령로 283 서경 B/D 4층　**팩스** | (02)584-2927
전화 | 교재 주문 (02)6466-7202, 동영상문의 (02)6466-7201

판 권
본 사
소 유

정가 26,000원

ISBN 979-11-7519-957-6　|　ISBN 979-11-7519-955-2(1차 세트)